국립공원 걷기여행

노진수 외 지음

길 따라 발길 따라 8

국립공원 걷기여행

지은이 노진수 정규찬 김성중
펴낸이 정규도
펴낸곳 황금시간

초판발행 2011년 8월 25일
초판2쇄발행 2012년 3월 26일

편집 권명희 노진수 정규찬 김성중
디자인 하태호, 조영남, 정규옥
지도 김주현

공급처 (주)다락원 (02)736-2031
주소 경기도 파주시 문발로 211
전화 (031)955-7272(대)
팩스 (031)955-7273
출판등록 제406-2007-00002호

Copyright ⓒ 2011, 황금시간

저자 및 출판사의 허락 없이 이 책의 일부 또는 전부를 무단 복제·전재·
발췌할 수 없습니다. 잘못된 책은 바꿔 드립니다.

값 16,000원
ISBN 978-89-92533-36-2 13690

http://www.darakwon.co.kr

- 다락원 홈페이지를 통해서 인터넷 주문을 하시면 자세한 정보와 함께 다양한
  혜택을 받으실 수 있습니다.
- 기타 문의사항은 황금시간 편집부로 연락 주십시오.

길 따라 발길따라 ❽

국립공원
걷기여행

노진수 외 지음

황금시간
Golden Time

머리말

걷기여행,
국립공원과
나누는
행복한 이야기

 국토 70%가 산악지역이고 삼면이 바다로 둘러싸인 한반도. 금수강산이라 부르기에 손색없는 이 땅에는 특별 관리되고 있는 천혜의 자연 20곳이 있습니다. 수려한 산세를 자랑하는 지리산과 오대산, 내장산, 북한산, 중고등학생들의 단골 수학여행지인 경주와 설악산, 휴가철에 한 번쯤은 찾았을 법한 남해의 한려해상과 다도해해상, 서해의 변산반도와 태안반도……. 바로 국가가 그 가치를 인정해 보호하고 있는 '국립공원'들입니다.

 '국립공원' 하면 '등산'이라는 단어가 가장 먼저 연상되지만, 알다시피 국립공원에는 산만 있는 게 아니라 바다도 있고 강도 있지요. 산의 정상에 올라 발아래 세상을 내려다보지 않더라도 쉬엄쉬엄 걸어 수평의 눈높이로 만날 수 있는 최고의 경치들이 국립공원 안에 가득합니다.

 이 책 〈국립공원 걷기여행〉은 국립공원에 있는 수많은 탐방로 중 걷기 편하면서 아름다운 풍경을 볼 수 있는 길을 소개하고 있습니다. 이미 엄청난 인기를 끌고 있는 지리산 둘레길, 북한산 둘레길을 비롯해 수많은 명산의 길들, 윤선도가 반한 '동백나라' 보길도, 이순신 장군의 혼이 숨 쉬는 한산도, 고향 같은 청산도, 남해의 진면목을 볼 수 있는 소매물도까지, 산과 바다의 비경을 고이 간직한 우리나라 모든 국립공원의 좋은 길들이 이 책 속에 담겨 있습니다.

 국립공원을 찾는 또 다른 즐거움은 우리의 역사를 만날 수 있다는 점입니다. 가야산 해인사에는 고려시대 판각 기술의 우수성을 보여주는 팔만대장경이, 경주의 남산에는 노천박물관을 걷는 기분이 들 만큼 수많은 신라의 문화유산이 있습니다. 국립공원의 길을 걷다보면 멀리는 삼국시대부터 가까이는 조선시대까지, 뿌듯하고 때로는 가슴 뭉클한 우리의 역사가 말을 걸어옵니다.

국립공원에 있는 걷기 좋은 길들을 소개하면서 코스의 거리와 소요시간, 주의해야 할 갈림길, 길의 특징 등도 꼼꼼히 적어 넣었습니다. GPS로 측정한 고도표를 보면 길의 높낮이를 한눈에 가늠해 볼 수 있습니다. 주변들를 만한 관광지와 맛집, 편의시설은 물론 국립공원의 등산코스들도 지도와 함께 소개해 국립공원 여행의 모든 매력을 전하기 위해 노력했습니다. 별책부록 〈코스 가이드북〉에는 필요한 정보만 알차게 담아, 여행 때 간편하게 휴대할 수 있도록 했습니다.

국립공원을 걷는 동안 '걷기여행의 즐거움'을 다시 생각했습니다. 아늑한 숲에서 행복했고 시간이 느리게 가는 듯한 섬마을은 평화며 낭만이었습니다. 우리 선조들이 이뤄낸 찬란한 역사의 흔적 앞에서 가슴이 벅차오를 때도 있었습니다. 그렇게 아름답고 의미 있는 장소들을 지금도 다시 걷고 싶습니다.

이제 국립공원 걷기여행의 행복한 추억이 여러분의 것이 되길 바랍니다.

2011년 8월
노진수・정규찬・김성중

목 차

4 　머리말

10 　일러두기

12 　국립공원 걷기여행 코스 위치 일람

Section 1
서울/경기도권

16 　북한산국립공원 북한산 둘레길① 소나무숲길~흰구름길
　　　산을 살리는 수평의 길

22 　북한산국립공원 북한산 둘레길② 솔샘길~평창마을길
　　　지루했던 마음까지 씻어주는 절경

27 　북한산국립공원 북한산 둘레길③ 옛성길~마실길
　　　북한산 주봉을 한눈에 훑다

32 　북한산국립공원 북한산 둘레길④ 내시묘역길~우이령길
　　　그 길이 들려주는 역사 이야기

37 　북한산국립공원 북한산 둘레길⑤ 송추마을길~안골길
　　　도봉산의 시작, 걷기 좋은 길의 종합선물세트

43 　북한산국립공원 북한산 둘레길⑥ 보루길~왕실묘역길
　　　둘레길 완결편이 주는 '걷는 즐거움'

Section 2

50   **설악산국립공원 백담사~영시암**
길 끝에 수묵화 같은 풍경 한 장

58   **오대산국립공원 월정사~상원사**
446번 지방도, 하이힐 신고 걷는 숲길

68   **치악산국립공원 구룡사~세렴폭포**
숲과 물, 공기까지 푸른 계곡을 걷다

Section 3

78   **계룡산국립공원 갑사~금잔디고개**
색안경 벗고 보니 더 아름답다

86   **속리산국립공원 법주사~세심정**
내게 세속의 때를 씻으라 하네

96   **속리산국립공원 화양동계곡**
산수화 속에서 흘러나온 풍경

104   **월악산국립공원 하늘재**
고개를 넘으면 다른 세상이 펼쳐질까

114   **태안해안국립공원 꽃지해수욕장~안면도자연휴양림**
조개봉 숲길 지나 우주 같은 해변으로

Section 4

경상도권

124 가야산국립공원 백련암~해인사
해인사 보러 갔다가 백련암에 반하다

132 경주국립공원 남산 포석정~삼릉
남산의 부처가 투박하게 생긴 까닭은?

142 경주국립공원 토함산 불국사~석굴암
걸음에 새기는 신라인의 꿈

152 소백산국립공원 죽령옛길
영남 사람들은 어떤 길로 한양을 갔을까

162 주왕산국립공원 주방계곡
설렁설렁 걸어 풍경에 물들다

172 주왕산국립공원 주산지
호수에 첫 번째 계절이 오면

178 한려해상국립공원 소매물도
등대, 가장 아름다운 남해를 바라보다

188 한려해상국립공원 한산도
한산대첩, 바다는 그날을 기억할까?

Section 5

전라도/제주도권

200 내장산국립공원 가인마을~백양사
백암산에서 만난 단풍 산의 봄

210 다도해해상국립공원 보길도
윤선도를 시인으로 만든 그 섬

218 다도해해상국립공원 청산도 슬로길
추억을 예약하려면 더 느린 걸음으로

228 덕유산국립공원 구천동~백련사
백련사 길목에서 겨울을 배웅하였네

238 변산반도국립공원 내변산~내소사
재백이고개 넘어 그곳에 가면

246 변산반도국립공원 변산 마실길 1~2구간
바다가 내어 준 모랫길을 걷는 재미

254 월출산국립공원 도갑사~미왕재
미왕재, 천만 개의 타악기 소리

262 지리산국립공원 지리산 둘레길① 주천~운봉
사람도 바람도 쉬어가는 고원

268 지리산국립공원 지리산 둘레길② 운봉~인월
람천 따라 흘러들듯 만나는 산자락 마을들

273 지리산국립공원 지리산 둘레길③ 인월~금계
'여행'이 아닌 '삶'의 이유로 넘나들던 길

277 지리산국립공원 지리산 둘레길④ 금계~동강
걷는 자의 책임을 그 길이 묻다

281 지리산국립공원 지리산 둘레길⑤ 동강~수철
청청한 숲과 계곡, 지리산자락의 길답다

286 한라산국립공원 영실~어리목
산중턱에서 열리는, 축복 같은 산책길

일러두기

알고 보면 좋아요

● **지도**

　본문에 수록한 코스 지도는 도보로 현장을 직접 답사하며 GPS에 저장한 디지털 정보를 실제 지도 위에 옮긴 것이다.

　지도 속의 숫자는 분기점 또는 갈림길을 진행 순서대로 표기한 것으로, 특정 지점을 나타내는 이 숫자는 본문과 별책 부록에도 같은 용도로 표기되었다.

　괄호 속의 숫자가 추가로 표기되어 있는 경우, 예를 들어 [6(8)]은 걷기코스에서 6번과 8번 지점이 겹친다는 표시로, 한 지점을 두 번 지난다는 의미다.

● 코스 개요

걷는 거리는 출발점에서 종착점까지의 총거리를 의미한다. 걷는 시간은 평지를 걷는 성인의 평균속도 '시속 4km'를 기준으로 하되, 경우에 따라 길의 경사도를 감안해 대략적인 시간을 기록했다. 휴식시간이나 관람시간은 포함하지 않았다. 출발점과 종착점은 걷기를 시작하고 끝내는 장소. 난이도는 길의 경사도, 거리, 소요시간 등을 고려한 것이고, 추천테마를 보면 길의 특징과 분위기를 한눈에 파악할 수 있을 것이다.

■ 걷는거리: 총 9.6km	■ 출발점: 충북 보은군 속리산면 사내리 속리산시외버스터미널	■ 난이도: 무난해요
■ 걷는시간: 3시간	■ 종착점: 충북 보은군 속리산면 사내리 속리산시외버스터미널	

| 추천테마 | 아이들과 ★★★★ | 연인끼리 ★★★★ | 여럿이 ★★★★ | 숲 ★★★★ | 들 | 계곡 ★★ | 강 | 바다 | 문화유적 ★★★ | 봄 ★★★ | 여름 ★★★ | 가을 ★★★ | 겨울 ★★ |

● 고도표

고도 그래프는 걷는 거리(가로축)가 해발 고도(세로축)에 비해 상대적으로 많이 짧아 실제보다 가파르게 표기되었으므로 오르막과 내리막 비율을 참고하는 용도로만 사용.

평지 같은 구간도 기준고도가 현저히 낮을 경우 가파르게 표시되므로 항상 왼쪽의 기준고도가 몇 m인지 확인해야 한다.

● 본문 지점 표기

본문 중 붉은색으로 조그맣게 붙은 숫자는 갈림길이나 주요지점을 뜻하는 것으로 이 표기는 지도와 별책부록에도 같은 용도로 사용되었다.

국립공원
걷기여행 코스 위치 일람

Section1 서울/경기도권

① 북한산국립공원 북한산 둘레길① 소나무숲길~흰구름길 ... 16p
북한산국립공원 북한산 둘레길② 솔샘길~평창마을길 ... 22p
북한산국립공원 북한산 둘레길③ 옛성길~마실길 ... 27p
북한산국립공원 북한산 둘레길④ 내시묘역길~우이령길 ... 32p
북한산국립공원 북한산 둘레길⑤ 송추마을길~안골길 ... 37p
북한산국립공원 북한산 둘레길⑥ 보루길~왕실묘역길 ... 43p

Section2 강원도권

② 설악산국립공원 백담사~영시암 ... 50p
③ 오대산국립공원 월정사~상원사 ... 58p
④ 치악산국립공원 구룡사~세렴폭포 ... 68p

Section3 충청도권

⑤ 계룡산국립공원 갑사~금잔디고개 ... 78p
⑥ 속리산국립공원 법주사~세심정 ... 86p
속리산국립공원 화양동계곡 ... 96p
⑦ 월악산국립공원 하늘재 ... 104p
⑧ 태안해안국립공원 꽃지해수욕장~안면도자연휴양림 ... 114p

Section4 경상도권

⑨ 가야산국립공원 백련암~해인사 ... 124p
⑩ 경주국립공원 남산 포석정~삼릉 ... 132p
경주국립공원 토함산 불국사~석굴암 ... 142p
⑪ 소백산국립공원 죽령옛길 ... 152p
⑫ 주왕산국립공원 주방계곡 ... 162p
주왕산국립공원 주산지 ... 172p
⑬ 한려해상국립공원 소매물도 ... 178p
한려해상국립공원 한산도 ... 188p

Section5 전라도/제주도권

⑭ 내장산국립공원 가인마을~백양사 ... 200p
⑮ 다도해상국립공원 보길도 ... 210p
다도해상국립공원 청산도 슬로길 ... 218p
⑯ 덕유산국립공원 구천동~백련사 ... 228p
⑰ 변산반도국립공원 내변산~내소사 ... 238p
변산반도국립공원 변산 마실길 1~2구간 ... 246p
⑱ 월출산국립공원 도갑사~미왕재 ... 254p
⑲ 지리산국립공원 지리산 둘레길① 주천~운봉 ... 262p
지리산국립공원 지리산 둘레길② 운봉~인월 ... 268p
지리산국립공원 지리산 둘레길③ 인월~금계 ... 273p
지리산국립공원 지리산 둘레길④ 금계~동강 ... 277p
지리산국립공원 지리산 둘레길⑤ 동강~수철 ... 281p
⑳ 한라산국립공원 영실~어리목 ... 286p

Section 1 | 서울/경기도권

북한산국립공원

북한산 둘레길 ❶ 소나무숲길~흰구름길
산을 살리는 수평의 길

북한산 둘레길은 공원을 산책하듯 느긋한 마음으로 자연과 교감하며 걷는 길이다. 소나무숲길이 시작되는 우이동계곡으로 들어서면 솔향기가 온몸을 감싼다. 애국지사들의 묘역이 있는 순례길은 가장 인기 있는 구간이다. 흰구름길에서는 시원한 계곡과 녹음이 어우러진 호젓한 숲이 반긴다.

순례길 전망대에서 바라 본 4.19민주묘지.

    2010년 9월 개통된 북한산 구간의 둘레길은 전체 거리 44km, 13개의 테마길로 조성돼 있다. 기존의 샛길을 다듬어 연결한 각각의 구간들은 소나무숲길, 순례길, 흰구름길, 솔샘길, 명상길, 평창마을길, 성너머길, 하늘길, 마실길, 내시묘역길, 효자마을길, 충의길, 우이령길이란 이름을 갖고 있다. 2011년 6월에는 나머지 도봉산 구간(26km, 8구간)도 모두 개통됐다. 북한산~도봉산의 허리춤을 도는 둘레길이 모두 완성되어 거리는 총 70km, 테마길은 21개에 이른다.

- **걷는거리**: 총 9.3km
- **출발점**: 서울 강북구 우이동 우이치안센터
- **난이도**: 쉬워요
- **걷는시간**: 4시간
- **종착점**: 서울 강북구 우이동 정릉초교

추천테마	아이들과	연인끼리	여럿이	숲	들	계곡	강	바다	문화유적	봄	여름	가을	겨울
	★★★	★★★	★★★	★★★		★★			★★★	★★★	★★	★★★	★

북한산의 맑은 물이 흐르는 우이동계곡으로 들어서면 상쾌한 솔향기가 나는 소나무숲길이 시작된다. 구한말 동학농민운동을 주도했던 손병희 선생의 묘소를 지나면 산책로와 가로수가 잘 정비된 솔밭공원이 나온다. 아름드리 소나무들로 빼곡한 공원을 한 바퀴 둘러본 후 둘레길 이정표를 따르면 둥근 장미아치가 놓여 있는 순례길로 이어진다.

순례길은 우리 근현대사에 큰 자취를 남긴 역사인물들과 만나는 자리다. 신숙, 유림, 이준 등 나라를 위해 몸 바친 열사들의 묘역을 지날 때는 저절로 마음이 숙연해진다. 순례길이 끝나는 지점의 둘레길탐방안내센터에서 흰구름길로 들어서면 시원한 계곡과 울창한 숲이 나타난다. 고불고불 오솔길을 거쳐 한적한 사찰인 화계사와 빨래골을 차례로 지난다.

서울 시내가 한눈에 내려다보이는 스카이전망대는 둘레길을 조성하면서 만들었다. 건물들이 오밀조밀 모여 있는 서울 도심과 장쾌하게 뻗은 북한산의 너른 품을 조망할 수 있다. 한참 동안 그늘진 숲을 걷다가 북한산생태숲이 나오면 그 아래 위치한 정릉초교 뒤편으로 솔샘길이 이어진다.

북한산 둘레길은 수직이 아닌 수평으로 눈높이를 맞추며 걷는 길이다.

신숙 선생 묘소 앞 계곡에 놓여 있는 섶다리.

교통편

》찾아가기
지하철 4호선 수유역에서 우이동 도선사 방면 버스를 탄 후 우이치안센터에서 내린다.
수유역→우이치안센터: 2번, 120번, 153번, 1218번, 8153번(수시 운행)
승용차: 주차 공간 없음. 대중교통 이용

》돌아오기
정릉초교 정류장에서 버스를 탄 후 지하철 4호선 길음역이나 성신여대입구역에서 내린다.
정릉초교→길음역: 1114번(05:00~23:50, 9분~15분 간격)
정릉초교→성신여대입구역: 1014번(05:00~23:40, 7분~12분 간격)

알아두기

북한산둘레길 탐방안내센터: 서울 강북구 수유4동 산73-1 / (02)900-8085 / bukhan.knps.or.kr
북한산국립공원사무소: 성북구 정릉4동 산1-1 / (02)909-0497~8
북한산국립공원 우이탐방지원센터: 강북구 우이동 산74 / (02)998-8365
북한산국립공원 수유탐방지원센터: 강북구 수유4동 산73-1 / (02)900-8085
서울시 교통정보센터: topis.seoul.go.kr

북한산국립공원 주요 등산로

백운탐방지원센터~백운대 코스
북한산 정상인 백운대(837m)로 오르는 가장 쉬운 길이다. 백운탐방지원센터에서 하루재~백운대피소~위문을 차례로 거친다. 위문에서 백운대까지는 바위 구간이므로 주의해서 오르도록 한다.
거리(편도): 2.1km **소요시간:** 2시간

정릉탐방지원센터~보국문 코스
맑은 물이 흐르는 정릉계곡을 따라 오르는 길이다. 그리 힘하지 않고 내내 그늘진 숲길을 걸을 수 있어 여름철 찾기 좋다. 보국문에서 대남문~보현봉~명추사를 거쳐 원점회귀하거나, 대동문~수유동으로 내려오는 코스가 일반적이다.
거리(편도): 2.4km **소요시간:** 1시간 30분

북한산성~백운대 코스
식당이 밀집해 있을 만큼, 탐방객들이 가장 즐겨 찾는 코스다. 북한산성의 대서문을 지나 나오는 갈림길에서 북한산성계곡을 따라 보국문으로 오르거나, 대동사~백운대로 오르는 길이 무난하다.
거리(편도): 3.4km **소요시간:** 3시간

북한산성 종주 코스
산행을 즐기는 편이라면 북한산성 일주도 도전해볼 만하다. 서암문(시구문)부터 원효봉~백운대~대동문~보국문~문수봉~용혈봉~의상봉~대서문을 차례로 거치는 길고 험한 길이지만, 북한산 산행의 백미로 꼽힌다.
거리: 13.5km **소요시간:** 8시간

북한산국립공원

북한산 둘레길 ❷ 솔샘길~평창마을길
지루했던 마음까지 씻어주는 절경

꽤 오랫동안 포장길과 주택가를 걷게 된다. 숲과 멀어져 아쉽지만 발 아래로 펼쳐지는 서울의 풍경을 보는 재미가 있다. 북한산탐방안내소에서 평창마을 전까지는 짧은 숲길 구간이다. 이후로는 아스팔트 포장길을 걸어야 하기 때문에 이 구간에서 충분히 숲의 기운을 들이마시도록 한다.

솔샘길은 정릉초교 뒤편 근린체육공원에서 시작한다. 북한산 둘레길에는 이정표가 잘 설치돼 있어 길을 잃을 염려가 없다. 하나의 이정표를 만나면 저 앞으로 또 하나의 이정표가 보일 정도다. 중앙하이츠아파트 앞에서 도로변으로 향한다. 원래는 산자락을 통과하도록 되어 있었지만 탐방객들의 무단 투기와 고성방가로 인해 큰길로 우회하도록 변경됐다.

딱딱한 아스팔트 포장길은 명상길 시작점인 북한산탐방안내소를 지나면서 잠시 동안 사라진다. 여기서부터 평창마을에 도착하기까지 한적한 숲길이다. 이후로는 다시 그늘 한 점 없는 아스팔트 포장길을 걸어야 하기 때문에 이 구간에서 충분히 숲의 기운을 즐기도록 한다.

우거진 숲 사이로 나 있는 솔샘길.

단비 같은 고마운 숲을 지나면 평창마을길이다. 초입에 위치한 연화정사에서는 서울 시내의 풍경을 내려다볼 수 있다. 강북의 '전통부촌' 평창마을에는 으리으리한 저택들이 들어서 있고 길은 그 사이로 나 있다. 평창공원지킴터를 지나 왼쪽 돌담을 끼고 15분쯤 내려가면 청량사 앞 쉼터다. 청량사를 지나 산길로 들어서기 전까지 지루하게 주택가 도로를 걸어야 한다.

산길 중턱의 전망대에 서면 북한산의 능선이 파노라마처럼 펼쳐진다. 답답하고 지루했던 마음까지 시원하게 씻어주는 절경이다. 좁은 오솔길을 지나 주택가로 내려가면 옛성길로 이어지는 구기터널 입구다.

- 걷는거리: 총 7.7km
- 출발점: 서울 성북구 정릉동 정릉초교
- 난이도: 쉬워요
- 걷는시간: 4시간
- 종착점: 서울 종로구 구기동 구기터널 입구

추천테마	아이들과	연인끼리	여럿이	숲	들	계곡	강	바다	문화유적	봄	여름	가을	겨울
	★★	★★	★★★	★		★			★★★	★	★★	★

평창마을길은 대부분 주택가를 지난다.

쉽게 길을 찾을 수 있도록 곳곳에 설치된 이정표.

연화정사에서 바라본 평창마을 일대.

🚗 교통편

>> 찾아가기
지하철 4호선 길음역이나 성신여대입구역 정류장에서 버스를 탄 후 정릉초교에서 내린다.
길음역→정릉초교: 1114번(05:15~00:05, 9분~15분 간격)
성신여대입구역→정릉초교: 1014번(05:20~00:05, 7분~12분 간격)
승용차: 탐방로 입구 주변의 도로변에 주차한다.

>> 돌아오기
구기터널 입구 정류장에서 버스를 탄 후 지하철 3호선 불광역에서 내린다.
구기터널 입구→불광역: 7022번, 7211번, 7212번(수시 운행)

✏️ 알아두기

북한산국립공원 정릉탐방지원센터: 서울 성북구 정릉동 산1-1 / (02)909-0497
북한산국립공원 구기탐방지원센터: 종로구 구기동 산3-20 / (02)379-7043

🍴 추천음식

그때 민속집 '두부버섯전골'

순수 국내산 재료만 사용하는 두부요리 전문점이다. 칼칼하고 진한 두부버섯전골은 이 집의 대표 음식. 점심 메뉴로 뚝배기에 따끈하게 끓여낸 청국장과 순두부찌개도 내놓는다.

위치: 서울 종로구 신영동 11-1
전화: (02)379-4897
영업시간: 10:30~23:00
주차: 가능
가격: 두부버섯전골 2만~3만5천 원, 홍어삼합 3만~4만 원, 간장게장정식 3만 원

북한산국립공원

북한산 둘레길 ❸ 옛성길~마실길
북한산 주봉을 한눈에 훑다

옛성길과 구름정원길은 북한산 둘레길의 인기 코스다. 구름정원길에서는 아름다운 북한산과 도심의 전경을 하늘에서 바라보는 것처럼 조망할 수 있다. 북한산 둘레길에서 가장 짧은 구간인 마실길은 이름 그대로 이웃에 놀러가는 듯한 가벼운 걸음으로 거닐기 좋은 길이다.

북한산의 산사면을 따라 설치된 구름정원길의 구름다리.

구름정원길 끝에 성종의 아들인 영산군과 그의 두 부인이 잠든 묘역이 있다.

구기터널 입구에서 둘레길 이정표를 따라가면 옛성길이 시작된다. 초입은 조금 가파른 산길로, 20분쯤 오르면 탕춘대성 암문에 닿는다. 수도 방위를 위해 지은 탕춘대성은 도성과 북한산성을 연결해 만든 성이다. 병자호란 이후 북한산성을 재축성하면서 함께 지었다.

암문을 지나면서부터 완만한 내리막길이다. 장미공원에 가기 전 서울시에서 선정한 조망명소에서는 족두리봉, 향로봉, 사모바위, 나한봉 등 북한산의 주봉이 나란하게 놓여 있는 진풍경을 볼 수 있다.

시원한 약수가 나오는 장미공원에서 길 건너 산길로 들어서면 북한산 둘레길의 하이라이트인 구름정원길이다. 하늘에서 바라보는 것처럼 멋진 풍광이 펼쳐진다고 해서 이런 이름이 붙었다. 길을 걷는 내내 웅장한 북한산과 서울 도심의 전경이 눈앞에 펼쳐진다. 숲 위로 걸어 놓은 구름다리를 건널 때는 하늘 위를 걷는 것 같은 기분도 든다.

■ 걷는거리: 총 9.2km　■ 출발점: 서울 종로구 구기동 구기터널 입구　■ 난이도: 무난해요
■ 걷는시간: 4시간 30분　■ 종착점: 서울 은평구 진관동 내시묘역길 입구

추천 테마	아이들과	연인끼리	여럿이	숲	들	계곡	강	바다	문화유적	봄	여름	가을	겨울
	★★★	★★★	★★★	★★★		★			★★	★★★	★★	★★★	★★

이름 그대로 이웃에 놀러가듯 편하게 걸을 수 있는 마실길.

선림사를 지나 기자촌 전망대에 오르면 또 한 번 멋진 풍경과 만난다. 탁 트인 하늘과 울창한 숲, 웅장한 바위봉우리가 어우러져 말 그대로 장관이다. 향로봉 가는 길과 나뉘는 삼거리에서 진관사 입구로 내려가면 성종의 아들인 영산군과 그의 두 부인이 잠든 묘역이 나온다. 여기서부터 북한산 둘레길 중 가장 짧은 구간인 마실길이 시작된다. 이름 그대로 이웃에 놀러가듯 걷는 게 어울리는 길이다. 삼천교를 지나 도로변을 잠시 걸으면 한적한 숲 내시묘역길이 나온다.

맑은 물빛을 자랑하는 삼천사계곡.

마실길은 북한산 둘레길에서 가장 짧지만 걷는 내내 한적한 숲과 만난다.

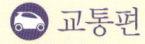 **교통편**

》찾아가기
지하철 3호선 불광역 정류장에서 구기터널 방면 버스를 탄 후 구기터널 입구 버스정류장에서 내린다.
불광역→구기터널 입구: 7022번, 7211번, 7212번(수시 운행)
승용차: 탐방로 입구 주변 도로변에 주차한다.

》돌아오기
마실길 끝지점에서 큰길 방향으로 5분 쯤 걸으면 입곡삼거리가 나온다. 삼거리 정류장에서 버스를 탄 후 지하철 3호선 불광역이나 구파발역에서 내린다.
입곡삼거리→불광역, 구파발역: 7211번(04:10~23:00, 10분 간격)

 **알아두기**

북한산국립공원 구기탐방지원센터: 서울 종로구 구기동 산3-20 / (02)379-7043
북한산국립공원 삼천탐방지원센터: 은평구 진관동 54-7 / (02)381-2775

북한산국립공원

북한산 둘레길❹ 내시묘역길~우이령길
그 길이 들려주는
역사 이야기

여기소마을을 지나 조선왕조 내시들의 묘소가 있는 숲길로 들어선다. 북한산성 입구에서는 만경대와 노적봉, 백운대 등 북한산의 비경을 두루 볼 수 있다. 효자길에서는 호랑이도 효심에 감동했다는 박태성의 정려비를 만날 수 있고 조금 지루한 충의길을 걷고 나면 40여 년 만에 개통된 우이령길이 이어진다.

차분한 숲길이 이어지는 내시묘역길.

우이령길. 원님의 딸을 두고 힘자랑을 했다는 오봉이 시원하게 조망된다.

효자길 초입의 박태성 정려비.

이루지 못한 사랑이야기가 전해지는 여기소마을.

조경농원 사이 흙길을 지나 마을 어귀로 들어선다. 이루지 못한 슬픈 사랑이야기가 전해지는 여기소마을이다. 마을 정면으로 신라시대 의상대사가 참선했다는 의상봉이 긴 그늘을 드리우고 있다. 그늘 속은 나뭇잎 수북이 쌓인 숲길이다.

내시들의 묘는 모두 사유지 안에 있는데 후손들이 개방을 원치 않아 볼 수 없다. 담장 옆으로 난 산책로를 따라 북한산성 입구로 들어서면 만경대와 노적봉, 백운대가 은빛 봉우리를 드러낸다. 그 풍경을 쫓아가다 계곡을 가로지르는 나무다리를 건널 때는 북한산의 주봉들이 시원하게 펼쳐진다.

전주이씨묘역과 조경농원을 차례로 지나 효자길로 들어선다. 잠시 포장길을 따르면 길옆으로 커다란 비석 하나가 보인다. 호랑이도 효심에 감동했다는 효자 박태성의 정려비다. 여기서부터는 그의 효심처럼 곱디고운 숲길이 이어진다.

사기막골지킴터를 지나 만난 충의길은 꽤 실망스럽다. 구간이 끝날 때까지 도로변을 걸어야 하는 길고 지루한 길이다. 도로를 쌩쌩 지나는 자동차들을 길동무 삼아 솔고개를 넘어 우이령길로 들어선다.

- 걷는거리: 총 15.5km
- 걷는시간: 6시간 30분
- 출발점: 서울 은평구 진관동 내시묘역길 입구
- 종착점: 서울 강북구 우이동 우이치안센터
- 난이도: 무난해요

추천 테마	아이들과	연인끼리	여럿이	숲	들	계곡	강	바다	문화유적	봄	여름	가을	겨울
	★★★	★★★	★★★	★★★	★	★			★★	★★★	★★	★★★	★★

고운 숲길이 이어지는 내시묘역길.

　우이령길은 1968년 김신조 침투사건으로 인해 폐쇄됐다가 2009년 40여 년 만에 다시 열렸다. 덕분에 사람 손을 타지 않아 생태가 잘 보존되었다. 초입에 들어서면 정면으로 우뚝하게 솟아 있는 바위 봉우리들이 시원하게 펼쳐진다. 원님의 딸을 두고 힘자랑을 했다는 오봉이다. 한동안 오봉의 풍경과 함께 하다가 전망대를 지나고부터는 맨발 산책로가 이어진다. 부드러운 흙길 속으로 어두운 역사도 함께 사라지는 기분이다. 우이령길의 정상인 소귀고개부터는 종착점인 우이치안센터에 닿을 때까지 걷기 편한 내리막길이다. 우거진 소나무 숲을 거닐면서 야생화들을 관찰하는 재미가 쏠쏠하다.

우이령길의 백미 중 하나인 소나무 숲길.

가벼운 옷차림으로 편하게 걸을 수 있는 우이령길.

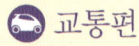 **교통편**

》》 찾아가기
지하철 3호선 불광역이나 구파발역 정류장에서 버스를 탄 후 입곡삼거리 버스정류장에서 내린다. 내시묘역길 입구까지 걸어서 5분 정도 걸린다.
불광역, 구파발역→입곡삼거리: 7211번(04:10~23:00, 10분 간격)
승용차: 입곡삼거리 입구 도로변에 주차한다.

》》 돌아오기
우이치안센터 정류장에서 버스를 탄 후 수유역에서 내린다.
우이치안센터→수유역: 2번, 120번, 153번, 1218번, 8153번(수시 운행)

 **알아두기**

북한산국립공원 북한산성탐방지원센터: 서울 은평구 진관동 62 / (02)357-9698
북한산국립공원 교현탐방지원센터: 경기도 양주시 장흥면 교현리 산47-11 / (031)855-6559
북한산국립공원 우이탐방지원센터: 강북구 우이동 산74 / (02)998-8365

우이령 탐방로 예약 안내
적어도 탐방 1일 전까지 홈페이지나 전화로 예약해야 하며, 하루 1천 명(우이동 출발 500명, 송추 출발 500명)까지만 탐방할 수 있다.
- 인터넷 예약: 국립공원관리공단 홈페이지 www.knps.or.kr
- 우이동 출발 예약: 우이탐방지원센터 (02)998-8365
- 교현(송추) 출발 예약: 교현탐방지원센터 (031)855-6559
  ※전화 예약은 65세 이상 노인 및 장애인, 외국인만 가능
- 준비물: 신분증, 인터넷 예약이라면 예약확인증, 전화 예약은 예약확인번호.
- 탐방로 입장시간: 오전 9시~오후 2시

북한산국립공원

북한산 둘레길❺ 송추마을길~안골길
도봉산의 시작,
걷기 좋은 길의 종합선물세트

2011년 6월 30일 도봉산 구간 8개 코스의 개통으로 북한산 둘레길 조성사업이 드디어 마무리되었다. 우이령길 입구에서 시작해 의정부로 이어지는 도봉산 구간의 첫 세 코스는 숲길과 공원길, 시골길을 모두 품고 있어 걷기 좋은 길의 종합선물세트 같다.

녹음이 우거진 직동공원 산책로. 여유를 만끽하며 걷기에 좋다.

산너미길 구간은 힘든 대신 깊은 숲의 아늑함과 호젓함을 느낄 수 있다.

북한산 둘레길 13~20코스에 해당되는 도봉산 구간은 경기도 양주 교현리에서 시작해 수도권의 북쪽을 시계방향으로 나지막이 두르며 경기도 의정부를 거쳐 서울 도봉구로 이어지는 약 26km 코스다. 그 중 첫 세 코스인 송추마을길과 산너미길, 안골길은 정겨운 시골길과 울창한 숲길은 물론 잘 단장된 공원길까지 두루 품고 있다.

송추마을길은 우이령길로 들어가는 진입로 입구에서 시작한다. 한적한 길을 걸으며 시골정취를 느낄 수 있지만 자칫 주민들의 일상에 방해가 될 수 있으므로 최대한 '없는 듯이' 지나가는 게 예의다. 마을길을 빠져나와 국도를 따라가면 낮은 언덕 같은 산을 넘어 '뽕짝'이 울려 퍼지는 송추계곡유원지를 지나 서울외곽순환고속도로(100번 도로)를 비껴가듯 우회해 사패산과 도봉산 사이 계곡으로 접어든다.

굵은 모래를 깔아 바삭거리는 직동공원 산책로는 배수성이 좋아 비가 와도 걱정 없다. ▶

- **걷는거리**: 총 13.2km
- **걷는시간**: 4시간 30분~5시간
- **출발점**: 경기도 양주시 교현리 우이령길 입구 진입로
- **종착점**: 경기도 의정부시 호원2동 회룡탐방지원센터
- **난이도**: 조금 힘들어요

추천테마	아이들과	연인끼리	여럿이	숲	들	계곡	강	바다	문화유적	봄	여름	가을	겨울
	★	★★	★★★	★★★		★			★	★★	★	★★★	★

이곳이 바로 북한산 둘레길 중 가장 힘든 산너미길의 시작점이다. 긴 오르막과 짧은 내리막을 오가던 산길은 고개를 넘자 짧은 오르막과 긴 내리막이 바통터치하듯 이어진다. 코스 중간에 있는 전망대에서는 의정부 시내를 한눈에 조망할 수 있다. 산림욕을 마음껏 즐기며, 웃자란 나무가 빼곡히 들어선 숲길을 빠져나온 후 안골계곡을 지나 낮은 고개를 하나 더 넘어야 마지막 안골길의 시작점인 직동공원에 닿을 수 있다.

인조 잔디가 깔린 직동축구장을 반시계방향으로 돌아가는 산책로는 험난한 산길에서의 노고를 치하하듯 편하게 이어진다. 아늑한 숲으로 둘러싸인 공원을 빠져나와 터널을 통과한 후 국도변을 따라 걷다 두 번째 나타나는 터널 직전 샛길로 들어간다. 좁은 오솔길을 따라 8~9분쯤 진행하면 안골길의 종점이자 보루길(16구간)의 출발점인 회룡탐방지원센터 앞이다.

눈에 띄게 잘 배치된 북한산 둘레길의 이정표들.

◀몇 주 동안 이어진 장마로 안골계곡의 물이 크게 불었지만 변함없이 깨끗하다.

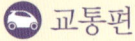 교통편

>> **찾아가기**
지하철 3호선 구파발역 1번 출구에서 34번이나 704번 버스를 타고 오봉산 석굴암(우이령 입구) 정류장에서 하차.
승용차: 송추 공영 주차장 이용. 3천 원.

>> **돌아오기**
회룡탐방지원센터에서 개나리아파트 방향으로 15분(약 1.2km)쯤 걸어가면 지하철 1호선 회룡역이다. 혹은 회룡역 앞 버스정류장에서 5번, 35번, 106번, 133번 버스를 이용할 수 있다.

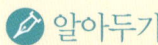 알아두기

북한산둘레길 탐방안내센터: 서울 강북구 한천로 200길 10 / (02)900-8085 / bukhan.knps.or.kr
북한산국립공원사무소: 성북구 정릉4동 산1-1 / (02)909-0497~8
북한산국립공원도봉사무소: 경기 의정부시 원도봉길 33 / (031)873-2791~2
북한산국립공원 교현탐방지원센터: 경기 양주시 장흥면 북한산로 102길 93 / (031)855-6559
북한산국립공원 회룡탐방지원센터: 경기 의정부시 회룡골길 82 / (031)872-5436
서울시 교통정보센터: topis.seoul.go.kr
경기도 교통정보센터: www.gbis.go.kr

북한산국립공원

북한산 둘레길❻ 보루길~왕실묘역길
둘레길 완결편이 주는
'걷는 즐거움'

북한산 둘레길의 도봉산 구간 중 보루길, 다락원길, 도봉옛길, 방학동길, 왕실묘역길은 하루를 온전히 투자해 걸을 만하다. 13㎞ 넘는 코스가 짧지 않지만 어려운 길은 거의 없고 도심과 크게 멀지 않은 곳에서 시골 정취를 맛볼 수 있다. 남들이 걷는다니 덩달아 걷는 것이 아니라 '걷는 즐거움'을 스스로 느낄 수 있게 해주는 길이다.

도봉탐방안내지원센터로 향하는 도봉옛길 구간. 숲에서 나오면 바로 널찍한 공터가 있다.

북한산 둘레길❻ 보루길~왕실묘역길 43

보루길로 들어서며 곧바로 나오는 오르막은 짧은 이륙에 비유할 만했다. 그 뒤로는 정상궤도에 들어선 비행기가 순항하듯 편안한 길만 이어졌기 때문이다. 부담될 정도의 오르막 앞에서는 어김없이 우회하는 길이 나왔고 길목마다 세워진 이정표는 확실하게 '걷기 좋은 길'만 가리켰다.

보루길이 시작되는 장소는 사패산 등산로 입구이기도 한 회룡탐방지원센터다. 아치모양의 문을 통과해 가면 장장 13km의, 그러나 분명히 즐거울 여행이 시작된다. 사패산 3보루에 도착하면 보루길~왕실묘역길 코스 중에서 가장 고도가 높은 곳에 서

진행할 방향을 알려주는 북한산 둘레길 이정표. YMCA 다락원 캠프장 주변.

있게 된다. 서울외곽순환도로 아래를 걸을 때는 바쁘게 돌아가는 도시가 마치 저 멀리 딴 세상처럼 느껴지기도 한다. 원도봉 입구에 도착하면 보루길이 끝나면서 다락원길이 시작된다. 길은 점점 쉬워지고 걸음에 재미가 붙어 길 주변의 소소한 풍경들도 특별하게 다가오기 시작할 무렵이다. YMCA 다락원 캠프장을 지나면 어느새 도봉옛길이 기다리고 있다.

도봉옛길에서부터는 서울을 걷는다. 변함없는 숲으로 편한 길이 이어지고 간혹 보이는 도봉산 능선은 '걷는 즐거움'의 풍성한 부록 같다. 도봉탐방안내지원센터까지 왔다가 숲을 한 번 더 지나면 방학동길이다. 무수골을 지나 산책로 같은

■ 걷는거리: 총 13.2km   ■ 출발점: 경기도 의정부시 호원동 회룡탐방지원센터   ■ 난이도: 조금 힘들어요
■ 걷는시간: 6~7시간   ■ 종착점: 서울 강북구 우이동 왕실묘역길

추천테마	아이들과	연인끼리	여럿이	숲	들	계곡	강	바다	문화유적	봄	여름	가을	겨울
	★★	★★	★★	★★★		★★			★★	★★	★★	★★★	★★

북한산 둘레길 이정표는 장소에 따라 다양한 모습으로 설치되어 있다.

YMCA 다락원 캠프장을 지나서 걷게 되는 아늑한 숲.

고려 광종 때 창건했다는 도봉사의 입구.

북한산 둘레길 ❻ 보루길~왕실묘역길

도봉옛길이 비에 젖어 여름 숲 향기가 더 진해졌다.

보루길 원심사 부근. 잠깐이지만 시멘트로 길이 포장되어 있다.

길이 계속된다. 방학능선에서는 철제구조물인 쌍둥이 전망대에 올라 볼 수 있다. 하산하는 기분이 들기 시작하고 산자락 끝에서 왕실묘역길 아치문을 지난다. 정의공주묘, 연산군묘, 800년이 넘은 거대 은행나무를 볼 수 있는 왕실묘역길. 코스가 짧은 것에 비해 볼거리가 유달리 많아 자꾸 머물고 싶어진다.

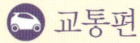 **교통편**

》찾아가기
전철 1호선 회룡역 2번 출구에서 나와 15분쯤 직진하면 코스를 시작하는 회룡탐방지원센터다.
회룡역→회룡탐방지원센터: 도보
승용차: 주차 공간 없음. 대중교통 이용

》돌아오기
왕실묘역길이 끝나는 우이동에서는 버스를 이용해 지하철 4호선 수유역까지 갈 수 있다.
우이동 도선사 입구 정류장→수유역: 101, 130, 153, 8153, 도봉02번 버스

 **알아두기**

북한산둘레길 탐방안내센터: 서울 강북구 수유4동 산73-1 / (02)900-8085 / bukhan.knps.or.kr
북한산국립공원사무소: 성북구 정릉4동 산1-1 / (02)909-0497~8
북한산국립공원도봉사무소: 의정부시 호원1동 229-104 / (031)873-2791~2
북한산국립공원 수유탐방지원센터: 강북구 수유4동 산73-1 / (02)900-8085
서울시 교통정보센터: topis.seoul.go.kr
경기도 교통정보센터: www.gbis.go.kr

Section 2 | 강원도권

설악산국립공원

백담사~영시암
길 끝에 수묵화 같은 풍경 한 장

내설악의 깊은 품에 포근하게 안기는 기분이다. 이 고즈넉한 산사의 숲길에서 할 일이라곤 풍경에 취하는 것뿐. 물결처럼 주름진 산맥들은 또렷하면서도 아련하다. 수렴동계곡의 맑은 옥빛이 마음 깊이 박힌다. 편안하고 신비로운 길 끝에 수묵화 같은 풍경 속 작은 암자, 영시암이 있다.

한 폭의 수묵화 같은 내설악과 그 속에 자리 잡은 영시암(15지점).

봄과 초겨울에 탐방로 출입제한 백담사 입구~탐방로안내소[1~6]

백담사 주차장에서 백담사 입구까지는 10~20분 간격으로 셔틀버스가 다닌다. 백담계곡을 따라 이어지는 아늑했던 길도 더 이상 '걷기 좋은 길'이 아니다. 그럼에도 백담계곡의 풍취를 놓치고 싶지 않은 이들은 오가는 셔틀버스를 피해 1시간 이상을 걷는다.

백담사 입구[1]에 도착하면 '내설악백담사'라고 적힌 일주문이 있다. 백담사의 개념도와 내력이 적힌 안내문 옆으로 난 길이 영시암 방향이다. 영시암으로 가기 전 수심교(修心橋)를 건너면 백담사[2]로 들어선다. 경내에 들어서면 만해 한용운 기념관이 있다. 그는 백담사에 머물며 '님의 침묵'을 썼다.

시계반대 방향으로 한 바퀴 돌아보면 넓은 시멘트 다리를 건너 설악산 백담자연관찰로 입구[3]로 나오게 된다. 길 양쪽으로 전나무가 들어선 길. 바닥에는 전나무 잎이 붉게 깔려있어 따뜻해 보인다. 길 오른쪽 수렴동계곡에는 좁쌀처럼 작은 눈발이 녹아들고 있다. 평범한 탐방객 한 명조차 특별해 보이게 만드는 곳이다.

'숲으로의 초대'라는 시(詩)가 쓰인 안내판이 보이면 짧은 자연관찰로[4]가 시작된다. 벤치[5]가 보이면 탐방안내소[6]다. 이곳에서 영시암과 대청봉을 지나 외설악으로 가는 탐방로가 시작된다. 산불조심기간인 봄철(3-4월), 초겨울(11-12월)에는 출입할 수 없으나 영시암 방문이 목적이라면 패찰을 받아 걸을 수 있다.

백담사 템플스테이 중인 사람들이 탑돌이를 하고 있다(2지점).

강 원 도

인제군

설악산국립공원

내설악

수렴동계곡

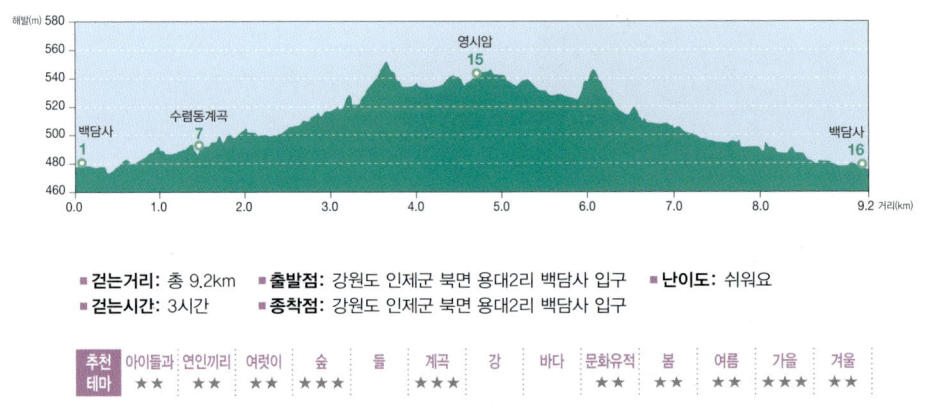

- 걷는거리: 총 9.2km
- 걷는시간: 3시간
- 출발점: 강원도 인제군 북면 용대2리 백담사 입구
- 종착점: 강원도 인제군 북면 용대2리 백담사 입구
- 난이도: 쉬워요

추천 테마	아이들과	연인끼리	여럿이	숲	들	계곡	강	바다	문화유적	봄	여름	가을	겨울
	★★	★★	★★	★★★		★★★			★★	★★	★★	★★★	★★

최근 개보수를 거듭한 영시암의 처마는 너무 멀끔해 고찰의 풍모를 기대하기 어렵다(15지점).

장마 덕분에 편해진 길 수렴동계곡~백담사 · 대청봉 이정표7~12

팀 버튼 감독의 영화에는 막연한 공포와 호기심을 자극하는, 그러나 묘하게 아름다운 공간이 자주 등장한다. 그런 곳들은 대개 안개 자욱하고 나뭇가지 앙상한 겨울 숲. 탐방 안내소를 지나면 길이 그렇다. 눈발 흩날리는 하늘에 검푸른 구름이 끼어있고, 나뭇가지 앙상한 숲은 차가운 공기로 가득하다. 혼자라면 으스스할 법한, 그런데도 여유롭고, 코끝 아리지만 싫지 않다. 탐방로는 판판한 돌과 데크를 깔아놓았는데 이는 2006년 집중호우로 아수라장이 된 길을 정비한 것이다. 수렴동계곡은 변함없이 옥빛으로 흐르고 있다. 계곡 주변 숲을 통통 뛰어다니는 녀석들은 앙증맞은 다람쥐들. 경계심이 적은 듯 사람이 웬만큼 가까이 다가가도 달아나지 않는다.

작은 철교9를 한 번 건너 숲을 빠져나오면 길은 계곡 쪽으로 바짝 붙었다가 멀어지기를 반복한다. 그렇게 한동안 걸어가면 숲을 가로지르는 계곡에 놓인 작은 다리와 대청봉을 알리는 이정표12가 나온다.

백담사에서 탐방안내소로 가는 길의 전나무 숲(2~3지점).   수렴동 계곡물은 더없이 맑은 옥빛이다(6~7지점).

수묵화 같은 풍경 영시암~백담사 입구 13~16

조용하고 편하고 신비로운 분위기의 길이 변함없이 이어진다. 숲속에 있는 작은 다리[14]를 지나면 웅장한 산줄기를 배경으로 작은 기와집 하나가 자리한, 마치 수묵화 같은 풍경이 등장한다. 작은 기와집은 코스의 반환점이자 백담사의 말사인 영시암[15]이다. 조선후기의 학자 김창흡이 지은 곳으로 그가 이 깊은 곳까지 들어오게 된 연유는 숙종15년(1689)에 김창흡의 아버지이자 영의정이었던 김수항이 장희빈의 아들이 세자로 책봉되는 것을 반대하다 숙종에게 사약을 받았기 때문이다(기사환국). 이에 김창흡은 '세상과 완전히 연을 끊겠다.'는 뜻으로 암자에 영시암(永矢庵)이란 이름을 붙이고 은거에 들어갔다. 현재 사찰의 모습은 6·25때 불타버린 것을 중창한 이래 개보수한 것. 영시암에서 멀지 않은 곳에 관세음보살이 눈에 갇힌 고아를 보살펴 살려주었다는 전설이 얽힌 오세암이 있다. 가는 길은 힘든 편. 코스는 이곳 영시암까지다. 왔던 길을 그대로 되밟아 백담사[16]로 돌아간다.

🚗 교통편

>> 찾아가기
동서울터미널이나 상봉터미널에서 백담사행 고속버스를 이용하거나 인제터미널에서 속초 방향의 시내버스를 이용한다.
동서울터미널 → 백담사 06:15~18:40 (11회 운행)
상봉터미널 → 백담사 06:05~14:10 (4회 운행)
인제터미널 → 백담사 07:35~21:00 (6회 운행)
승용차: 백담사 주차장 이용. 일일 주차 5천 원

>> 돌아오기
백담사에서 동서울·상봉터미널로 가는 고속버스나 인제터미널로 가는 시내버스를 탈 수 있다.
문의 전화: (033)462-5817 (백담터미널)
백담사 → 동서울터미널 07:10~17:30 (11회 운행)
백담사 → 상봉터미널 10:00~07:30 (5회 운행)
백담사 → 인제터미널 10:00~07:30 (5회 운행)

✏️ 알아두기

숙박: 백담사·백담사 주차장 주변 민박
식수: 백담사
화장실: 백담사 주차장, 백담사
입장료: 없음
설악산국립공원 관리소: 강원도 인제군 북면 설악로 4193 / (033)463-3476 / seorak.knps.or.kr

📷 체험여행

백담사 '템플스테이'

템플스테이는 특정 기간 동안 사찰식 의식주를 접하는 프로그램으로 근래 들어 인기가 높아졌다. 백담사는 신년, 설, 부처님 오신 날 같은 특정 기간이나 문학, 사진, 차, 숲을 주제로 상시적인 템플스테이를 진행한다. 템플스테이에 참여하려면 백담사 홈페이지나 전화로 예약해야 한다.

위치: 강원도 인제군 북면 용대리 690
전화: (033)462-5565
홈페이지: www.baekdamsa.org
주차: 가능 **숙박 요금:** 휴식형 1박 5만 원, 2박3일 20만 원

설악산국립공원 주요 등산로

오색~설악폭포~대청봉 코스

설악산 정상인 대청봉에 오르려면 어느 코스를 선택해도 적지 않은 시간과 체력이 필요하다. 오색지구 남설악탐방지원센터에서 출발해 설악폭포를 거쳐 대청봉으로 가는 이 코스는 경사가 심하고 오르는 동안 볼거리가 많지 않지만 거리가 가장 짧다는 게 장점이다.
대청봉은 기온이 낮고 기후가 불규칙해 수많은 고산식물과 야생조류가 살고 있으므로 탐방할 때 주의하도록 한다. 설악산 전체의 모습을 막힘없이 한눈에 볼 수 있는 곳이기도 하다.
거리(편도): 10km **소요시간:** 8시간

소공원~흔들바위~울산바위 코스

속초 설악산 소공원에서 출발해 신흥사, 흔들바위를 거쳐 울산바위까지 가는 코스다. 흔들바위가 있는 계조암까지는 걷는 데 큰 어려움 없지만 울산바위가 가까워지면 아찔할 정도로 가파른 철계단을 올라야 울산바위 꼭대기에 다다른다. 사계절 언제나 아름답고 길이 시작되는 설악산 소공원은 접근이 편리해 대중적으로 잘 알려진 등산로다.

거리(편도): 3.8km 소요시간: 2시간 20분

소공원~비선대~마등령~대청봉~오색 코스

공룡능선은 설악산을 외설악과 내설악으로 가르는 대표적인 능선으로, 거대한 공룡의 등뼈처럼 이어져 있어 그런 이름이 붙었다. 소공원에서 비선대, 금강굴, 마등령, 공룡능선, 대청봉을 거쳐 오색으로 내려가는 난이도 최상 코스다. 비선대까지는 길이 무난하다가 금강굴을 지나면 험해진다. 마등령에 도착하면 왼쪽으로 가야 공룡능선을 걸을 수 있다. 마등령과 희운각대피소 사이에 있는 공룡능선 구간만 5.1km. 영동과 영서의 분기점이라 기상변화가 심하고 평지가 거의 없어 사고 위험도 높다. 그러나 외설악과 내설악의 비경과 외설악 너머 동해까지 조망하는 감격에 젖을 수 있는 코스다. 대청봉을 거쳤다가 오색으로 하산한다.

거리(편도): 22.1km 소요시간: 16시간 30분

오대산국립공원

월정사~상원사
446번 지방도,
하이힐 신고 걷는 숲길

오대산국립공원에는 문수보살이 머무르는 신성한 자리라는 믿음으로 세워진 절이 있다. 바로 조계종 4교구 본사인 월정사다. 이곳으로 가면 천년 동안 자란 전나무 숲길과 상원사로 연결되는 446번 지방도를 만난다. 강원도 홍천군 내면 창촌리까지 16.5km 구간이 비포장도로로, 구두를 신고도 걸을 수 있을 만큼 편하고 아름다운 길이다.

월정사 전나무 숲. 고려시대에 처음 나무를 심어 역사가 천년을 넘었다(2~3지점).

전나무 숲과 넓은 흙길 월정사 주차장~팔각구층석탑[1~5]

월정사는 오대산국립공원의 대표적인 명승지이자 관광지다. 사찰을 '대표적인 관광지'라고 표현하는 게 이치에 맞는 것인지 의문이 들지만 휴가철에 끊임없이 몰려드는 관광객을 보면 틀린 말도 아니다. 이들이 타고 온 차를 주차하는 월정사 주차장은 사찰의 정식 입구인 일주문을 지나쳐서야 나온다.

주차장[1]에 도착하면 한눈에도 수령이 꽤 돼 보이는 전나무와 소나무들이 주변으로 꽉 들어차 있다. 관광안내소 옆으로 보이는 금강교를 건너면 '월정사·육수암', '전나무숲'이라고 적힌 이정표[2]가 나온다. 여기서 오른쪽으로 방향을 돌리면 그 유명한 월정사 전나무 숲길이다.

일주문까지 900m 거리에 들어선 전나무는 1천700여 그루. 평균 나이는 100년 정도이며, 가장 오래된 나무는 2006년 풍해로 쓰러진 고목(450년 추정)이라고 한다. 고려 말 처음 심었던 전나무가 번식해 대를 이어 숲을 이룬 것이니, 전나무 숲길의 역사가 천년을 넘었다. 그동안 수많았던 전란을 생각하면 얼마나 잘 보존된 숲인지 알 수 있다. 일주문에서 금강교까지 덮여 있던 아스팔트콘크리트 포장을 2008년에 뜯어내 흙길로 복원하면서 주변 분위기가 더 자연스러워졌다.

쭉쭉 뻗은 전나무 가지 사이로 파란 하늘이 스며든다. 키가 40m까지 곧게 자라는 전나무는 풍치수(風致樹)로서 가치가 높다. 이런 인물 좋은 전나무가 이룬 숲인데다 하이힐을 신고 걸어도 괜찮을 만큼 길이 편해서 연인들은 손을 잡고 걷고, 젊은 부부는 유모차를 끌고 산책하며, 아이들은 집 앞마당에서처럼 뛰어논다.

전나무 숲길이 끝나는 곳은 월정사 일주문[3]. 이곳에서 2번 지점[4]으로 되돌아가며 전나무 숲을 다시 걷는다. 갈림길로 돌아와 곧장 가면 월정사 경내로 들어서게 된다. 가장 먼저 눈길을 끄는 것이 대웅전 앞, 국보 제48호인 팔각구층석탑[5]이다. 고려 초기에 제작된 이 석탑은 높이가 15.2m에 이른다. 제작 당시 북부지방에 유행했던 다각, 다층 석탑의 전형적인 모습을 하고 있다.

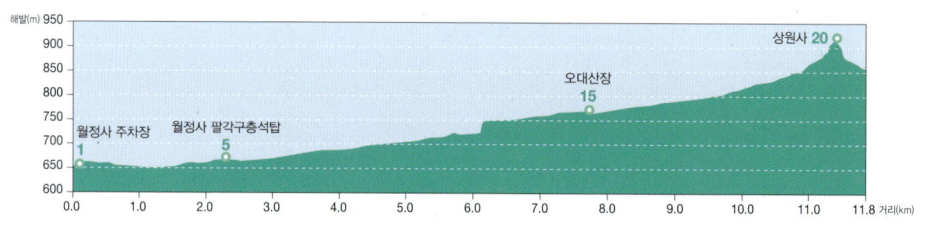

- 걷는거리: 총 11.8km
- 걷는시간: 3시간
- 출발점: 강원도 평창군 진부면 동산리 월정사 주차장
- 종착점: 강원도 평창군 진부면 동산리 상원사 주차장
- 난이도: 쉬워요

추천 테마	아이들과	연인끼리	여럿이	숲	들	계곡	강	바다	문화유적	봄	여름	가을	겨울
	★★	★★	★★	★★★		★★★			★★★	★	★★	★★★	★★★

세조가 문수동자를 만나 피부병을 고쳤다는 설화가 전해지는 계곡(9~10지점).

왕의 피부병을 낫게 한 계곡 446번 지방도~오대산장[6~15]

　월정사에서 나오면 446번 지방도[6]다. 오대산국립공원을 남북으로 가로질러 인제군 남면으로 이어지는 이 도로는 월정사에서 홍천군 내면 창촌리까지 16.5km의 구간이 비포장이다. 잠시 포장된 도로를 따라 걷다 선암교[7]를 건너면 흙길이다. 휴일에는 상원사와 월정사를 오가는 차들이 적지 않으므로 차량 통행이 뜸한 평일이나 눈 쌓인 겨울에 걸으면 더 운치 있을 것 같다.

　천천히 40분쯤 걸으면 계곡을 가로지르는 섶다리[9]가 나온다. 다리를 건너가면 울창한 숲 안에 오솔길이 좌우로 나 있다. 새 길을 닦기 전, 사람들이 다녔던 옛길이다. 왼쪽으로 방향을 잡는다. 숲 사이로 계곡의 맑은 물소리가 들려온다. 숲을 빠져나와 만나는, 징검다리[10]가 있는 계곡이다. 전설에 따르면 피부병을 치료하기 위해 월정사에 들렀다 상원사를 찾아가던 세조가 이곳에서 몸을 씻던 중 문수동자를 만나 병을 고쳤다고 한다. 오대산에서부터 흘러내리는 이 계곡은 오대천을 지나 조양강이 되고, 정선에서 동강이 되었다가 영월에서는 남한강이 된다.

　징검다리를 건너면 다시 446번 비포장 지방도다. 오른쪽으로 방향을 돌려 20분 정도 가면 다시 옛길로 이어지는 샛길[12]이 등장한다. 이정표가 서 있어 지

나칠 염려는 없다. 옛길로 들어서서 왼쪽으로 걸음을 옮긴다. 얼마 안 가 축구장만한 경작지를 지나고 ㅏ자 형태로 길이 나뉜다[14]. 정면으로 보이는 울창한 숲으로 들어선다. 볕이 들어오지 않을 만큼 울창한 이곳에는 잘라놓은 참나무 기둥마다 영지버섯들이 자라고 있다. 5분쯤 걸어 계곡에 도착하면 옛길이 끝난다. 징검다리를 건너 비포장 지방도로로 나오면 정면에 오대산장[15]이 있다.

월정사 대웅전과 국보 제48호인 팔각구층석탑
(4~5지점).

조선시대에는 세조의 원찰(망자를 모시는 사찰)로 번성했던 상원사(20지점).

오대산장에서 차 한 잔 연화교~상원사[16~21]

　오대산장은 카페와 민박집으로 운영 중이다. 카페에서는 원두커피와 전통차 10여 가지(각 5천 원)를 팔고 민박집(방 5개)은 1끼 식사를 포함해서 숙박료(5만 원)를 받는다. 나무 향기 그윽한 카페에서 여유롭게 차 한 잔 하는 것도 부록 같은 즐거움이다. 산장 인근에는 텐트를 설치할 수 있는 동피골 야영장이 있다. 이용료(2천 원)를 내면 여름철에는 취사장과 샤워장을 쓸 수 있다.

　연화교[16]를 지나면 계곡이 더 이상 보이지 않는다. 동대산으로 연결되는 등산로 입구[17]를 지나면 길 양쪽으로 전나무가 빽빽하다. 10분쯤 더 걸으면 상원교[18], 이곳에서 상원사까지 약 2km 거리다. 순탄하게 이어져 더 짧게 느껴진다.

　상원사 주차장[19]에 도착하면 관리사무소와 쉼터, 매점이 보인다. 상원사로 가려면 제법 언덕진 돌길로 아주 잠시 오르면 된다. 키가 20m는 될 것 같은 전나무 한 그루가 우뚝 서 있으면 상원사[20]에 도착한 것이다. 월정사의 말사라고 해서 작은 암자쯤 된다고 생각하면 착각이다. 724년 건립되어 조선시대에는 세조 원찰(망자를 모시는 사찰)로 번성했다. 유물로는 현존하는 동종 중 가장 오래된 통일신라시대의 범종(국보 제36호)이 있다. 경내를 돌아봤다면 다시 상원사 주차장[21]에서 월정사·진부행 버스를 타고 목적지로 돌아가면 된다.

오대산국립공원을 남북으로 가로지르는 446번 지방도, 월정사에서부터 강원도 홍천군 내면 창촌리까지 16.5㎞가 비포장구간이다(8~9지점).

카페와 민박집으로 운영 중인 오대산장(15지점).

상원사 앞의 거대한 전나무(20지점).

🍴 추천음식

오대산가마솥식당 '산채정식'

월정사 입구에는 '산채 원조'라고 적힌 간판들이 즐비하다. 그 가운데 오대산가마솥식당은 일대의 산채전문 식당 중에서도 원조로 꼽힌다. 산채정식 1인분이 1만5천 원. 20여 가지 산나물과 조기구이, 김치, 젓갈 등 반찬 30여 가지가 상을 꽉 채운다. 나물은 안주인 이문화 씨가 매년 4~5월 정선·진부 일대에서 채취한 것을 사들여 염장으로 보관했다 내는 것이다. 쌉쌀한 곰취, 오도독 씹히는 산상추 줄기, 개운한 참나물, 쫀득한 표고버섯 등, 하나하나 맛이 다르다. 구수한 된장찌개에 밥 한술 뜨고, 산나물 푸짐히 집어 입으로 가져간다. 이게 강원도의 맛이다.

위치: 강원도 평창군 진부면 동산리 17-5 **전화**: (033)332-6888
홈페이지: www.산채전문.kr **영업시간**: 10:00~22:00 **주차**: 가능
가격: 산채정식 1만5천 원, 산채비빔밥 7천 원

교통편

〉〉 찾아가기
동서울터미널에서 강릉행 고속버스를 이용해 진부까지 간 뒤, 진부터미널에서 다시 월정사행 버스를 이용한다.
동서울터미널 → 진부터미널 06:32~20:05 (23회 운행)
진부터미널 → 월정사 06:20~19:40 (12회 운행)
승용차: 월정사 주차장 이용. 하루 5천 원

〉〉 돌아오기
상원사에서 월정사를 거쳐 진부터미널로 가는 버스를 탈 수 있다.
상원사 → 월정사·진부터미널 09:20 / 10:30 / 12:40 / 14:00 / 16:20 / 17:20

알아두기

숙박: 월정사·월정사 입구 주변 민박
식수: 월정사, 상원사
화장실: 월정사, 오대산장, 상원사
입장료: 없음
오대산국립공원 관리소: 강원도 평창군 진부면 간평리 75-6 / (033)332-6417 / odae.knps.or.kr

오대산국립공원 주요 등산로

상원사~중대사~적멸보궁~비로봉 코스

상원사에서 출발해 중대사, 적멸보궁을 거쳐 비로봉으로 가는 코스다. 거리는 짧지만 적멸보궁 이후로는 경사가 가파르다. 상원사는 6·25 중에도 오대산에서 유일하게 불타지 않은 사찰이다. 적멸보궁은 신라의 자장율사가 중국 오대산에서 문수보살을 만나 석가모니 사리를 얻어와 보관한 곳으로 알려진 불교성지다. 비로봉에서는 설악산과 동해가 한눈에 들어오는 장쾌한 조망을 즐길 수 있다.

거리(편도): 3.5km 소요시간: 1시간 40분

무릉계~구룡폭포~노인봉~진고개 코스

소금강은 연곡천계곡을 중심으로 한 오대산 동쪽 구역이다. 크기만 작을 뿐 금강산에 견줄 만큼 아름답다고 하여 율곡이 이름 붙였다. 등산로는 무릉계에서 출발해 십자소, 연화담, 식당암, 구룡폭포, 만물상, 백운대, 낙영폭포 등 소금강의 빼어난 경관을 거친다. 주로 노인봉을 올랐다가 진고개로 하산한다.

거리(편도): 13.3km 소요시간: 7시간

상원사~비로봉~상왕봉~두로령 코스

상원사에서 출발, 비로봉을 거쳐 상왕봉까지 갔다가 두로령에서 북대사를 거쳐 상원사로 돌아오는 코스다. 상왕봉은 조망이 좋아 오대산과 설악산의 봉우리를 파노라마처럼 보여준다. 두로령을 거치지 않고 상왕봉에서 북대사로 바로 내려오면 산행 시간을 40분쯤 줄일 수 있다. 오대산의 주요 봉우리 두 개를 거치는 만큼, 풍경은 수려하지만 난이도가 높은 편이다.

거리(편도): 14km 소요시간: 5시간 20분

치악산국립공원

구룡사~세렴폭포
숲과 물,
공기까지 푸른 계곡을 걷다

치악산은 작지만 산세가 험하기로 이름났다. 산이 높으면 골짜기도 깊은 법. 치악산국립공원의 구룡사와 세렴폭포 사이로 난 길은 그렇게 깊고 아늑한 골짜기를 따라 이어진다. 계곡물은 바닥이 훤히 보일 만큼 투명하고, 짙게 우거진 숲에서는 피부호흡만으로 살아갈 수 있을 것 같다.

눈이 멀어버린 용 한 마리가 머물렀다는 전설의 구룡소(11지점).

잘생긴 금강송 숲 제2주차장~구룡교[1~6]

치악산은 1973년 도립공원이 된 지 11년 만인 1984년에 국립공원으로 승격했다. 설악산·오대산에 이어 강원도의 세 번째 국립공원이다.

치악산을 찾아가는 길은 가깝고 편리하다. 영동고속도로를 이용하면 서울에서 1시간 반 거리. 새말IC로 빠져나와 치악산으로 가다 보면 식당 간판에 거의 '치악'이라는 이름이 들어 있다.

치악산 매표소를 지나 코스 출발지인 제2주차장[1]에 도착한다. 주차장에서 숲길이 시작되는 구룡사까지는 걸어서 15분 거리. 구룡3교[2]를 건너 나오는 차도에서 데크를 따라가면 구룡사 탐방매표소가 있는 시내버스 정류장이다. 원주 시내를 오가는 41번과 41-1번이 이곳에 정차한다.

구룡사 탐방매표소[5]에서는 문화재관람료 2천 원(성인)을 받는다. 길은 여전히 포장되어 있지만 주변 풍경은 이미 숲. 나무그늘이 짙게 드리워져 있고 길옆으로 계곡이 흐른다.

거북이조형물로 된 약수터와 탐방안내소가 나오면 자연학습원과 구룡사로 길이 나뉜다[6]. 구룡교를 건너면 잘생긴 금강송이 숲을 이뤘다.

유폭이 좁아진 곳에서 작은 폭포처럼 물이 흐르는 구룡계곡(13~14지점).

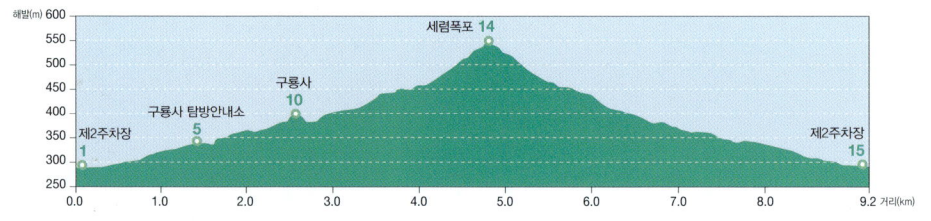

- **걷는거리:** 총 9.2km
- **출발점:** 강원도 원주시 소초면 학곡리 치악산국립공원 제2주차장
- **난이도:** 무난해요
- **걷는시간:** 3시간 30분
- **종착점:** 강원도 원주시 소초면 학곡리 치악산국립공원 제2주차장

추천 테마	아이들과	연인끼리	여럿이	숲	들	계곡	강	바다	문화유적	봄	여름	가을	겨울
	★★	★★	★★★	★★★		★★★			★		★★★	★★★	★★

용을 쫓고 세운 사찰 원통문~대곡야영장[7~13]

구룡사 일주문인 원통문[7]을 지난다. 금강송 숲을 걷다보면 길 한쪽에 양지바른 터가 눈에 들어온다. 연초록 풀들이 자라난 이곳에는 크기가 각각 다른, 돌로 만든 종(鐘) 모양 탑 8개가 서 있다. 가까이 가서 안내문을 보니 부도(스님들의 사리를 모신 묘탑)다. 어둑한 숲에서 유독 이곳만 조명을 주듯, 햇살이 부도를 은은하게 비추고 있다.

시원한 물소리가 들린다 싶더니 숲에 잠시 가려져 있던 계곡이 어느새 가까이 있다. 곧이어 구룡사[10]가 모습을 보인다. 신라 문무왕 때 의상대사가 연못에 살던 아홉 마리의 용을 쫓고, 그 자리를 메워 사찰을 세웠다고 하여 구룡(九龍)사라 불렀다. 그러나 조선중기에 들어 사찰이 쇠락하자 입구에 있던 거북이 모양을 한 바위의 기운을 받기 위해 구룡(龜龍)사로 개칭했다고 한다.

구룡사 앞 매점을 지나면 구룡계곡에서 가장 눈길을 끄는 장소인 구룡소[11]가 나온다. 의상대사가 쫓아버린 용 한 마리가 눈이 멀어 바다로 가지 못하고 이곳에서 머물렀다는 전설이 얽힌 곳이다. 폭포를 중심으로 굵은 바위가 울타리처럼 반원 형태로 펼쳐져 있고 여름 숲이 소(沼)에 그대로 녹아들어 짙고 푸른 물빛을 만들었다. 과연, 이 정도 경치면 사람들의 상상력을 자극해 전설을 만들어낼 만한 자격이 있다. 구룡소를 지나자 길옆 바위에 초록 이끼가 잔뜩 붙어 있고 숲 공기는 피부만으로도 숨을 쉴 수 있을 듯 청량하다.

건물화장실이 있는 삼거리[12]에서 직진해 계곡 위에 놓인 작은 철교를 건넌다. 10분쯤 걸으면 대곡야영장[13]이다. 이곳에서 세렴폭포가 있는 오른쪽으로 간다.

구룡사 앞의 부도. 스님들의 사리를 모신 묘탑이다(10지점).

구룡계곡은 물이 맑고 차서 피서지로 인기다(10~11지점).   가벼운 차림으로 오갈 수 있을 정도로 편한 구룡계곡 탐방로(9~10지점).

걷기 좋은 길의 끝 세렴폭포~제2주차장[14~15]

　야영장을 지나고부터는 왼쪽에 있던 계곡이 오른쪽에 흐른다. 넓고 판판한 돌이 깔린 길이 마치 계곡 옆 둑처럼 쌓여 이어진다. 힘들 정도는 아니지만 조금씩 경사가 급해진다. 구룡사와 야영장까지 그렇게 많던 사람들은 어디로 갔을까? 한적한 길에 다람쥐들만 신이 났다.
　계곡 물소리가 점점 커진다. 군데군데 유폭이 좁아진 곳에서 물줄기가 폭포처럼 세차게 쏟아져 내리기 때문이다. 금강송은 자취를 감추고 나뭇잎 풍성한 잡목 가지들이 길 위로 서로 손을 뻗어 터널을 만들기도 한다.
　30분쯤 걷자 길 오른쪽에 계곡을 건너는 구름다리가 보이고 정면에 바닥의 잔돌이 훤히 보일만큼 맑은 물이 고인 웅덩이가 있다. 물이 흘러나오는 쪽으로 고개를 들자 4m쯤 되는 절벽으로부터 물줄기가 4단에 걸쳐 힘차게 쏟아지고 있다. 세렴폭포[14]다.
　직진하거나 오른쪽 구름다리를 건너가면 치악산 주봉인 비로봉으로 가는 길이다. 산 좀 탄다는 사람들도 '악' 소리를 지른다는 사다리병창 코스가 그 길에 있다. 등산이 목적이 아니라면 이쯤에서 걸음을 돌린다. 승용차를 가지고 왔으면 제2주차장[15]으로 되돌아가고 대중교통을 이용했다면 구룡사 탐방매표소 앞 버스정류장에서 원주터미널로 가는 버스를 탄다.

구룡사 일주문인 원통문(7지점).

구룡사 주변에는 전나무가 울창하게 숲을 이뤘다(10지점).

🚗 교통편

》》 찾아가기

원주역에서 구룡사행 버스(41, 41-1)를 바로 탈 수 있다. 원주터미널(고속 · 시외)에서는 2-1번, 34번 버스를 이용해 (구)시외버스터미널까지 이동 후 구룡사로 가는 버스(41, 41-1번)로 갈아타야 한다. 서울 동서울터미널에서는 구룡사행 직행버스가 하루 3회 운행한다.
동서울 → 구룡사 10:10 12:50 17:10
원주(구)시외버스터미널 · 원주역 → 구룡사 41, 41-1번 버스 (30분 간격)
승용차: 치악산국립공원 주차장 이용. 요금은 성수기 5천 원, 비수기 4천 원

》》 돌아오기

구룡사 탐방매표소 앞 버스정류장에서 원주역 · 원주(구)시외버스터미널로 가는 버스 이용
구룡사 → 원주역 · 원주(구)시외버스터미널 41번, 41-1번 버스 (30분 간격)

✏️ 알아두기

숙박: 구룡사 탐방매표소 주변 민박
식수: 구룡사 입구
화장실: 제2주차장, 탐방매표소, 구룡사, 계곡 내, 대곡야영장
입장료: 구룡사 문화재관람료 2천 원
치악산국립공원 관리소: 강원도 원주시 소초면 학곡리 900 / (033)732-5231 / chiak.knps.or.kr

🔺 치악산국립공원 주요 등산로

구룡사~세렴폭포~사다리병창~비로봉 코스

구룡사 탐방매표소에서 세렴폭포를 거쳐 치악산 정상인 비로봉까지 가는 코스다. 세렴폭포까지는 산책하듯 걸을 수 있지만 이후로는 경사가 가파르다. 특히 1천 개의 계단으로 이뤄진 사다리병창은 치악산 등반의 상징으로 인식될 만큼 악명 높다. 해발 1천288m인 비로봉에 도착하면 경기, 강원, 충청 세 개의 도를 한눈에 조망할 수 있다.
거리(편도): 5.7km **소요시간**: 3시간 30분

부곡공원~곧은재~비로봉 코스

부곡지구는 치악산의 다른 등산 코스에 비해 상대적으로 덜 알려졌다. 숲이 울창하고 계곡이 깊고 맑으며 독특한 바위 등 볼거리가 많아 조용한 산행을 좋아하는 이들이 즐겨 찾는다. 이 코스는 부곡공원지킴터에서 출발해 곧은재를 넘어 비로봉까지 이어진다. 사다리병창을 거치지 않고 비로봉까지 비교적 쉽게 도착할 수 있다.
거리(편도): 8.9km **소요시간**: 3시간

금대분소~영원사~남대봉 코스

치악산 지구의 남쪽 주봉인 남대봉으로 향하는 코스다. 금대분소에서 출발, 영원사를 거쳐 남대봉까지 간다. 금대지구에는 밤나무 숲 주변으로 자동차 야영장이 조성되어 있다. 영원사는 신라시대 의상대사가 창건한 것으로 전해진다. 영원사에서부터 남대봉까지 치악산의 험한 산세가 절경으로 펼쳐진다.
거리(편도): 5.2km **소요시간**: 2시간 40분

Section 3 | 충청도권

계룡산국립공원

갑사~금잔디고개
색안경 벗고 보니 더 아름답다

한때 무속인들이 들끓던 계룡산이 정부의 자정 노력으로 '평범한 산'이 된 지 10여 년이 지났다. 갑사 쪽으로 걸어가는 길, 휜 가지를 사방으로 뻗은 나무들이 신비로운 분위기를 낸다. 갑사를 지나면서 호젓한 계곡 탐방로에 이어 조금 험한 오르막이 나타나지만, 4대 명산다운 아름다운 경치가 부드럽게 등을 떠민다.

신비롭게 우거진 숲 너머로 아담하게 자리한 갑사가 보인다(5~6지점).

우리나라를 대표하는 4대 명산의 하나인 계룡산. 한때 '잘 나가는 점쟁이치고 계룡산에서 도 한 번 안 닦아 본 이가 없다'는 말이 나올 만큼 계룡산은 무속인들 사이에 신령한 장소로도 이름이 높았다. 그러던 중 1984년 정부 주도의 '종교정화운동'이 시작되면서 기도 소리가 잦아들었고, 서서히 평범한 산으로 돌아왔다. 아니, 산은 아무것도 바뀐 게 없는데 산을 바라보는 우리의 마음과 생각만 부산스레 변덕을 부려온 건지도 모르겠다.

사천왕문을 지나 갑사계곡으로
갑사 매표소 주차장~돌계단 입구[1~8]

한낮의 햇살이 조금 남은 추위를 밀어내던 4월 말. 근 10년 만에 계룡산을 다시 찾았다. 가볍게 걷기에는 갑사계곡을 따라 금잔디고개로 이어지는 코스가 제일 무난할 듯싶어 그리로 방향을 잡는다. 갑사 매표소 주차장[1]에 차를 세우고 입구 반대쪽 오솔길로 들어서면 곧 식당가로 이어진 작은 구름다리[2]가 나온다. 다리를 건너 좌회전하면 얼마 안 가 갑사 매표소[3]다. 초입인데도 깊은 골짜기처럼 숲 그늘이 짙다.

매표소와 갑사 일주문을 지나 잠시 후 왼편 다리를 하나 더 넘어가면 탐방지원센터 앞이다. 바로 앞 갑사분소 삼거리[4]에서 오른쪽 갑사 방향으로 직진한다. 보도블록 깔린 넓은 탐방로를 5분쯤 걷다보니 눈앞에 사천왕문[5]이 다가온다. 사천왕문 안쪽에는 동서남북을 담당하는 네 명의 천왕이 잡귀가 들어오는 걸 막기 위해 두 눈을 부릅뜨고 주야로 지키고 섰다. 문을 무사히 지나고 나니 이상한 안도감이 찾아온다. 보에 그려

드나드는 사람들의 평안을 기원하는 사천왕문의 비선도(5지점).

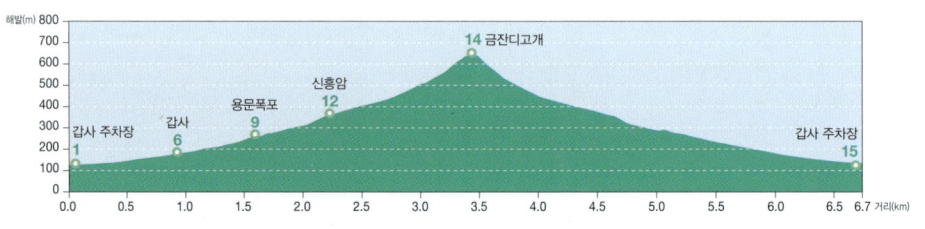

- 걷는거리: 총 6.7km
- 걷는시간: 2시간
- 출발점: 충남 공주시 계룡면 중장리 갑사 매표소 주차장
- 종착점: 충남 공주시 계룡면 중장리 갑사 매표소 주차장
- 난이도: 조금 힘들어요

추천 테마	아이들과	연인끼리	여럿이	숲	들	계곡	강	바다	문화유적	봄	여름	가을	겨울
	★	★★	★★	★★★		★★★			★	★★	★★	★★	★

진 비선도(飛仙圖)가 평온해 보인다.

　사천왕문을 지나 갑사로 이어진 길. 길가에 도열한 채 이리저리 휜 가지를 사방으로 뻗은 거목들이 신비로운 분위기를 자아낸다. 마녀와 요정이 출몰했다던 중세유럽의 숲속 풍경이 이랬을까. 엽록소 가득한 나뭇잎들이 직사광선을 연둣빛 간접조명으로 바꾼다. 3분쯤 걷자 우거진 숲 너머로 산성처럼 서있는 갑사가 보인다.

　갑사는 서기 420년 백제 땅에 창건된 유서 깊은 사찰로, 정유재란과 한국전쟁 등의 참화를 거치며 지금에 이르고 있다. 정유재란 후 사찰을 재건하기 위해 네 명의 스님이 동분서주할 때, 소 한 마리가 홀연히 나타나 목재며 기와를 열심히 날라주다 건물이 완성되는 날 숨을 거두었다는 전설이 전해지기도 한다. 계룡산 북서쪽 자락 완만한 비탈에 아담하게 들어선 갑사는 근심걱정을 내려놓고 소원성취를 비는 불자들의 발길이 끊이지 않는다. 사찰 입구에 약수터가 있어 계룡산 탐방객들의 반가운 휴식처 역할도 하고 있다.

　갑사에서 금잔디고개로 가려면 갑사 오른편 삼거리[6]에서 왼쪽으로 모퉁이를 돌아야 한다. 이곳을 지나 100m 뒤에 만나는 대성암 삼거리[7]에서 다시 좌회전해 보도블록 길로 들어서면 잠시 후 큰 길에서 왼편으로 빠지는 오르막 돌계단 입구[8]에 다다른다.

갑사 대웅전. 맞배지붕의 단정한 처마가 아름답다(6지점).

용문폭 바위의 글씨는 친일파 윤덕영이 썼다(9지점).   지붕에 야생화가 터를 잡은 사천왕문(5지점).

거친 오르막 끝은 또 다른 시작
용문폭포~갑사 매표소 주차장[9~16]

　오르막 돌길로 들어서면 비로소 호젓한 계곡 탐방로다. 넓고 평탄한 포장길을 선호하는 사람이라면 눈앞의 오르막 돌길을 보는 순간 한숨부터 나오겠지만, 제대로 된 오르막이 나오려면 좀 더 가야한다. 돌길로 접어든 후 5분 정도 오르면 구스타프 말러의 교향곡처럼 계곡 물소리가 서서히 커진다. '갑사구곡' 중 가장 아름다운 곳으로 꼽히는 용문폭포[9]의 등장이다.

　폭포 앞 바위에 새겨진 '용문폭(龍門瀑)'이라는 글씨는 구한말 문신이자 한일합방에 앞장 선 친일파 윤덕영이 남긴 것이다. 그는 갑사계곡의 절경에 매료되어 간성장(艮成莊)이란 별장을 짓고 계곡을 따라가며 절승지 9곳에 이름을 붙여 바위에 새겼다. 알거나 모르거나 불편한 진실이다.

　폭포를 좌측으로 비껴 올라가다 철제다리[10]를 지나면 거친 돌계단으로 이뤄진 오르막 탐방로가 펼쳐진다. 비지땀을 흘리며 한참을 걸어 겨우 임도 입구[11]에 도착했다고 생각했는데, 정작 손에 쥔 GPS 수신기는 철제다리에서 고작 282m 지났다고 알려준다. 임도로 진입한 후 우측으로 들어가다 갈림길[12]이 나오는데, 어느 쪽으로 가도 상관없지만 그나마 조금 더 완만해 보이는 왼쪽길을 택한다. 잠시 후 왼편 신흥암을 지나 목재다리[13]를 건너면 다시 가파른 돌길 오르막이다. 코스를 통틀어 가장 힘든 구간이지만 오르막 끝이 바로 목적지이자 터닝 포인트인 금잔디고개다. 힘을 내 한 걸음씩 짙은 숲 그늘 아래 가파르게 일어선 돌길을 올라간다. 힘들고 거친 오르막이지만 가끔은 자연의 불편함을 온몸으로 느껴보는 것도 일상에 젖어 무뎌진 감각들을 되살리는 데 좋은 자극이 된다.

　20분쯤 걸었을까, 눈앞에 더 이상 오를 곳이 없는 넓은 공터가 나타난다. 계룡산의 5개 탐방로가 교차하는 금잔디고개[14]다. 평소 잘 걷지 않았거나 등산에 관심이 없었던 이라면 이곳에 서는 것만으로도 힘들 테지만, 올라온 김에 오른편 자연 성릉을 따라 관음봉으로 이어지는 코스나, 두 시 방향 남매탑으로 뻗은 길을 따라 동학사 또는 신선봉으로 가는 코스를 선택해 걷는다면 계룡산의 절경을 더 많이 눈에 담을 수 있다.

금잔디고개 정상(14지점)　　갑사 매표소(3지점)

🍴 추천음식

아도니스 '안심스테이크'

아도니스는 계룡산 초입에 있는 레스토랑이다. 이곳의 안심스테이크는 향과 육즙의 손실을 최소화 해 안심 특유의 부드러운 맛이 살아 있다. 힘줄이 적고 부드러운 호주산 안심 부위를 단시간에 직화로 조리해 내놓는다.

위치: 충남 공주시 반포면 학봉리 282-1
전화: (042)825-6039 **영업시간:** 10:00~23:00
주차: 가능
가격: 안심스테이크 2만5천 원, 스파게티 1만4천 원, 비프커틀릿 1만2천 원

🚗 교통편

》 찾아가기
대전유성시외버스터미널 앞에서 충대, 유성, 신원사 방면 2번 시내버스를 타고 봉곡리 정류장에 하차 후 송곡, 상신 방면 2번 버스를 타고 갑사 정류장에 하차. 약 1시간 40분 소요
승용차: 갑사 매표소 주차장 이용. 4천 원

》 돌아오기
〈찾아가기〉의 역순

✏️ 알아두기

숙박: 갑사 매표소 주변 **식당:** 갑사 매표소 주변
매점: 갑사 매표소 주변 **식수:** 갑사 내
화장실: 갑사 매표소 주차장, 갑사 내
계룡산국립공원 관리소: 충남 공주시 반포면 학봉리 777 / (042)825-3002 / gyeryong.knps.or.kr

📷 들를 만한 곳

동학사

신라시대였던 서기 724년 상원조사가 지은 작은 암자를 모태로 한다. 이후 상원사라는 이름으로 불리다가 후에 동학사로 바뀌었다. 너른 터에 독특한 개성을 뽐내는 전각들이 여유롭게 자리 잡고 있다. 현재 국내 최대 규모의 비구니 사찰로 알려져 있다.

위치: 충남 공주시 반포면 학봉리 789 **전화:** (042)825-2570 **홈페이지:** www.donghaksa.or.kr
입장료: 어른 2천 원, 청소년 700원, 어린이 400원 **주차:** 동학사탐방안내소 주차장 이용. 4천 원

계룡산자연사박물관

국내 최대 규모를 자랑하는 자연사박물관이다. 실물 공룡 화석을 볼 수 있는 공룡홀 외에도 다양한 주제로 꾸민 전시관들에서 우주와 지구, 인류의 역사를 살펴볼 수 있다. 야외전시장과 함께 1층과 3층에는 기념품점과 카페테리아를 갖추고 있다.

위치: 공주시 반포면 학봉리 511-1 **전화**: (042)824-4055
홈페이지: krnamu.or.kr
개장: 10:00~18:00 **입장료**: 어른 9천 원, 경로·군경 7천 원, 학생 6천 원, 어린이 4천 원 **주차**: 가능

계룡산국립공원 주요 등산로

동학사~관음봉~연천봉~관음봉~삼불봉~동학사 코스

동학사는 물론 계룡산의 주봉인 연천봉과 관음봉, 삼불봉을 둘러볼 수 있는 코스다. 거리는 길지만 시원한 은선폭포와 멀리 논산시내 전경, 기암괴석이 줄을 선 자연성릉 등 계룡산의 절경을 두루 감상할 수 있어 탐방객들 사이에 인기가 높다.

거리(편도): 11.8km **소요시간**: 7시간

갑사~연천봉~관음봉~삼불봉~동학사 코스

갑사와 동학사를 잇는 종주 코스다. 중간에 원효대와 연천봉, 자연성릉, 남매탑을 거쳐 동학사에서 마무리한다. 계룡산을 대표하는 두 사찰과 절승지를 골고루 살펴볼 수 있는 종주 코스인 만큼 거리가 길고 난이도가 높은 편이다.

거리(편도): 10.2km **소요시간**: 6시간

속리산국립공원

법주사~세심정
내게 세속의 때를
씻으라 하네

속리산 법주사에서는 우리나라에서 가장 크고 오래된 목탑인 팔상전 등 국보급 문화재들을 볼 수 있다. 2002년에 지은 높이 33m의 청동불상도 눈길을 끈다. 길 끝에서 만나는 세심정(洗心亭)은 '속세를 떠나 마음을 씻는 정자'라는 뜻이다. 법주사부터 세심정까지 걷는 동안 길은 호젓한데 생각은 무성하다.

법주사 경내로 들기 전 수정교 아래 맑은 계곡이 지난다(7~8지점).

맨발로 걸어 보는 황톳길 황톳길~법주사 매표소[1~4]

일상에서 벗어나 심산유곡 어디쯤에 콕 틀어박혀 있고 싶다. 그곳에서 아무 생각 없이 하루 종일 빈둥거리다가 왔으면 좋겠다. '어디가 좋을까?' 이런저런 궁리 끝에 문득 떠오른 이름, 속리산. '그래, 속리산으로 가자. 이름부터 멋지지 않은가. 속세와 이별하는 산이라니.'

부푼 기대를 안고 속리산(1천58m)으로 향한다. 시야가 온통 녹색으로 변할 즈음 속리산국립공원에 들어왔음을 알리는 정이품송이 반갑게 맞이한다.

커다란 우산처럼 넓은 가지를 뻗치고 있는 정이품송을 지나 속리산시외버스터미널[1]에서 내린다. 주변을 둘러보니 여느 관광지와 다를 것이 없다. 식당과 노점상, 유흥업소와 숙박시설이 늘어서 있고, 여기저기서 호객꾼이 손짓을 하며 손님을 부른다.

호객꾼과 눈이 마주칠 때마다 걸음걸이가 저절로 빨라진다. 다행스러운 것은 '속세의 거리'가 그리 길지 않다는 것. 시장통 같은 공간에서 벗어나자 곧바로 호젓한 황톳길[2]이 나온다.

맨발로 걸을 수 있도록 조성된 황톳길은 300m. 아직은 맛보기 수준이지만 사람들의 반응이 좋으면 탐방로 안에 이러한 황톳길을 더 만들 것이라고 한다. 맨발로 걷도록 만들어 놨으니 맨발로 걸어봐야 한다. 동글동글한 황토 구슬이 환약처럼 보이기도 한다.

법주사는 553년(진흥왕 14)에 창건한 유서 깊은 사찰이다(7지점).

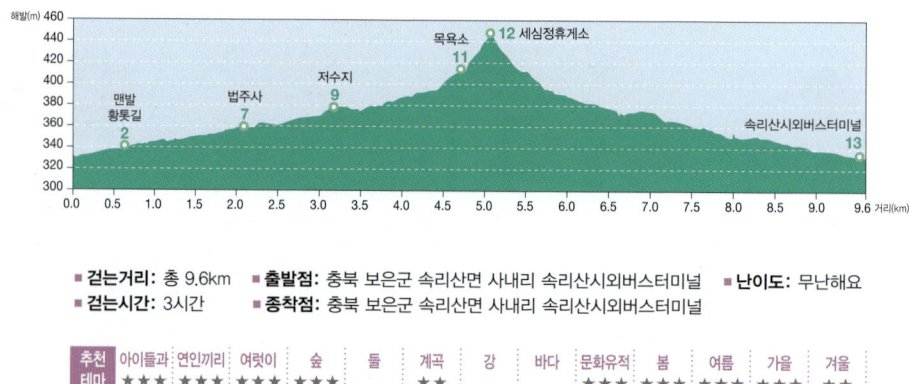

- **걷는거리**: 총 9.6km
- **걷는시간**: 3시간
- **출발점**: 충북 보은군 속리산면 사내리 속리산시외버스터미널
- **종착점**: 충북 보은군 속리산면 사내리 속리산시외버스터미널
- **난이도**: 무난해요

추천 테마	아이들과	연인끼리	여럿이	숲	돌	계곡	강	바다	문화유적	봄	여름	가을	겨울
	★★★	★★★	★★★	★★★	★★				★★★	★★★	★★★	★★★	★★

88 속리산국립공원

몇 발짝 걸었을 뿐인데 발바닥이 황토색으로 물든다. 그리고 꽤나 아프다. 그 통증이 자갈을 깔아 놓은 지압길을 걸을 때 못지않다. 100m쯤 걸었더니 아픔이 더해지고, 등골이 서늘해진다. '그래, 황톳길은 300m면 충분한 것 같다.'

황톳길을 지나 제2속리교를 건넌다[3]. 물가에는 수컷 청둥오리가 암컷의 뒤를 졸졸 따라다니다가 인기척에 놀랐는지 풀숲으로 쏙 들어가 버린다. 바람이 닿은 곳에 잔잔한 물결이 일고, 앙상한 갈대들이 이리저리 흔들린다. 고요한 풍경 속을 걸어 다리를 건너면 속리산탐방지원센터에 이어 법주사 매표소[4]에 닿는다.

속세를 잠시 떠나고자 산을 찾았는데, 그 산에 들어가려면 속물스러운 돈이 필요하다. 전국의 국립공원은 2007년부터 입장료를 받지 않지만 공짜인 곳은 많지 않다. 국립공원 안에 있는 절을 구경하는 값으로 문화재 관람료를 내야 하기 때문이다.

맨발로 걸어볼 수 있도록 황토를 깔아 놓은 길(2~3지점).

커다란 바위에 새겨진 마애여래의상(7지점).   세조가 목욕한 후 피부병이 나았다는 목욕소(11지점).

몸과 마음을 정화하는 숲 오리숲~법주사~세심정[5~12]

　오리숲, 매표소부터 법주사까지 이어진 숲길을 말한다. 여기서 말하는 오리는 꽥꽥거리는 그 오리가 아니라 5리, 약 2km의 거리다.

　숲을 표현하는 데는 아무런 미사여구가 필요 없는 것 같다. 그냥 '좋다'는 말밖에는. 참나무, 생강나무, 소나무가 한데 어울려 어두컴컴한 터널을 이루고 있다. 딱딱한 포장길 대신 폭신한 흙길의 촉감도 좋다. 숲길에는 해설을 곁들인 안내판이 곳곳에 설치되어 탐방객의 이해를 돕는다. 이곳에서는 희귀수종인 망개나무도 볼 수 있다. 가끔 깃대종(그 지역을 대표하는 상징적인 동식물)인 하늘다람쥐도 목격된다고 한다.

　오리숲의 자연생태관찰로를 지나 법주사 일주문을 통과한다[5]. 일주문에는 화려한 단청 아래 '호서제일가람'이란 편액이 걸려 있다. 호서는 충청도이고 가람은 사찰을 의미하니 법주사는 '충청도 제일의 사찰'이란 뜻.

　법주사(사적 및 명승 제4호)는 553년 신라 진흥왕 때 의신스님이 세웠다고 하니 1천 400년이 넘은 고찰이다. 한참 동안 숲길을 걷다가 갈림길[6]에서 수정교[7]를 건너면 법주사에 닿는다.

법주사의 첫인상은 몹시 크고 화려하다는 것이다. 번쩍거리는 33m 높이의 금동미륵대불이 웅장한 모습으로 중생을 굽어보고 있다. 2002년 청동에 약 80kg의 금을 섞어 만든 것이라고 한다. 맘속으로 금값을 계산해 보다가 스스로 놀란다. 역시 뼛속까지 중생이다.

　그 앞에 서 있는 팔상전은 우리나라에서 제일 크고, 유일하게 남아 있는 목탑으로 국보 제55호다. 단아하고 고졸한 멋이 청동 불상과 대조를 이룬다.

　감로수로 바짝 마른 목을 축이고 경내를 둘러본다. 법주사 내에는 팔상전 외에 쌍사자석등(국보 제5호)과 석연지(국보 제64호) 등 국보 3점과 보물 6점이 있다.

　법주사에서 나와 다시 수정교8를 건너 세심정으로 이어진 왼쪽 숲길로 걷는다. 법주사로 이어지는 오리숲에는 탐방객들로 북적이지만 세심정으로 가는 길은 한적한 편이다. 저수지9를 지나자 녹음이 한층 짙어진다. 소나무, 참나무, 서어나무, 아까시나무 등 수종을 가릴 거 없이 하늘로 쭉쭉 뻗어 시원한 그늘을 드리운다.

　탈골암 가는 길을 지나10 숲의 기운을 만끽하다 보니 오른쪽으로 졸졸졸 물 흐르는 소리가 들린다. 물가로 다가서자 맑은 물이 찰랑거리는 목욕소11가 보인다. 조선 세조가 여기서 목욕한 후에 피부병이 말끔히 나았다는 이야기가 전한다.

　이 길에서 만나는 명소들은 하나같이 속세를 떠나라고 속삭인다. 속세를 잊고 마음을 깨끗이 비우라고 한다. 목욕소도 속세의 때를 깨끗이 씻어내라는 의미 아니겠는가. 이 길 끝에서 만나는 세심정(洗心亭)12 또한 '속세를 떠나 마음을 씻는 정자'라는 뜻을 담고 있다.

　세심정에 도착하자 계곡 쪽으로 조그만 폭포가 흐른다. 티끌 하나 남기지 않고 싹싹 씻어내듯 힘차게 흐르는 물줄기. 그 옆에 앉아 한참을 들여다본다. 마음속의 티끌도 하나 둘 떨어져 나가는 것 같다. 비어 버린 공간에는 무엇을 채워야 할까. 굳이 채울 필요가 없는 것일까.

　세심정에서 발길을 돌려, 다시 세상 속으로 걸어간다.

🍴 추천음식

약초식당 '약초산채정식'

반찬이 차려지는 순간 자연스럽게 탄성이 흘러나온다. 참나물, 미나리부터 누룩치, 동백잎, 뽕잎 등 쉽게 맛볼 수 없는 나물에 이르기까지 30여 가지 반찬이 밥상을 꽉 채운다. 약초식당은 대부분 속리산 자락에서 채취한 나물로 밥상을 차린다. 가격은 비싼 편이지만 한번쯤 먹어볼 만하다. 다만 4인 이상이어야만 주문할 수 있는 게 흠. 향토음식대회에서 금상을 수상하고 약초산채정식 특허 등록을 하는 등 화려한 이력을 자랑하는 곳이다.

위치: 충북 보은군 속리산면 사내리 280-1
전화: (043)543-0433 **영업시간**: 08:00~22:00 **주차**: 가능
가격: 약초산채비빔밥 8천 원, 산채정식(4인) 4만8천 원, 약초산채버섯정식(4인) 10만 원

🚗 교통편

》 찾아가기
청주시외버스터미널에서 속리산 방면 시외버스를 타고 법주사 입구 속리산시외버스터미널에서 하차.
청주시외버스터미널→속리산시외버스터미널: 수시 운행(06:40~20:40)
청주시외버스터미널: cjterminal.com
승용차: 속리산시외버스터미널 맞은 편 주차장 이용. 주차료는 소형차 기준 1일 5천 원.

》 돌아오기
속리산시외버스터미널→청주시외버스터미널: 수시 운행(06:25~19:50)

✒ 알아두기

숙박: 속리산시외버스터미널 주변(1지점)
식당: 속리산시외버스터미널 주변(1지점), 세심정휴게소(12지점)
매점: 속리산시외버스터미널 주변(1지점), 법주사(7지점), 세심정휴게소(12지점)
식수: 법주사(7지점), 세심정휴게소(12지점)
화장실: 법주사매표소(4지점), 법주사(7지점), 세심정휴게소(12지점)
법주사탐방지원센터: 충북 보은군 속리산면 사내리 산1-1 / (043)543-6522 / songni.knps.or.kr
법주사: 충북 보은군 속리산면 사내리 209 / (043)543-3615 / www.beopjusa.or.kr 입장료 성인 4천 원, 청소년 2천 원, 어린이 1천 원

📷 들를 만한 곳

정이품송

정이품송은 소나무로는 유일하게 장관급 벼슬을 하고 있는 귀한 몸이다. 세조가 자신의 속마음을 헤아려준 게 기특해 정이품 품계를 하사했다고 한다. 수령 800년이 넘는 원로인지라, 이곳저곳을 쇠기둥에 의지해 서 있는 상태다.

위치: 충북 보은군 속리산면 상판리 241 속리산국립공원 내
입장료: 없음 **주차**: 가능, 무료

선병국 가옥

선병국 가옥(중요민속자료 제134호)은 전통적인 건축양식으로 지은 아흔 아홉 칸의 한옥집이다. 고택 안으로 들어서면 으리으리한 모습보다 그윽한 전통가옥의 분위기가 먼저 눈에 들어온다. 장맛으로도 유명한데, 350년 동안 전해 내려오는 간장이 있다고 한다. 이곳에서 담근 간장과 된장 등은 홈페이지를 통해 구입할 수 있다.

위치: 충북 보은군 장안면 개안리 153
전화: (043)543-7177 **개장**: 09:00~18:00 **홈페이지**: www.adanggol.com
입장료: 없음 **주차**: 가능, 무료

동학농민혁명기념공원

1894년 농민 봉기로 시작된 동학운동은 보은지역에서도 크게 일어났다. 이곳은 당시 보은 북실전투에서 희생된 동학농민혁명군을 기리기 위해 조성한 공원이다. 커다란 기념탑을 비롯해 국궁장, 꽃정원, 쉼터 등을 갖추었고, 최근에는 탐방객들이 편하게 둘러볼 수 있도록 나무데크 산책로를 정비했다.
위치: 충북 보은군 보은읍 성족리 산 16 **입장료**: 없음 **주차**: 가능, 무료

말티재자연휴양림

속리산 말티재 자락에 위치한 자연휴양림이다. 침엽수가 울창하게 자리 잡고 있어 산림욕하기 좋고, 가족들과 함께 걸을 만한 산책로가 잘 조성돼 있다. 휴양림 입구 쪽에 있는 장재저수지도 볼만하다.
위치: 충북 보은군 장안면 장재리 산5-1 **전화**: (043)543-6282
개장: 09:00~18:00, 매주 화요일 휴관(7, 8월 제외)
입장료: 성인 1천 원, 청소년 600원, 어린이 300원, 숙박비 별도 **주차**: 가능, 소형차 기준 3천 원

삼년산성

신라가 백제를 함락하기 위해 지은 석축산성이다. 470년부터 짓기 시작해 완성하기까지 꼬박 3년이 걸려 삼년산성(사적 제235호)이란 이름이 붙었다. 가장 높은 곳이 22m, 너비는 5~10m이다. 길이는 1천680m나 돼서 한 바퀴 둘러보려면 30분쯤 걸린다.
위치: 충북 보은군 보은읍 어암리 산 1-1 **입장료**: 없음 **주차**: 가능, 무료

삼년산성

말티재자연휴양림

동학농민혁명기념공원

속리산국립공원 주요 등산로

법주사~세심정~문장대~천왕봉 코스

속리산 산행은 보통 접근성이 좋은 법주사에서 출발한다. 법주사를 지나 세심정에 도착하면 등산로는 세 개의 길로 나뉘는데 각각 문장대, 신선대, 비로봉으로 오를 수 있다. 비로봉 코스는 천왕봉까지 갈 수 있는 최단 코스지만 경사가 가파른 편이다. 문장대에 올라 천왕봉으로 가는 길은 속리산의 장대한 능선을 모두 밟을 수 있다. 대신 거리가 꽤 길어서 하산하는 시간까지 포함하면 넉넉히 8시간 이상 잡아야 한다. 천왕봉에서 하산은 비로봉~배석대~학소대~세심정으로 내려오는 코스가 일반적이다.

거리(편도): 9.2km **소요시간**: 5시간

화북오봉탐방지원센터~문장대 코스

경북 상주시 화북면에서 문장대를 오를 때 가장 많이 이용하는 코스다. 입장료도 없다. 속리산 산행은 여느 산과 달리 정상인 천왕봉보다 문장대까지 오르는 코스가 인기가 더 많다. 길도 더 편하고, 풍광 또한 좋기 때문. 하산은 문장대에서 화북오봉탐방지원센터로 원점회귀하거나 법주사로 내려가는 길을 선택한다.

거리(편도): 2.8km **소요시간**: 1시간 30분

속리산국립공원

화양동계곡
산수화 속에서 흘러나온 풍경

화양동계곡은 아름답다. 상투적으로 느껴질 만큼 전형적인 아름다움을 지녔다. 계곡에서는 맑은 물이 쏟아져 내리고, 기묘한 형상의 바위와 뒤틀린 소나무가 경이로운 풍경을 보여준다. 계곡을 감상하며 천천히 걷다 보면 경천벽부터 파천까지 성리학자 송시열이 이름 붙인 명소가 차례차례 모습을 드러낸다.

화양동계곡의 최고 절경으로 꼽히는 금사담. 계곡 너머로 송시열이 세운 암서재가 보인다(6~7지점).

명소를 따라 가는 길 화양동계곡~화양서원[1~6]

화양동계곡은 아름다운 경치 아홉 곳을 품고 있어 화양구곡이라고도 한다. 아홉 곳은 저마다 독특한 이름을 갖고 있는데, 조선 성리학자 우암 송시열 (1607-1689)이 관직에서 물러난 뒤 이곳에 머물 때 손수 붙인 이름들이다. 주자의 '무이구곡'을 본떠서 지었다고 한다.

송시열은 1680년 74세 때 관직에서 물러난 후 화양동으로 들어가 암서재를 짓고 후학을 길렀다. 당대 최고의 정치가이자 수많은 제자를 거느린 노론의 우두머리였던 그는 화양동에 은거하면서 한양의 정치를 좌지우지했다. 그가 죽은 뒤에는 이곳에 화양서원과 만동묘가 세워졌다.

청소년수련원 버스정류장[1]에 내려 화양동계곡 탐방로로 들어선다. 울창하게 자란 소나무 숲을 따라 몇 걸음 나아가면 계곡 쪽으로 시야가 확 트이면서 화양동계곡의 첫 명소인 경천벽[2]이 나온다. 가파르게 솟은 모습이 하늘을 떠받치고 있는 것처럼 보인다는 커다란 바위 절벽이다.

조금은 지루한 포장길을 따라 10분쯤 걸으면 넓은 주차장[3]에 닿는다. 자가 운전으로 올 경우 이곳에서 시작하면 된다. 마을의 안녕을 기원하는 성황당을

잔잔하고 맑은 물빛의 제2곡 운영담(5~6지점).

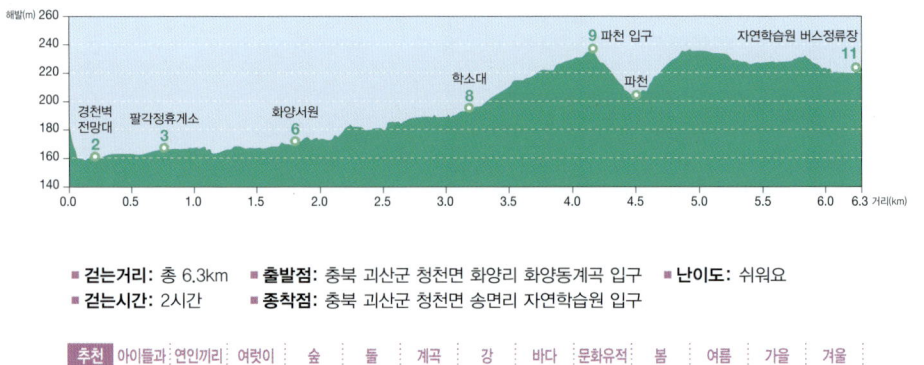

- **걷는거리:** 총 6.3km
- **걷는시간:** 2시간
- **출발점:** 충북 괴산군 청천면 화양리 화양동계곡 입구
- **종착점:** 충북 괴산군 청천면 송면리 자연학습원 입구
- **난이도:** 쉬워요

추천 테마	아이들과	연인끼리	여럿이	숲	돌	계곡	강	바다	문화유적	봄	여름	가을	겨울
	★★★	★★★	★★★	★★		★★★			★	★★★	★★★	★★★	★

지나 자연생태관찰로로 들어선다.[4] 다양한 야생화가 자라는 자연생태관찰로는 짧은 거리지만 화양동계곡 탐방로에서 유일하게 흙을 밟을 수 있는 길이다[5].

대리석처럼 매끈한 계곡 바위 사이로 흐르는 물을 바라보다가 눈이 닿은 곳은 제2곡인 운영담. 구름의 그림자가 비친다는 맑은 소다. 마침 하늘에 떠 있는 뭉게구름이 그 위를 지나간다. 하얀색으로 칠한 듯 흐릿하게 투영된 뭉게구름이 잔잔한 물결과 어우러져 제법 몽환적인 분위기를 만들어낸다.

잠시 후 길 오른쪽에 복원해 놓은 화양서원[6]이 나타난다. 1695년(숙종 21) 노론들이 송시열을 기리기 위해 세웠던 서원으로 1871년(고종 8) 흥선대원군의 서원철폐령으로 사라지기까지 백성들을 향해 막강한 권세를 휘둘렀던 곳이다.

화양서원 옆 계곡에는 구멍이 송송 뚫린 특이한 바위들이 펼쳐져 있다. 송시열이 북벌의 꿈을 이루지 못하고 죽은 효종을 그리워하며 새벽마다 엎드려 통곡하였다는 제3곡 읍궁암이다.

연이어 나오는 제4곡 금사담은 화양동계곡 경치 중에 으뜸이다. 물 아래 모래가 금가루 같아서 금사담이라고 이름을 지었다고 한다. 금사담 뒤쪽의 높직한 바위 위에는 송시열의 별장이자 서재였던 암서재가 있다. 송시열이 은퇴 후 학문을 닦고 제자들을 가르치던 곳이다. 이 건물은 1980년대 재건한 것이다.

화양동계곡 입구로 들어서면 호젓한 소나무 숲길이 이어진다(1~2지점).

그림 같지만 실제여서 더 아름다운 풍경이 걷는 내내 펼쳐진다(6~7지점).

파천까지 이어지는 한적한 산책로(9~10지점).

밤하늘의 경치가 아름답다는 첨성대(7지점).

물과 기암의 변주곡 첨성대~파천~자연학습원[7-11]

금사담을 지나 화양3교를 건너면 산봉우리에 볼록하게 솟아 있는 제5곡 첨성대[7]가 바라보인다. 바위가 층층이 쌓여 있는 독특한 모양으로, 이름처럼 바위에 올라가 바라보는 밤하늘이 아름답다고 한다.

사각거리는 낙엽을 밟으며 걷다 보면 제6곡인 능운대와 제7곡인 와룡암을 연이어 지나게 된다. 계곡을 가로지르는 철교에 도착하면 청학이 살았다는 학소대[8]가 속살을 드러낸 채 우뚝 서 있다. 잔잔한 계곡과 바위틈에 듬성듬성 솟아 있는 노송들. 자연이 만들어낸 풍경은 아름다움을 넘어 경이롭기까지 하다.

학소대를 지나면서 한동안 나무 그늘 드리운 산책로를 걷게 된다. 단풍 명소로 유명한 길이다. 산비탈을 따라 이어진 산책로를 걸어 삼거리[9]에 도착한 후 화양동계곡의 마지막 절경인 제9곡 파천으로 이어지는 오른쪽 길로 들어선다.

물가에 다가서자 흰 바위들이 계곡 여기저기에 놓여 있고, 거친 물살이 그 사이를 휘젓고 다닌다. 용이 꿈틀거리며 움직이는 것처럼 거침없이 쏟아내는 물살에 가슴 속의 응어리가 싹 씻겨나가는 것 같다.

파천을 지나면 화양동계곡 탐방로가 끝이 난다. 탐방지원센터가 있는 주차장[10]을 지나면 자연학습원[11]이고, 이곳 정류장에서 버스를 타면 화양동계곡 입구로 되돌아갈 수 있다.

파천은 흰 너럭바위가 군데군데 펼쳐져 있는 명소다(9~10지점).

🍴 추천음식

신토불이가든 '올갱이국'

청정계곡을 품은 괴산에서 꼭 맛봐야 할 음식이 올갱이(다슬기)다. 이 지역에서 잡은 올갱이는 쓴맛이 적고 부드러워 먹기 좋다. 된장 국물에 올갱이와 시래기, 배추, 부추를 넣어서 끓인 올갱이국은 구수하고 깔끔한 맛이 일품이다. 숙취 해소에 좋아 해장국으로도 인기가 많다.

위치: 충북 괴산군 청천면 도원리 105-14   **전화**: (043)832-5376   **영업시간**: 11:00~20:00
주차: 가능   **가격**: 올갱이국 6천 원, 올갱이전 1만 원, 올갱이무침 3만 원

🚗 교통편

≫ 찾아가기
충북 청주시 청주시외버스터미널에서 송면~화북 방면 시외버스를 타고 화양동계곡 입구(청소년수련원) 버스정류장에 내리면 탐방로가 바로 이어진다.
청주시외버스터미널→화양동계곡 입구(청소년수련원): 하루 8회 운행(07:20~19:00)
청주시외버스터미널 홈페이지: cjterminal.com
승용차: 화양동계곡 주차장 이용. 주차료는 소형차 기준 1일 5천 원

≫ 돌아오기
자연학습원 입구 버스정류장에서 청주 방면 시외버스를 이용한다. 중간에 화양동계곡 입구(청소년수련원)를 경유해서 간다.
자연학습원→청주시외버스터미널: 하루 8회 운행(06:50~19:20)

✏️ 알아두기

숙박 · 식당 · 매점: 화양동계곡 입구 및 탐방로 내 다수
식수: 주차장(3지점), 자연학습원 입구(11지점)
화장실: 화양동계곡 주차장(3, 10지점), 탐방로 내 다수
입장료: 없음
화양탐방지원센터: 충북 괴산군 청천면 화양리 472 / (043)832-4347

📷 들를 만한 곳

선유동계곡

여름 피서지로 인기인 선유동계곡은 화양동계곡과 마찬가지로 아름다운 절경 9곳을 품고 있다.
탐방로로 들어서면 제1곡인 선유동문을 시작으로 경천벽~학소암~연단로~와룡폭~난가대~기국암~구암~은선대를 차례대로 둘러볼 수 있다. 구간이 짧아 왕복 1시간이면 충분하다.
위치: 충북 괴산군 청천면 삼송리   **입장료**: 없음   **주차**: 가능, 무료

청천시장

청천면 청천리 마을에 있는 조그만 시장으로 풋풋한 시골 인심을 느낄 수 있는 곳이다. 일대에서 채취한 산나물과 맑은 계곡에서 잡은 올갱이 등을 판다.

위치: 충북 괴산군 청천면 청천리 마을 일대
입장료: 없음 **주차:** 가능, 무료

정북동토성

청주를 경유해 집으로 돌아간다면 정북동에 있는 정북동토성도 들러볼 만하다. 사적 제415호 정북동 토성은 미호천 연안에 있는 작은 평지 토성이다. 정확한 연대는 알 수 없으나 삼국시대에 지어진 것으로 추정하고 있다. 최근 탐방로를 정비해 놓았으며 소나무와 어우러진 풍경이 아름다워 사진가들도 많이 찾는다.

위치: 충북 청주시 상당구 정북동 251
입장료: 없음 **주차:** 가능, 무료

1, 2, 선유동계곡
3 정북동토성

월악산국립공원

하늘재
고개를 넘으면
다른 세상이 펼쳐질까

월악산 한 봉우리는 수천m 고봉들도 갖지 못한 '하늘'이라는 이름을 지녔다. 신라 아달라왕이 한강 일대 진출을 목적으로 이곳에 개척한 고갯길은 2천 년 가까이 세상과 세상을 잇는 길목이었다. 문헌상 확인 가능한 가장 오래된 길, 하늘재다. 사방이 산봉우리인데도, 이 역사적인 길목의 하늘은 이상하게 가깝다.

미륵리사지 터 주변의 고즈넉한 풍경(2지점).

영토 회복 의지를 담은 절

미륵리사지 주차장~미륵리석불입상[1~3]

새로운 것이 생겨나면 옛것은 자리를 내어주고 잊혀져간다. 길도 예외는 아니다. 하늘재는 우리나라에서 가장 오래된 길이라고 한다. 신라의 8대왕인 아달라가 서기 156년에 북진을 위해 길을 열었으니 지난 세월이 1천860여 년에 이른다. 한반도의 커다란 두 물길, 한강과 낙동강을 잇는 길목이었으므로 중원의 패자가 되기 위해서는 뺏고 지켜야할 요충지이기도 했다. 그러나 1414년 조선태조 때 문경새재가 생기면서 하늘재는 '주요통로' 기능을 상실해갔다.

하늘재는 월악산국립공원의 중심부에서 꽤 벗어나 있다. 찾아가는 길부터 한적해 차량 통행 드문 산중도로를 지나면 익숙한 국립공원 입구가 눈에 들어온다. 하늘재로 가는 출발점인 미륵리사지 주차장[1]이다. 이곳에서 출발해 하늘재까지의 거리는 약 2.7km. 길도 순탄해 왕복하는데 넉넉잡아도 2시간이면 충분하다.

주차장에서 미륵리사지 터까지는 아스팔트로 길이 포장되었지만 특별한 목적이 아니고서는 차가 통행할 수 없어 걷는 데 방해가 되지는 않는다. 걷기 시작하는데 가까운 산봉우리에 걸린 흰 구름이 눈에 띈다. 길 왼쪽 아래로는 하얀 배꽃이 피어나기 시작하는 과수원이다. 주변에 우거진 나무가 그림자를 길게 드리워, 그 속으로 들어가면 햇빛 쏟아지는 쪽이 아득할 정도로 눈부시다.

한동안 걸으면 중원미륵리사지[2]다. 1970년대에 발굴된 후 사적으로 지정된 이곳은

미륵리사지 터를 지나 하늘재로 가는 길. 모양이 반듯하고 편하다 (5~6지점).

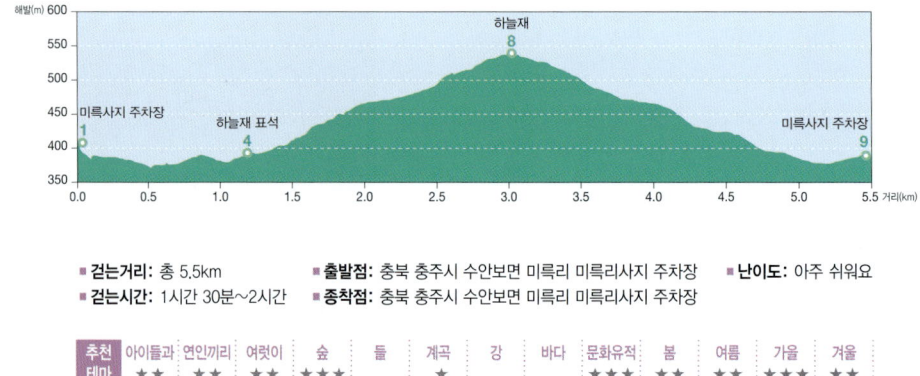

- 걷는거리: 총 5.5km
- 걷는시간: 1시간 30분~2시간
- 출발점: 충북 충주시 수안보면 미륵리 미륵사지 주차장
- 종착점: 충북 충주시 수안보면 미륵리 미륵사지 주차장
- 난이도: 아주 쉬워요

추천 테마	아이들과	연인끼리	여럿이	숲	들	계곡	강	바다	문화유적	봄	여름	가을	겨울
	★★	★★	★★	★★★		★			★★★	★★	★★	★★★	★★

고려 초기로 짐작할 뿐 정확한 창건 시기는 알려지지 않았다. 절터가 북쪽을 향하고 있는 모습이 특이한데, 후삼국을 통일한 고려가 고구려 영토 회복의 의지를 담은 것이 아닌가 추정되고 있다.

    하늘재로 향하는 길에서 잠시 벗어나 터를 좀 더 둘러보면 보물로 지정된 미륵리 5층석탑, 미륵리석불입상[3]을 구경할 수 있다. 석탑과 석불은 형형색색의 연등을 두르고 있지만 정작 오랜 유물은 모서리가 깨지고 금이 가는 등 세월의 흔적이 상처로 남았다.

주차장에서 미륵리사지로 가는 아스팔트 포장길. 일반차량은 통행할 수 없다(1~2지점).

미륵리사지 터 내에 있는 미륵리석불입상. 보물 제96호로 지정되었다(3지점).

하늘재의 하늘은 가깝다 　표석~미륵리사지 주차장[4~9]

　　하늘재는 현재 충청북도와 경상북도의 경계, 충주 미륵리와 문경 관음리 사이에 놓여 있다. 두 마을의 지명을 연관 지어 생각하면 이 고갯길에 꽤나 심오한 뜻이 담겨 있음을 알 수 있다. 미륵은 불교용어로 '내세'를, 관음은 '현세'를 뜻한다. 미륵에서 관음으로 또는 관음에서 미륵으로 넘어가기 위해서는 반드시 하늘을 넘어야만 한다. 정작 '하늘'이라는 표현은 언제부터 쓰였는지 명확하지 않다. 치열한 역사의 중심에서 고단한 생을 보낼 수밖에 없던 민초들, 고개 너머에는 다른 세상이 있을 것이라는 그들의 희망이 이런 지명을 만들어냈을지도 모를 일이다.

미륵대원 터는 미륵리사지에서 역(驛)의 기능을 했을 것으로 추정되고 있다(3~4지점).

미륵리사지 터 내에 있는 미륵리 5층석탑.
보물 제95호(2~3지점).

하늘재 정상에 자리한 하늘재 산장(8지점).

  중원미륵리사지를 지나서는 곧 갈림길이다. 한글로 '하늘재'라고 새겨진 표석[4]이 가리키는 방향을 따라가면 계곡 물소리 은은하고 아까시나무 울창한 숲으로 든다. 꽤 넓은 길에는 아까시 꽃잎이 새하얗게 날려 눈처럼 깔렸다. 숲이 품고 있던 풀향과 꽃향이 피어올라 은은하게 길을 채운다. 지금까지 걸으며 힘들다는 생각은 한 번도 하지 않았건만 굉장히 높은 곳에 오른 듯한 착각이 든다. 바람이 많은 날이다. 구름이 삽시간에 몰려갔다 몰려오며 주변이 덩달아 어두워졌다가 밝아지고는 한다.

  이정표가 있는 갈림길[5]에서 걸음을 멈춘다. 왼쪽 계곡 위에 놓인 구름다리를 건너면 500m가량의 역사자연관찰로를 거쳐 지금까지 걸어온 넓은 탐방로로 나오게 된다. 이름과 달리 역사자연관찰로에서 관찰할 '역사'나 '자연'은 눈에 띄지 않는다. 대신 그 빈자리를 메우듯 밝다 못해 깨끗한 5월의 햇살이 굴참나무 잎에 걸렸다 사방으로 쏟아진다. 한동안 기억에 남아 있을 장면이다.

탐방로에 합류[6]하고 나서 계속 걷다보면 이 외딴 숲에 뜬금없게도 '연아를 닮은 나무[7]'라고 적힌 푯말이 있다. 푯말 뒤를 보자 금강송의 굵은 기둥이 완만한 S자 모양으로 휘어있고 거기서 곁가지를 친 굵은 줄기도 곡선을 그리며 위로 자랐다. 그 모습이 마치 2010년 밴쿠버 동계올림픽에서 김연아 선수가 선보인 '비엘만 스파이럴' 동작과 닮았다고 해서 TV프로그램에 소개까지 된 모양이다. 조금 억지스러운 푯말이 발길을 멈추게 했지만, 이곳은 사실 다른 의미가 있는 장소다. 소나무 주변에는 메주 서너 배는 될 법한 큰 돌들이 군데군데 보이는데 이는 오래전 하늘재 주변에 존재했던 석성의 흔적이다.

하늘재는 이제 멀지 않다. 채 10분도 지나지 않아 느닷없이 숲이 끝난다. 걷는 내내 좋았던 길이 아스팔트 도로와 맞물렸다. 걸음을 멈추고 잠시 멍하니 서 있는데 문경시에 세운 계립령 유허비가 눈에 들어온다. 계립령은 하늘재의 다른 이름, 뜻밖이지만 이곳이 하늘재[8]다.

포암산과 부봉 같은 높은 산봉우리를 주변으로 둘러 분지 같은데 하늘만큼은 바로 머리 위에 떠 있는 듯 가깝게 느껴진다. 아스팔트 도로를 따라 내려가면 다른 세상, 경상북도 문경시 문경읍 관음리다. 사실 별것 아닌데, 역사적인 길목에 서 있다고 생각하니 묘한 감동이 든다. 미륵리사지 주차장[9]으로 되돌아가는 길에서도 감정의 울림이 그치지 않은 이유는 무엇이었을까. 계립령 유허비에는 이런 글귀가 적혀 있다.

'오랜 세월 동안 묵묵히 애환을 간직해 온 계립령의 역사적 의미를 되새겨보고 고개를 넘은 길손들에게 지난 역사의 향취를 전하고 그 뜻을 기리고자 이곳에 유허비를 세운다.'

◀하늘재 근방의 하늘을 가린 참나무들(7~8지점).

🏠 묵을 만한 곳

하늘재 산장

하늘재에 도착하면 낡은 건물 한 채가 눈에 띈다. 외벽에는 산악회가 달아놓은 리본이 수십 개. 내부에는 유명인을 포함해 이곳을 다녀간 사람들이 남긴 글이 벽을 가득 채웠다. 백두대간을 횡단하는 사람들이 막걸리 한 잔 하며 쉬어간다는 하늘재 산장이다. 막걸리 안주로는 산장 옆 포암산에서 채취한 개두릅, 취나물, 진달래로 부친 산채전을 내놓는다.

숙박도 가능하다. 산장에는 묵을 수 있는 시설이 없고 산장 아래 민박집을 이용할 수 있다. 음식 값과 숙박비가 얼마인지 묻자 그때그때 다르다는 산장지기의 대답이 돌아온다. 산채전과 막걸리는 1만 원씩 받기도 하고, 숙박은 1만5천 원에서 2만 원 사이라고 한다.

위치: 경북 문경시 문경읍 관음리 **전화:** 011-261-8878
인터넷 카페: cafe.daum.net/0545718789 **숙박 요금:** 1만5천~2만 원

 ## 교통편

>> 찾아가기
서울 동서울, 강남, 남부터미널에서 충주행 고속버스를 이용한다.
충주공용버스터미널에서는 1시간 간격으로 출발하는 월악산(미륵리사지)행 시내버스 이용
승용: 미륵리사지 주차장. 무료

>> 돌아오기
미륵리사지 정류장에서 충주행 시내버스(1시간 간격 운행)를 이용
충주공용버스터미널에서 시외버스를 이용한다.

 ## 알아두기

숙박: 하늘재 산장 · 미륵리사지 입구 민박집
식수: 미리 준비
화장실: 탐방로 내 없음
입장료: 없음
월악산국립공원 관리소: 충북 제천시 한수면 미륵송계로 1647 / (043)653-3250 / worak.knps.or.kr

 ## 월악산국립공원 주요 등산로

덕주사~마애불~마애봉~영봉 코스

덕주사에서 마애불, 960고지를 거쳐 월악산 주봉 영봉으로 가는 길은 월악산국립공원에서 가장 많은 사람들이 찾는 코스다. 경사가 꾸준하게 이어져 호락호락하지는 않다. 송계삼거리를 지나면 영봉 뒤쪽으로 올라가는 탐방로가 있다. 길 폭이 넓지 않고 계단의 경사가 있으므로 주의한다. 월악산 정상인 영봉은 전체 둘레가 4km, 높이는 150m에 이를 정도로 거대하다. 특히 영봉에서 보는 충주호의 전경은 이 코스를 찾는 이유일 정도로 아름답다.

거리(편도): 5.4km **소요시간:** 3시간 40분

만수교~만수봉~용암봉~만수교 코스

만수봉 코스는 충주 수안보면과 제천 한수면의 경계인 만수교에서 출발한다. 계곡을 곁에 두고 걷는 길은 경사가 그리 가파르지 않아 등산에 익숙하지 않은 사람들도 찾을 만하다. 탐방로를 따라 야생화가 계절별로 피어나 걷는 즐거움을 더한다. 산중턱에 참나무 숲이 울창하고 기암괴석으로 이뤄진 만수봉 정상에서는 월악산 영봉이 또렷이 보인다.

거리: 7.3km 소요시간: 3시간 20분

하늘재~포암산~마골치~만수봉 코스

포암산은 월악산국립공원의 남서쪽 끝 봉우리로 백두대간 주능선에 위치해 있다. 암석이 베를 가지런히 널어놓은 듯해 베바우산으로 불렸고 한자식 이름으로 바뀌어 포암산이 되었다.

포암산 코스는 하늘재에서 출발해 포암산 정상을 거쳐 만수봉 정상으로 가는 길이다. 포암산 정상은 2개의 봉우리로 되어 있어 1봉에서 능선을 넘어 2봉으로 간다. 만수봉까지는 능선을 따라 어려움 없이 걸을 수 있다.

거리(편도): 6.4km 소요시간: 3시간 30분

태안해안국립공원

꽃지해수욕장~안면도자연휴양림
조개봉 숲길 지나
우주 같은 해변으로

꽃지해수욕장에서 안면도자연휴양림까지 걷는 길은 바다와 숲길을 모두 경험할 수 있어 지루할 틈이 없다. 자연휴양림으로 들어서면 조개 이름을 붙여 놓은 귀여운 봉우리들이 시원한 숲길을 연다. 잘 꾸며 놓은 수목원 곳곳에 눈길을 주다 내쳐 걸으면 넓은 모래톱을 펼쳐 놓고 꽃지 바닷가가 기다린다.

꽃지해수욕장은 단단한 모래해변이 넓게 펼쳐져 있다(23~24지점).

올망졸망 조개봉 탐방
꽃지해안공원 주차장~수목원 입구 갈래길[1~14]

　변산반도와 함께 서해안 국립공원의 한 축인 태안해안국립공원. 제대로 돌아보려면 장기휴가를 내거나 몇 달 동안 주말을 고스란히 써도 모자랄 만큼 무수한 볼거리를 간직하고 있다. 그중에서도 꽃지해수욕장에서 안면도자연휴양림까지 가는 길은 바닷가의 운치와 깊은 숲의 싱그러운 기운을 함께 느낄 수 있어 좋은 걷기여행 코스로 꼽힌다. 해수욕장과 휴양림은 잘 닦인 도로로 이어져 있으므로 오가는 거리가 부담스럽거나 시간이 촉박하다면 자동차나 자전거를 이용해 돌아보아도 좋은 시간을 보낼 수 있을 것이다.

　시작점은 꽃지해안공원 주차장[1]이다. 이곳에서 큰 길로 나와 오른쪽 방포항 꽃다리[2]를 지난다. 가로수가 심어진 보도블록 길을 20분쯤 걸어가면 안면도하나플러스마트 사거리[3]에 다다른다. 영목항, 고남 방향으로 우회전 후 25분 거리에 있는 사거리에서 좌회전하면 안면도자연휴양림 입구[4]다. 산림욕을 즐기며 편안히 휴식을 취하거나, 이곳저곳 둘러보며 시간을 보내도 좋지만 휴양림 경계를 따라 조성되어 있는 탐방로를 걸어보길 추천한다. 탐방로 입구[5]는 매표소 뒤편 Y자 나무데크길에서 오른편으로 가면 된다.

　초입부터 등산로 분위기를 물씬 풍기는 오르막 앞에서 지레 겁먹을 필요는 없다. 주변 능선을 따라 가는 건 맞지만 봉우리들이 전부 100m 이하로 낮기 때문에 고산증으로 인한 산소결핍(?)이라든가 등산에 따른 과도한 체력소모 따위는 걱정할 필요가 없다. 오히려 모시조개니 바지락이니, 봉우리마다 붙여놓은 귀여운 이름들을 만나는 재미가 쏠쏠하다.

모시조개봉은 안면도자연휴양림 탐방로의 첫째 봉우리다(6지점).

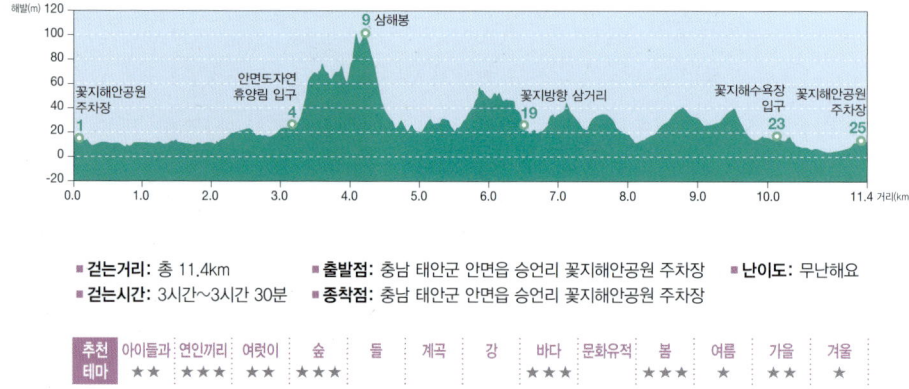

- **걷는거리**: 총 11.4km
- **걷는시간**: 3시간~3시간 30분
- **출발점**: 충남 태안군 안면읍 승언리 꽃지해안공원 주차장
- **종착점**: 충남 태안군 안면읍 승언리 꽃지해안공원 주차장
- **난이도**: 무난해요

추천 테마	아이들과	연인끼리	여럿이	숲	들	계곡	강	바다	문화유적	봄	여름	가을	겨울
	★★	★★★	★★	★★★				★★★		★★★	★	★★	★

116 태안해안국립공원

탐방로로 접어들어 5분 뒤 나타나는 첫 봉우리가 모시조개봉이다. 불과 58.2m짜리 봉우리지만 아담한 흑요석에 봉우리 이름과 해발고도까지 새겨 놓은 센스에 절로 웃음이 난다. 모시조개봉 삼거리[6]에서 왼쪽으로 방향을 튼 후 다음 갈림길[7]에서 오른쪽으로 100m쯤 가면 바지락봉이다. 그 앞 삼거리[8]에서 직진해 새조개봉을 넘으면 유일하게 조개 이름이 붙지 않은 삼해봉[9]에 닿는다. 무려 92.7m 높이로 당당히 솟아 아우뻘 되는 다른 조개봉들을 호령하는 안면도 자연휴양림의 '마천루'다. 수십 년 간 정성들여 가꾼 숲속을 나지막한 능선을 따라 오르락내리락 걸어가니 잠시도 지루할 틈이 없다.

삼해봉을 지나 갈림길[10]에서 왼쪽으로 내려간다. 오른쪽은 진주조개봉과 키조개봉을 크게 돌아오는 코스이니 체력과 시간에 여유가 있다면 이쪽으로 가도 좋다. 다만 진주조개봉을 가리키는 이정표가 없어 초행길이라면 혼란스러울 수도 있겠다.

조개봉 종주(?)를 대강 마친 후 갈림길 좌측으로 내려오다 팔각정[11]에서 왼쪽 내리막으로 계속 진행한다. 얼마 안 가 블록 깔린 포장길에서 우회전해 길을 따라 가다보면 넓은 삼거리[12]가 나온다. 10시 방향으로 뻗어있는 산길 탐방로로 들어가 주차장 뒤편을 돌아 산림전시관 앞 포장길[13]로 합류한 후 다시 오른쪽으로 걸어가면 처음 통과했던 매표소 앞 수목원 입구 갈래길[14]이다.

큰 힘 들이지 않고 걸을 수 있는 안면도자연휴양림 숲길(8~9지점).

형형색색의 화초로 꾸민 안면도수목원 생태연못(16~17지점).

안면도수목원에서는 계절 따라 피고 지는 다양한 꽃을 감상할 수 있다.

태양계를 나는 혜성처럼 수목원 안내판~꽃지해안공원 주차장[15~25]

휴양림을 봤으니 이제 함께 운영 중인 수목원을 둘러보기로 한다. 수목원은 휴양림 입구 큰 길 맞은편에 조성되어 있는데, 입구는 큰 길 너머가 아니라 매표소 왼편 앞 도로 아래를 지나는 터널로 교묘히 위장(?)되어 있다. 터널 입구를 통과해 길고 완만한 오르막을 따라가면 수목원 안내판[15] 앞이다. 여기서 어느 방향으로 가도 수목원을 둘러보는데 지장이 없지만 나중에 다시 이곳을 거쳐야만 출구로 나갈 수 있으므로 위치를 잘 기억해 두도록 한다.

휴양림만큼이나 넓은 수목원에는 상록수원과 안면송 탐방로, 무궁화원, 암석원, 동백나무원 등 다양한 테마로 꾸민 크고 작은 정원이 탐방객의 발길을 수시로 붙잡는다. 특히 수목원 서남쪽 경계를 따라 조성해 놓은 편백숲길은 시원스레 뻗은 편백나무를 감상하며 산림욕의 즐거움을 누릴 수 있는 코스다. 수목원 입구에서 왼편 오르막 오솔길로 접어든 후 반시계 방향으로 크게 돌아 반대편 만병초원[16]에 다다른 후 다시 안내판 앞[17]으로 돌아온다.

수목원 터널을 빠져나와 왼쪽 오르막[18]으로 가면 처음 휴양림으로 들어왔던 큰길 사거리다. 여기서 좌회전해 국도를 따라 8분 정도 내려가다 삼거리[19]에서 꽃지해수욕장 방향으로 우회전한다. 좁은 국도를 따라 25분쯤 가면 오른쪽으로 빠지는 갈래길을 만나는데, 이곳이 바로 숙박단지 진입로[20]다. 유럽의 목조 별장이나 지중해의 휴양지 리조트 등을 본뜬 각양각색의 펜션들을 구경하며 걷다 '목신의 오후' 앞 삼거리[21]에서 직진, 그 다음 정류장 삼거리[22]에서 좌회전한다.

숙박단지를 벗어난 뒤 언덕을 넘어 차도를 건너면 바닷가 넓은 모래땅으로 접어든다. 이곳이 꽃지해수욕장 입구[23]다. 여기서 우회전 후 왼편에 바다를 끼고 해변을 따라 걷는다. 비좁은 해운대에 비하면 꽃지는 우주(?)의 넓이를 가져 가슴이 탁 트인다. 비에 젖어 단단해진 모래바닥은 발이 빠지지 않아 태양계를 날아가는 혜성처럼 가속도가 붙는다. 어쩐지 푹신하게 뭉개지는 마른 모래가 그립다.

10분 정도 걸었을까, 한 쌍의 할매, 할배 바위가 손에 잡힐 듯 가까워질 즈음 오른편 계단(꽃지해안공원 주차장 입구)[24]을 올라 도로를 건너면 익숙한 풍경이 눈에 들어온다. 맨 처음 출발했던 꽃지해안공원 주차장[25]이다. 진한 아쉬움이 밀려온다면 지나온 길 어디쯤으로 다시 돌아가도 좋을 시간이다.

숙박단지 입구에서 지나는 길손을 반기는 구절초(20~21지점).

썰물이 지나간 자리에 덩그러니 남은 조개껍질(23~24지점).

🍴 추천음식

일송식당 '꽃게게장백반'

일송식당의 꽃게게장은 서해의 별미인 싱싱한 꽃게를 간장과 양념장으로 충분히 숙성시킨 것으로 깊고 진한 풍미가 느껴진다. 직접 재배한 채소들로 반찬을 차려내 더욱 맘 편하게 먹을 수 있다.

위치: 충남 태안군 안면읍 승언2리 755-5
전화: (041)674-0777 **영업시간:** 10:30~21:30
가격: 꽃게게장백반 1만9천 원, 꽃게쌈장백반 3만5천~5만5천 원, 꽃게양념게장 3만5천~5만5천 원 **주차:** 가능

🚗 교통편

》》 찾아가기
태안시외버스터미널에서 안면행 좌석버스를 타고 꽃지해수욕장 정류장에 하차. 약 1시간 20분 소요
승용차: 꽃지해안공원 주차장 이용

》》 돌아오기
〈찾아가기〉의 역순

✏️ 알아두기

숙박: 안면도 숙박단지, 방포항 주변, 안면도자연휴양림 주변 등
식당: 방포항 주변, 안면도하나플러스마트 주변
매점: 할배교 주변, 안면도하나플러스마트, 안면도자연휴양림 내
식수: 미리 준비
화장실: 꽃지해안공원 주차장 내, 안면도자연휴양림 및 수목원 내
태안해안국립공원사무소: 충남 태안군 태안면 장산리 16-1 / (041)672-9737 / taean.knps.or.kr
안면도 자연휴양림: 태안군 안면읍 승언3리 산32-567 / (041)674-5017
www.anmyonhuyang.go.kr

📷 들를 만한 곳

가의도

태안반도 서쪽 바다에 떠있는 가의도는 40여 가구가 살고 있는 작은 섬으로 안흥에서 5.5km 거리에 있다. 조개껍질이 반짝이는 아담한 백사장과 훈훈한 인심이 살아있는 섬마을 분위기가 외딴 낙원을 꿈꾸는 여행자를 유혹한다. 안흥항을 출발해 가의도와 죽도, 부엌도, 거북바위 등 주변 비경을 돌아보는 유람선이 수시 운항 중이다.
위치: 충남 태안군 근흥면 가의도리 **전화:** (041)674-1603 (안흥유람선)

신두리 해안사구

사막 한가운데 서 있는 듯한 착각을 불러일으키는 신두리 해안사구는 천연기념물 431호로, 오랜 세월 바람과 파도에 실려 온 모래가 해안가에 쌓인 것이다. 덕분에 독특한 생태계가 형성되어 국내 최대의 해당화 군락과 통보리사초, 모래지치, 갯완두, 아무르 개구리 등 희귀동식물을 볼 수 있다.
위치: 충남 태안군 원북면 신두리 산263-1 **전화:** (041)672-2770~2 (태안군청 관광과)

1 가의도 **2** 신두리 해안사구

Section 4 | 경상도권

가야산국립공원

백련암~해인사
해인사 보러 갔다가
백련암에 반하다

가야산국립공원 걷기코스는 백련암으로 이어진 오르막 구간 때문에 조금 힘든 편이다. 하지만 수많은 고승들이 수도한 백련암 돌계단에 올라 시원한 약수 한 잔을 마셔보면 힘들게 찾은 보람을 느낄 수 있다. 8만 장의 경판을 보듬은 해인사 장경판고는 기능에만 충실한 간결한 모양새로, 화려함을 좇는 우리네 삶을 되돌아보게 한다.

해인사로 구불구불 이어진 넓은 흙길은 남녀노소 누구나 편하게 걸을 수 있다(4~5지점).

고승의 자취 남은 백련암으로 가야산휴게실~백련암[1~11]

경남 합천에 자리한 가야산국립공원은 가야산이라는 이름보다 '해인사 팔만대장경'으로 더 유명하다. 가야산휴게실[1] 앞에서 출발해 백련암을 거쳐 해인사를 둘러본 후 원점으로 돌아오는 가야산국립공원 걷기코스. 해인사를 보러 이곳을 찾는 이들이 많지만 백련암이야말로 가야산 코스의 숨은 진주다.

가야산휴게실에서 해인사로 가는 길은 누구나 쉽게 걸을 수 있는 짧고 완만한 구간이지만, 중간에 백련암으로 접어드는 길은 꽤 힘들다. 등산이나 가파른 오르막길에 익숙지 않은 사람이라면 올라갈 때 힘겹고 내려올 때 다리가 후들거리는 이중고를 겪을 수도 있겠다. 백련암 코스가 영 부담스럽다면 가볍게 해인사만 들러도 좋다.

가야산휴게실 앞에서 해인사성보박물관[2]을 지나 해인사로 향하는 길은 차도 옆 별도의 보행자길이 있어 쉽게 걸을 수 있다. 매점[3]을 끼고 좌회전해 그대로 직진 후, 자동차 도로를 가로질러 둘째 번 매점과 화장실[4]을 지나 5분쯤 걷다보면 삼거리 쉼터[5]가 나온다. 이곳에서 곧장 직진하면 해인사로 이어지고, 중간 목적지인 백련암에 들르려면 화장실 쪽으로 우회전 후 차도[6]를 건너, 도로를 따라 오르막길로 70m쯤 걸어가면 된다. 바위 지도 옆 백련암 표지판이 가리키는 오른쪽 길[7]이다.

백련암으로 이어진 길은 오르막 포장로다. 자동차가 편히 다니도록 경사도를 무시하듯 직선으로 닦은 길은 구불거리는 등산로보다 매끈하지만 금세 숨이 찬다. 느릿느릿 한참을 오르다 어느 순간 한걸음 내딛기도 힘겨운 시점에서는 '내가 이렇게 저질체력이었나?' 하는 생각이 들지만, 힘이 드는 건 그저 길이 가파르기 때문이다.

조금 가다 우측으로 크게 꺾인 오

'정숙'은 백련암 경내에 들어선 모든 이들이 갖춰야 할 예의다 (9~10지점).

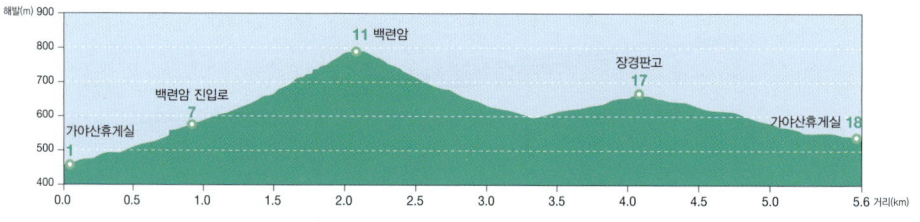

■ 걷는거리: 총 5.6km			■ 출발점: 경남 합천군 가야면 치인리 가야산 휴게실					■ 난이도: 힘들어요			
■ 걷는시간: 2시간			■ 종착점: 경남 합천군 가야면 치인리 가야산 휴게실								

추천 테마	아이들과	연인끼리	여럿이	숲	돌	계곡	강	바다	문화유적	봄	여름	가을	겨울
	★★	★★	★★★	★		★			★★★	★★★	★	★★★	★

백련암은 성철 스님을 비롯해 역대 큰스님들이 거쳐 간 유서 깊은 암자다(10지점).

　르막을 지나면 왼편에 스님들의 사리를 모신 부도원(浮屠園)이 있다. 부도원에서 100m쯤 올라가다 국일암 입구[8]에서 좌회전, 그 다음 200m 앞 지족암 사거리[9]에서 직진 후 15분 정도 곧장 포장길을 따라 올라가면 백련암이다.[10,11] 창건 연대는 알 수 없지만 조선시대 이전부터 큰 스님들이 머물며 불법(佛法)을 설파했던 암자다. '산은 산이요, 물은 물이로다'라는 법어로 유명한 성철스님도 1993년 입적할 때까지 이곳에 머물렀다.
　백련암 마당에서 솟아나는 찬 약수로 목을 축인 뒤 혹시나 하는 마음에 암자에서 마주친 스님께 포장로를 거치지 않고 해인사로 통하는 길이 있는지 물었지만 스님이 아시는 길도 그 길뿐이란다.

해인사 뒤편 계단 너머에 국보 제52호 장경판고가 자리잡고 있다(17지점).

장경판고의 소박한 아름다움

큰길 삼거리~가야산휴게실[12~18]

　한 번 심호흡을 한 뒤 왔던 길을 되돌아간다. 가파른 오르막이 내리막으로 바뀌면서, 눈앞으로 일어서던 길은 발 아래로 처진 길이 되어 다리를 잡아끈다. 덕분에 10여 분 쉴 새 없이 내려오니 해인사로 이어진 큰 도로[12]다. 30분여를 끙끙대며 올랐던 게 무색하다.

　오르막 방향으로 우회전 후 3분쯤 가다보면 오른편에 백련암 초입에서 본 것과는 비교도 안 되는 화려한 부도원[13]이 있다. 성철스님을 비롯해 해인사를 크게 일으킨 역대 큰스님들의 부도를 모셔놓았다.

　부도원을 지나 100m 조금 더 가면 오른편에 해인사로 들어가는 일주문[14]이 나온다. 초파일을 앞둔 시점이라 연등 다는 작업이 한창이었다. 안팎으로 작업과 공사 때문에 이리저리 경내를 둘러 가는 발걸음이 백련암 가던 것보다 까다롭다. 해인사의 오늘을 말해주듯 곳곳에 새로 지은 으리으리한 건물들이 즐비해, 어린 시절 가족과 들렀을 때 한적했던 풍경과는 사뭇 대조적이다.

　그렇게 화려함과 어수선함 속을 헤쳐 나온 뒤에야 뒤편 서늘한 자리에 가려

있던 좌우대칭의 빛바랜 건물과 마주친다. 바로 8만1천258개의 불교경판이 보관된 국보 제52호 '장경판고[17]'다. 지난 1995년에는 유네스코가 세계문화유산으로 지정했다.

장경판고는 창건 당시 해인사의 당당한 중심 건물이었지만, 근래 사찰의 규모가 급격히 커지면서 상대적으로 왜소해졌다. 창고로서의 기능에 충실할 뿐 별다른 장식을 하지 않은 장경판고의 간소함과는 배치되는 주변 풍경이 그저 어리둥절하다.

문득, 겉에 두른 삶의 장식을 걷어버린 내 본질을 마주할 때도 이런 기분일까 하는 생각이 든다. 수 백 년간 추위와 더위는 물론 습기와 메마름으로부터 8만 여장의 경판을 꿋꿋이 지켜내고 품어 온 장경판고처럼, 삶의 소중한 것들을 변함없이 보듬자 다짐하며 첫 출발지 가야산휴게실[18]로 발걸음을 옮긴다.

화려한 새 건물들이 빼곡히 들어선 해인사 경내(16~17지점).

🍴 추천음식

가야산 식당 '산채돌솥비빔밥'

육류와 오신채를 쓰지 않는 불교음식의 영향을 받아 가야산을 찾은 불자들은 물론 일반 탐방객도 부담 없이 즐길 수 있는 비빔밥이다. 오곡밥에 취나물과 고사리, 버섯, 도라지, 숙주나물 등을 곁들였다. 갖은 산채를 데치고 버무린 푸짐한 반찬도 입맛을 돋운다.

위치: 경남 합천군 가야면 치인리 10
전화: (055)913-8992 **영업시간**: 09:00~18:00
주차: 가능 **가격**: 산채돌솥비빔밥 8천 원, 산채한정식 1만 원, 파전 8천 원

🚗 교통편

》》 찾아가기
대구서부버스정류장에서 해인사 방면 버스를 타고 해인사공용터미널에 하차 후 해인사 방향 도보 8분 거리. 부산 등 경남지역은 고령버스터미널에서 해인사 방면 버스 이용
승용차: 가야산휴게실 부근 주차장 이용

》》 돌아오기
〈찾아가기〉의 역순

✏️ 알아두기

숙박: 해인사공용터미널 주변, 가야면사무소 주변, 백운동야영장(캠핑) 등
식당: 가야산휴게실, 해인사공용터미널 주변, 가야면사무소 주변 등
매점: 가야산휴게실, 해인사성보박물관 뒤편
식수: 백련암 및 해인사 사찰 내
화장실: 가야산휴게실, 박물관 매점 뒤편, 백련암 및 해인사 사찰 내
가야산국립공원 관리소: 경남 합천군 가야면 야천리 886 / (055)939-8000 / gaya.knps.or.kr

📷 들를 만한 곳

가야산야생화식물원

가야산 자생식물 보호와 체험학습 및 학술연구 등을 위해 성주군에서 만든 식물원이다. 야외전시관과 1층 온실, 지하 전시관에 모두 580여 종의 나무와 식물을 전시하고 있으며 드라이플라워와 함께 다양한 화석, 곤충도 볼 수 있다.

위치: 경북 성주군 수륜면 가야산식물원길 49
전화: (054)931-1264 **홈페이지**: www.gayasan.go.kr **개장**: 10:00~17:00, 매주 월요일 휴무
입장료: 어른 1천 원, 청소년 700원, 어린이 500원 **주차**: 가능, 무료

홍류동계곡

가야산국립공원에 위치한 길이 4km의 계곡이다. 홍류(紅流)란 흐르는 계곡물이 붉은 단풍 빛에 짙게 물든다는 의미다. 고려시대 문인이자 명필로 이름을 떨친 최치원 선생이 말년을 보낸 곳으로 갓과 신발만 남겨두고 홀연히 신선이 되어 사라졌다는 전설이 깃들어 있다.

위치: 경남 합천군 가야면 황산리 일대 **전화**: 합천군청 관광과 (055)930-3755
개장: 연중무휴 **입장료**: 없음 **주차**: 가능, 무료

1 가야산야생화식물원
2 홍류동계곡

가야산국립공원 주요 등산로

백운동탐방안내소~서성재~칠불봉~상왕봉 코스

백운동탐방안내소에서 가야산 정상인 상왕봉을 오르는 코스다. 탐방안내소를 출발해 계곡을 거슬러 서성재에 오른 후 칠불봉에서 200m를 더 오르면 가야산의 지붕인 상왕봉이다. 탐방안내소에서 서성재까지만 왕복하는 이른바 '만물상 코스'도 추천할 만하다.

거리(편도): 4.3km **소요시간:** 2시간 30분

해인사 입구~토심골~상왕봉 코스

조금 가파르지만 상왕봉으로 오르는 짧은 코스다. 해인사 입구에서 용탑선원 부근 탐방로로 들어가 가파른 탐방로를 통과하면 국보 제264호 석조여래입상이 나오고 이후 30분 정도 더 오르면 상왕봉이다. 상왕봉에서는 멀리 덕유산과 지리산의 모습도 감상할 수 있다.

거리(편도): 4.0km **소요시간:** 2시간 30분

경주국립공원

남산 포석정~삼릉
남산의 부처가
투박하게 생긴 까닭은?

크고 아름다운 유적은 권력의 상징인 동시에 힘없는 자들의 고통이고 슬픔이다. 경주 남산은 신라 백성들의 기도처였다. 성골, 진골들이 황룡사와 불국사에서 호화롭게 기도를 올릴 때 육두품도 못 되는 백성들은 정으로 바위를 쪼아 불상을 새기며 가족의 평안을 빌었다. 포석정~삼릉 코스에는 신라 백성들이 만든 투박하게 생긴 부처가 수두룩하다.

높이 7m가 넘는 거대한 마애석가여래좌상. 파초선처럼 생긴 소나무가 곁을 지키고 있다(16지점).

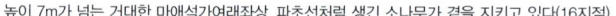

부처가 머무는 산 포석정~금오산[1~14]

남산을 오르는 탐방로는 여러 갈래가 있지만 포석정에서 출발하여 삼릉으로 내려오는 코스가 일반적이다. 시작점인 포석정(사적 제1호)[1,2]은 신라 왕실의 별궁으로, 건물은 없어지고 물이 흐르도록 만들어 놓은 석조 유적만 남아 있다.

통일신라 때 만들어진 이곳에서 왕과 귀족들은 술잔을 띄워 놓고 시를 짓기도 하고, 하늘에 제사를 올리기도 했다. 경애왕이 이곳에서 잔치를 벌이다 후백제의 견훤에게 잡혀 자결을 강요받은 슬픈 역사의 현장이기도 하다.

고즈넉한 정원 분위기의 포석정을 둘러본 후 입구로 나가 왼쪽 담장길로 걸어가면 남산탐방안내센터[3]가 나온다. 남산에는 호화로운 볼거리가 없어 관광객들의 발길이 뜸하다. 그래서 조용히 걷고 싶은 사람에게 '강추'할 만한 걷기 코스이기도 하다.

경주 남산은 신라 백성들의 불국 정토였다. 성골과 진골들이 불국사, 황룡사로 행차하여 호화롭게 불교 행사를 열 때 육두품도 못 되는 백성들은 남산의 바위를 정으로 쪼아 부처를 새기며 집안의 안녕과 자손의 건강을 빌었다. 그래서 남산에서 만나는 부처는 투박하고 못생기고 때로는 수줍다. 목이 없는 부처상과 만들다가 만 부처도 있다. 우리는 그곳에서 신라 백성들의 소박한 일상을 만난다.

포석정에서 남산의 주 봉우리인 금오산(금오봉, 468m)을 오르는 길은 두 갈래다. 탐방안내센터를 지나 삼거리[4]에서 어느 쪽으로 가든 금오산으로 갈 수 있다. 늠비봉 5층석탑을 거쳐 금오산으로 이어지는 오른쪽 길은 가파른 편이다. 한적한 분위기를 즐기고 싶다면 직진하는 것이 좋다.

10분쯤 걸어 나오는 갈림길에서 왼쪽의 좁은

신라 왕실의 별궁이었던 포석정에는 임금이 신하들과 더불어 잔을 띄우며 시를 읊었다는 수로(水路)만 남아 있다. 신라 천년의 끝을 상징하는 포석정에서 남산 탐방이 시작된다(2지점).

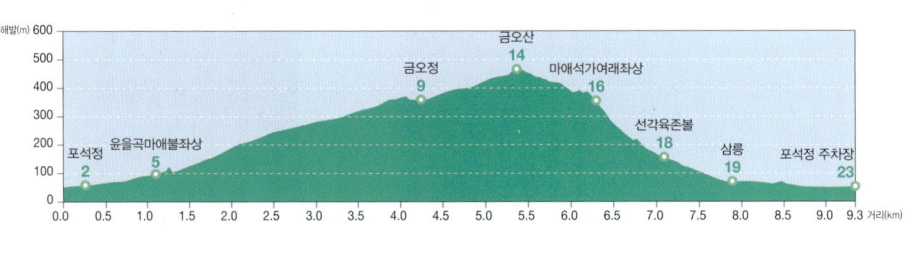

- 걷는거리: 총 9.3km
- 걷는시간: 3~4시간
- 출발점: 경북 경주시 배동 포석정 주차장
- 종착점: 경북 경주시 배동 포석정 주차장
- 난이도: 무난해요

추천 테마	아이들과	연인끼리	여럿이	숲	들	계곡	강	바다	문화유적	봄	여름	가을	겨울
	★★	★★	★★★	★★★		★			★★★	★★★	★★	★★★	★★

길로 접어들면 바위에 조각되어 있는 마애불좌상(경상북도 유형문화재 제1951호)을 만난다. 아담한 크기에 소박한 꾸밈새다.

다시 큰길로 나와[5] 10분쯤 걸으면 부흥사 가는 길과 나뉘는 삼거리[6]다. 예전에는 부흥사를 지나서 금오산으로 갈 수 있었지만 지금은 생태보존을 위해 길을 막아 놓았다. 상서장 가는 길로 갈라지는 삼거리[7]부터는 남산의 주능선을 따라 걷게 된다. 길은 더 완만해져서 공원을 산책하는 기분이다.

갈림길[8,10]을 지나 전망 좋기로 유명한 금오정[9]에 오르자 푸른 하늘 아래 넓은 서라벌 들판이 시원하게 펼쳐진다. 경주의 젖줄인 형산강과 너른 들판, 그 주위를 에워싼 산줄기들. 천연 요새로 둘러싸인 풍요로운 분지가 신라 사람들을 먹여 살렸다.

홀로 살던 노인과 그의 말벗이 되어 준 소녀의 이루어질 수 없는 사랑, 그래서 스스로 목숨을 끊어 바위가 됐다는 상사바위[11]를 지나면 고위산 가는 길과 나뉘는 삼거리[12]다. 직진하면 남산의 정상인 고위산(494m)으로 이어지는 주능선 길이다. 삼릉으로 가려면 오른쪽 나무계단을 올라야 한다. 계단을 올라가 갈림길[13]에서 왼쪽으로 향하면 금오산[14]에 닿는다.

바위에 섬세하게 조각한 마애불좌상(5~6지점).

바위에 새겨진 마애석가여래좌상 너머로 경주의 젖줄인 형산강과 주변 산들이 보인다(15~16지점).

유적으로 가득한 삼릉계곡 금오산~삼릉~포석정 15~23

갈림길로 되돌아와[15] 삼릉 이정표 방향으로 내려간다. 이 길에서는 포석정~삼릉 코스의 최고 볼거리인 마애석가여래좌상[16]을 볼 수 있다. 높이가 7m에 달하는 마애석가여래좌상을 보면 그 웅장함에 놀라고, 바위 절벽과 절묘하게 어우러진 경관에 감탄하게 된다.

마애석가여래좌상 아래에 있는 상선암을 지나면서 청량한 계곡 소리가 들린다. 골이 깊고 여름에도 찬 기운이 돌아 냉골이라 불리는 삼릉계곡이다. 졸졸졸 흐르는 물소리를 벗하며 10분쯤 내려가면 이곳저곳 보수한 흔적이 보이는 석불좌상(보물 제666호)[17]과 만난다.

연이어 여섯 개의 불상이 두 개의 바위 면에 새겨져 있는 선각육존불(경상북도 유형문화재 제21호)[18]을 지나면 삼릉계곡은 끝나고 울창한 소나무 숲으로 들어서게 된

남산 탐방로의 울창한 소나무 숲(3~4지점).

소나무 숲을 병풍처럼 두른 삼릉. 아달라왕, 신덕왕, 경명왕이 잠들어 있다(19지점).

다. 나무 데크를 따라 내려가면 볼록하게 솟아 있는 세 개의 왕릉이 모습을 드러낸다. 아달라왕, 신덕왕, 경명왕의 무덤이 모여 있는 삼릉[19]이다.

포석정~삼릉 탐방로는 삼릉입구 버스정류장에서 마무리해도 된다. 포석정으로 되돌아갈 경우 인도를 따라 걷거나 삼릉을 지나자마자 나오는 삼거리에서 '삼불사 500m' 이정표 방향으로 걸으면 된다.

딱딱한 인도보다는 삼불사로 향하는 숲길을 택한다. 조금은 을씨년스러운 무덤군을 지나면 망월사가 나오고, 곧이어 삼불사[20,22]에 닿는다. 삼불사 옆으로도 남산을 오르는 탐방로가 이어지는데 그 길을 잠시 오르면 포석정~삼릉 탐방로에서 만나는 마지막 유적인 석조여래삼존입상(보물 제63호)[21]을 볼 수 있다.

세 개의 바위에 새겨진 부처의 모습은 천진한 어린아이의 표정을 닮았다. 여기에서 도로 옆 인도를 따라 10분쯤 걸으면 시작점이었던 포석정[23]에 닿는다.

추천음식

단감농원 할매칼국수 '우리밀 손칼국수'

삼릉 입구에는 우리밀로 만든 손칼국수집이 여럿 있다. 그 중에 '원조' 손칼국수로 유명한 '단감농원 할매칼국수'는 고향의 맛을 느낄 수 있는 곳이다. 경주의 들판에서 자란 밀을 쓰고, 반죽과 밀기, 국수 썰기 등 모든 과정을 손으로 한다. 거친 듯하면서 쫄깃한 면발과 인공 조미료를 쓰지 않은 담백한 국물 맛이 일품이다.

위치: 경북 경주시 배동 739-2 삼릉 입구
전화: (054)745-4761 **영업시간**: 08:00~18:00
주차: 가능 **가격**: 우리밀 손칼국수 5천 원, 냉콩국수 6천 원, 파전 7천 원

교통편

》 찾아가기
경주역 · 경주시외버스터미널→포석정: 500번, 505~508번(수시 운행)
경주시 버스 안내: 경주시 문화관광 사이트(guide.gyeongju.go.kr) 접속, 메인화면 왼쪽 '교통정보'에서 시내버스/시외버스/고속버스 클릭
승용차: 포석정 입구 주차장 이용. 하루 2천 원.

》 돌아오기
포석정(또는 삼릉)→경주역 · 경주시외버스터미널: 500번, 505~508번(수시 운행)

알아두기

숙박: 경주역과 경주시외버스터미널 주변에 다수
식당: 포석정 및 삼릉 입구 주변에 다수
매점: 포석정 입구(2지점), 삼릉 입구
식수: 상선암(16지점), 삼불사(20지점)
화장실: 포석정 입구, 금오산 가는 길(13지점), 삼릉 입구, 삼불사(20지점)
입장료: 포석정 – 성인 500원, 청소년 400원, 어린이 300원
경주국립공원 남산분소: 경북 경주시 내남면 용장리 426-1 / (054)771-7616 / gyeongju.knps.or.kr
포석정: 경주시 배동 454-3 / (054)745-8484

들를 만한 곳

대릉원

천마총, 미추왕릉 등 수많은 신라 왕릉이 한자리에 모여 있는 경주의 대표적인 관광명소다. 크고 넓어 모두 둘러보려면 1시간은 걸린다. 첨성대와 반월성이 인근에 있으니 함께 둘러보자.

위치: 경주시 황남동 89-2 **전화**: (054)772-6317
입장료: 성인 1천500원, 청소년 700원, 어린이 600원
주차: 가능, 소형차 기준 2천 원

1 안압지　**2** 황룡사지　**3** 첨성대

김유신장군묘

사적 제21호. 신라가 삼국통일을 이루는 데 중심 역할을 했던 김유신의 묘다. 주변 도로와 산책길이 벚꽃으로 유명해 해마다 나들이나 드라이브를 하는 사람들로 북적인다.

위치: 경북 경주시 충효동 산 7-10　**전화:** (054)749-6713
입장료: 성인 500원, 청소년 400원, 어린이 300원　**주차:** 가능, 무료

분황사 · 황룡사지

신라 선덕여왕 3년(634년)에 건립되었으며 원효대사와 자장대사가 머물렀던 사찰이다. 경내에는 안산암을 높다랗게 쌓아 올린 모전석탑(국보 제30호)이 있고 분황사 옆에는 황룡사지(사적 제6호)가 함께 있다. 신라 호국 신앙의 중심지인 이곳은 신라 진흥왕 때 착공해 선덕여왕 14년(645년)에 완성했다. 고려시대까지 이어져 왔지만 몽골의 침입으로 불 타 없어져 지금은 흔적만 남아 있다.

위치: 경주시 구황동 일대　**전화:** (054)742-9922
입장료: 성인 1천300원, 청소년 1천 원, 어린이 800원　**주차:** 가능, 무료

안압지

임해전지 내에 있는 연못인 안압지는 대표적인 경주의 야경 코스다. 벚꽃이 만개하는 봄철에는 주차할 곳이 없을 정도이므로 해가 지기 전에 미리 도착하는 것이 좋다. 연못 주변을 크게 한 바퀴 돌 수 있는 산책로가 나 있다.

위치: 경주시 인왕동 26 **전화**: (054)772-4041
입장료: 성인 1천 원, 청소년 500원, 어린이 400원 **주차**: 가능, 무료

첨성대

국보 제31호로 신라 선덕여왕 때 만들어진 동양 최초의 천문대다. 안압지와 함께 야경 코스로 유명하며, 주변으로 유채꽃밭이 있어 특히 봄철에 많은 관광객들이 찾는다.

위치: 경주시 인왕동 839-1 **전화**: (054)772-5134
입장료: 성인 500원, 청소년 300원, 어린이 200원
주차: 대릉원 주차장 이용, 소형차 기준 2천 원

감은사지

문무대왕 때 짓기 시작하여 아들인 신문왕이 완성한 감은사가 있던 터다. 감은사지에는 최근 보수를 마치고 일반에 공개된 13m 높이의 삼층석탑(국보 제112호) 2기가 있다. 높이와 크기가 같은 쌍둥이 탑이다.

위치: 경주시 양북면 용당리 55-1
입장료: 없음 **주차**: 가능, 무료

문무대왕릉

사적 제158호. 대왕암(大王岩)이라고도 한다. 바다에 있는 조그만 바위섬처럼 보이지만 삼국통일을 이룬 문무왕의 유골이 수장되어 있다. 관광객들 덕분에 호강하는 갈매기들이 해변을 배회하는데, 일출 때는 대왕암과 어울려 멋진 풍경을 연출한다.

위치: 경주시 양북면 봉길리 앞바다 **입장료**: 없음 **주차**: 가능, 소형차 기준 3천 원

국립경주박물관

경주에 대한 역사를 체계적으로 알기 쉽게 정리해 놓았다. 국보 13점과 보물 26점을 포함한 7만9천여 점의 유물과 자료를 갖추고 있다.

위치: 경주시 일정로 118 **전화**: (054)740-7500 **홈페이지**: gyeongju.museum.go.kr
개장: 09:00~18:00, 매주 월요일 휴관 **입장료**: 없음 **주차**: 가능, 무료

문무대왕릉

국립경주박물관

경주국립공원

토함산 불국사~석굴암
걸음에 새기는 신라인의 꿈

천년고도 경주에는 신라인들의 삶에 큰 영향을 미쳤던 불교 유적이 곳곳에 흩어져 있다. 그들이 꿈꾸었던 극락정토는 어떤 모습이었을까? 토함산 기슭의 불국사와 석굴암에서 옛 신라인들의 염원을 본다. 그 옛날 그들이 걸었을 길을 따라 걷는다. 마음은 자꾸 진지한데, 봄날의 한적한 숲길을 걷는 발걸음은 가볍다.

사바와 극락의 경계 불국사~토함산 탐방로[1~3]

벚꽃이 활짝 핀 불국사[1,2]에는 수학여행 온 학생들과 관광객들이 북적였다. 아이들을 통제하느라 정신없는 선생님들, 길게 줄을 만들어 느릿느릿 걸어가는 관광객들. 불국사에 조용할 날이 과연 있을까? 신년에는 토함산 해맞이를 보러 온 산행객들로, 봄에는 꽃구경 온 사람들로 늘 붐빈다. 고운 빛깔 머금은 단풍과 눈 내린 불국사의 풍경도 사진가들에게 훌륭한 피사체가 되어 준다.

불국사의 경내 깊숙한 곳으로 향한다. 시간을 거슬러 신라인의 발자취를 더듬어 가는 역사 여행은 설레고 경이롭다. 불국사 일주문으로 들어가서 백운교·청운교(국보 제23호) 앞 광장에 도착하기까지 꽤 많은 흙먼지를 뒤집어썼다. 선생님의 당부를 듣는 둥 마는 둥, 발을 질질 끌며 걷는 장난스러운 학생들 탓이다.

그래도 수학여행 온 학생들 뒤를 따라다니다 보면 뜻밖의 성과가 있다. 그 틈에 슬쩍 끼어 역사 강의를 공짜로 들을 수 있다는 것이다. 선생님이 들려주는 역사 이야기와 유적지에 얽힌 사연은 재미있다. 어느새 호기심 가득한 눈망울을 반짝이는 아이들. 귀동냥을 하다가 함께 어린 시절로 돌아간 듯한 기분에 젖는다.

화려한 양식의 다보탑과 달리 수수한 아름다움을 보여주는 삼층석탑(3지점).

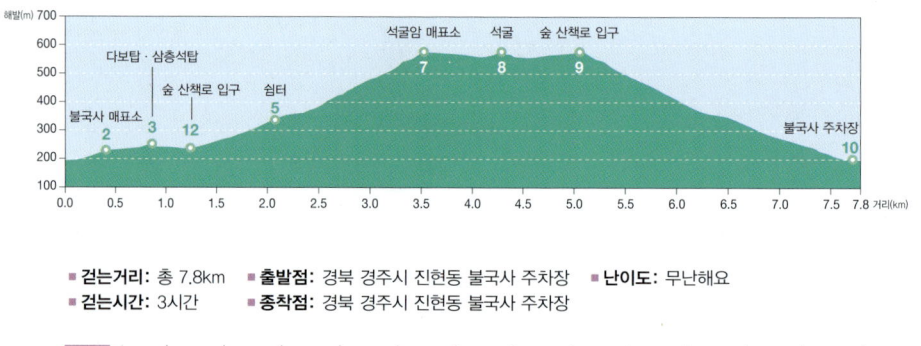

- 걷는거리: 총 7.8km
- 걷는시간: 3시간
- 출발점: 경북 경주시 진현동 불국사 주차장
- 종착점: 경북 경주시 진현동 불국사 주차장
- 난이도: 무난해요

추천테마	아이들과	연인끼리	여럿이	숲	들	계곡	강	바다	문화유적	봄	여름	가을	겨울
	★★★	★★★	★★★	★★★					★★★	★★★	★★	★★★	★★

나무들이 가지를 뻗어 터널을 이룬 토함산 숲 산책로(4~5지점).   불국사 대웅전 앞에 서 있는 국보 제20호 다보탑(3지점).

"백운교와 청운교는 대웅전으로 오르는 길이야. 서쪽의 연화교와 칠보교는 극락전으로 연결되는 길이지. 다리 아래는 속세를 뜻하고, 다리 위는 부처의 세계를 말해요. 다리는 33개의 계단으로 되어 있는데….”

대웅전 앞 다보탑(국보 제20호)과 삼층석탑(국보 제21호)3에 이르기까지 선생님의 설명은 열정적이다. 따가운 햇볕을 온몸으로 받아내면서 좋은 강의를 해주신 보답으로 학생들과 단체사진 한 장 찍어 드리고 천천히 경내를 둘러본다.

불국사가 세워진 시기는 명확하지 않다. 528년 법흥왕의 어머니인 영제 부인이 세웠다는 설도 있고, 눌지왕 때 아도화상이 창건했다고도 전한다. 또 김대성이 전생의 부모를 위해 석굴암을 세우고 현생의 부모를 위해 불국사를 창건했다고도 한다.

아무튼 불국사 창건에서 꼭 등장하는 인물이 경덕왕 때의 재상 김대성(700-774)이다. 주목할 만한 점은 창건을 했든 중창을 했든 무려 23년 동안 불국사 건설에 매달렸다는 사실이다.

그러나 김대성은 죽을 때까지 불국사의 완성을 보지 못했다. 불국사의 건축양식은 돌로 축대를 쌓아 그 위에 건물을 올리는 공법인데, 이렇게 하면 튼튼한 대신 시간이 많이 걸렸다. 결국 김대성이 완성하지 못한 불국사는 후에 신라 왕실에서 마무리한다. 그 기간만 10년이라니 총 33년이 걸린 셈이다.

당시 불국사의 규모는 어마어마했다. 80여 동, 약 2천 칸에 이르는 건물로

토함산 불국사~석굴암 **145**

석굴암 가는 길은 생각을 정리하며 걷기 좋을 만큼 한적하다(7~8지점).

이루어진 대사찰이었다. 그러나 역사는 순탄치 않았다. 위엄을 자랑하던 대사찰은 임진왜란 때인 1593년에 완전히 불타 버렸다. 이후 중수를 거듭하다가 일제강점기 때 대대적인 공사가 진행되었다. 이 기간에 다보탑 속의 사리 보관함이 사라지는 등 많은 문화유산을 잃어 버렸다.

불국사가 현재의 모습을 갖춘 것은 1973년이다. 천년이 넘는 세월을 겪어낸 불국사. 옛날 모습은 상상에 맡겨야겠지만 신라를 대표하는 사찰인 것은 틀림없다. 불국사는 1995년 세계문화유산으로, 2009년에는 사적 제502호로 지정되었다.

명상의 숲 지나 석굴에 들다 토함산 탐방로~석굴암[4~10]

불국사 입구로 돌아와[4] 석굴암으로 이어지는 토함산(吐含山, 745m) 탐방로로 들어선다. 경주 일대에서 가장 높은 산인 토함산은 신라 때 하늘에 제사를 지냈던 5대 진산 중 하나다. 지금도 남산, 단석산과 함께 경주의 3대 명산으로 꼽히고 해맞이 장소로도 유명하다. 그런데 토함산 일출은 삼대가 덕을 쌓아야 볼 수 있다는 지리산의 일출보다 더 보기 어렵다. 바다가 인접해 있어 안개가 자주 끼기 때문이다. 얼마나 안개가 심하면 '구름과 안개를 삼키고 토하는 산', 토함산이 되었겠는가.

토함산 탐방로는 초입부터 운치 있는 숲길이 펼쳐진다. 소나무, 참나무, 단풍나무, 아까시나무 등 침엽수와 활엽수가 어우러진 호젓한 산책로다. 조경을 한 것인지 저절로 자란 것인지는 모르겠지만, 고풍스러운 정원처럼 나무들이 저마다 곡선을 그리면서 운치 있는 숲 터널을 완성해 놓았다. 벚꽃과 개나리가 피는 초봄에 찾았는데도 마치 가을 숲속에 들어선 것처럼 알록달록한 색상을 볼 수 있는 것도 이채롭다.

숲은 훌륭한데 길은 글쎄다. 차가 지나다닐 만큼 넓은 포장길인 것이 마음에 걸린다. 딱딱한 노면 감촉이 싫어 도로 가장자리의 흙길을 밟는다. 나무 그늘이 짙을수록 조용하고, 잎사귀들이 사각거리는 소리와 새소리만 들린다.

관광객과 불자들로 붐비는 불국사 대웅전(3지점).

나무들이 가지를 뻗어 터널을 이룬 토함산 탐방로(4~5지점).

불국사 가는 길에 벚꽃과 개나리가 활짝 피었다(1~2지점).

    아름다운 숲길은 불국사에서 출발한 지 40분쯤 뒤 운동기구가 놓여 있는 정자 쉼터[5]를 지나면서 아쉽게 끝난다. 가벼운 산책만 즐기고 싶다면 이쯤에서 불국사로 돌아가는 게 좋다. 화장실이 있는 삼거리[6]부터 석굴암까지 이어진 길은 꽤 가파르다. 삼거리에서 100m쯤 직진하면 가물어도 물이 마르지 않는다는 오동약수터가 있으니 참고할 것. 달콤한 약수 한 모금에 부쩍 힘이 솟아 석굴암까지 한달음에 갈 수 있을지도 모를 일이다.
    저 멀리 동해의 파란 수평선과 토함산 자락의 봄기운을 위안 삼아 걷기를 40여 분. 석굴암 입구[7]에 닿는다. 여기서 토함산 정상으로 오르려면 왼쪽 산허리로 이어진 등산로를 따라 30분쯤 더 걸으면 된다. 토함산은 신년 해맞이 때 찾기로 하고 석굴암 경내로 들어선다.
    불국사와 함께 세계문화유산으로 등재된 석굴암 석굴[8](국보 제24호)은 신라 불교 예술의 정수다. 유리벽 너머에 앉아 있는 본존불의 모습이 단아하다. 그런데 왜 석굴을 유리벽으로 막아 놓았을까? 석굴은 원래 자연 제습이 되어 습기가 차지 않는다고 한다. 그러나 일제강점기 때 보수공사를 하면서 석굴 주위에 시멘트를 덕지덕지 바르는 바람에 제습 기능을 잃고 말았다. 막무가내식 발굴이 천년

넘게 온전히 보존되어 온 문화재를 위기에 빠뜨린 것이다. 그래서 지금처럼 유리벽으로 막고 기계장치를 써서 석굴 안의 습기를 없애야 한단다. 바라보는 사람도 답답한데 저 안의 본존불은 오죽할까.

　석굴암 경내를 빠져나와 불국사로 돌아가는 길에[9,10] 동해를 바라보며 서서 이곳의 문화유산이 오래오래 잘 보존되게 해달라고 마음으로 기도한다. 죽어서도 용이 되어 왜적의 침입을 막겠다던 문무대왕이 저 대왕암 바위 위에서 듣고 계실 거라 믿으며.

차분한 분위기의 불국사 연못(3지점).

추천음식

황남빵 · 경주빵 · 보리빵

관광객들이 기꺼이 지갑을 열게 만드는 경주의 효자 특산품들이다. 특히 황남빵은 오직 한 곳에서만 맛볼 수 있는 경주의 명물. 1939년 황남동에서 살았던 고 최영화 씨가 만들기 시작하여 3대째 이어오고 있다. 황남빵의 친척뻘 되는 경주빵은 생긴 것도 맛도 비슷하지만 가격은 황남빵에 비해 1천~2천 원(20개 기준) 싸다. 유명 관광지 주변에서 쉽게 구입할 수 있다.

경주 보리빵은 웰빙 음식으로 인기 만점. 방부제를 쓰지 않고 경주 인근에서 재배한 보리로 만들어 안심하고 먹을 수 있다. 씹을수록 쫀득쫀득하고 고소한 맛이 일품이다.

황남빵
위치: 경북 경주시 황오동 347-1 대릉원 후문 맞은편
전화: (054)749-7000 **영업시간:** 08:00~23:00
주차: 가능 **가격:** 20개 1만4천 원, 30개 2만1천 원

보리빵(단석가 찰보리빵)
위치: 경주시 황남동 194 대릉원 정문 천마총휴게소 옆   **전화:** (054)776-7520
영업시간: 08:30~19:00   **주차 : 가능**   **가격:** 20개 1만2천 원, 30개 1만8천 원

교통편

≫ 찾아가기
경주역·경주시외버스터미널→불국사: 10번, 11번(수시 운행)
신경주역(KTX)→불국사: 700번(40분~70분 간격)
석굴암에서 마무리할 경우 불국사까지 왕복하는 12번 버스 이용(1시간 간격)
경주시 버스 안내 사이트: guide.gyeongju.go.kr/deploy/divide
승용차: 불국사 주차장 이용. 하루 2천 원

≫ 돌아오기
〈찾아가기〉의 역순

알아두기

숙박: 불국사 주변 다수
식당: 불국사 주변 다수, 석굴암 주차장 옆
매점: 불국사 식당가 주변, 석굴암 주차장 옆
식수: 불국사, 오동약수터(6번 지점 갈림길에서 100m), 석굴암
화장실: 불국사 내 다수, 석굴암 주차장 입구
입장료: 불국사 – 성인 4천 원, 청소년 3천 원, 어린이 2천 원
　　　　　석굴암 – 성인 4천 원, 청소년 3천 원, 어린이 2천 원
경주국립공원 토함산분소: 경북 경주시 구정동 39 / (054)774-7615 / gyeongju.knps.or.kr
불국사: 경주시 진현동 15-1 / (054)746-9913 / www.bulguksa.or.kr

🔺 토함산 주요 등산로

불국사~토함산 코스

토함산을 가장 편하게 오를 수 있는 코스다. 불국사 입구에서 오른쪽 탐방로로 들어서서 한적한 숲길을 1.5km 정도 걸으면 운동시설이 있는 중간 쉼터. 여기서부터 석굴암 매표소까지 가파른 오르막이다. 30분쯤 걸어 석굴암 매표소에 도착하면 입장료를 내고 석굴암을 둘러본 후 토함산에 오르거나, 매표소 입구에서 왼쪽으로 나 있는 등산로를 따라 바로 토함산으로 오르면 된다. 석굴암 매표소에서 토함산 정상까지는 20분쯤 걸린다. 돌아갈 때는 왔던 길을 이용하거나 마동3층석탑을 거치는 코오롱호텔 방향으로 내려간다.

거리(편도) : 3.8km 소요시간 : 2시간

추령~토함산 코스

토함산을 오르는 가장 짧은 코스다. 토함산을 거쳐 불국사로 하산하는 길은 가을 단풍 명소로도 유명하다. 추령터널이 있는 추령에서 30분쯤 올라 전망 좋은 토함산 중턱에 다다르면 감포 일대와 동해가 시원하게 내려다보인다. 여기서부터 경사가 조금 가파르지만 30분쯤 가면 정상에 설 수 있다. 추령으로 되돌아가거나 불국사 쪽으로 하산한다.

거리(편도) : 2.2km 소요시간 : 1시간 30분

사시목~토함산 코스

경주시내에서 감포로 이어지는 4번 국도변에 위치한 사시목이나 시부거리(시부걸길)에서 시작한다. 초입부터 조금 가파르지만 1시간쯤 올라 점말을 가는 길과 나뉘는 삼거리에 도착하면 토함산 정상까지 완만하다. 가을 무렵이라면 단풍이 절경인 불국사로 하산하는 코스를 추천한다.

거리(편도) : 2.9km 소요시간 : 1시간 30분

토함산 불국사~석굴암

소백산국립공원

죽령옛길
영남 사람들은
어떤 길로 한양을 갔을까

죽령은 영주와 단양을 잇는 옛길이다. 경상도에서 한양으로 가려면 죽령, 추풍령, 조령 중 한 곳을 넘어야 했는데, 죽령은 세 길 중에서 제일 동쪽에 있다. 고개를 넘나들던 이들을 위한 주막거리도 있었지만 지금은 풀숲에 팻말만 남아 있다. 희방사와 희방폭포가 가까이 있어 들러 보기 좋다.

죽령마루에 있는 누각. 죽령은 경상북도와 충청북도의 경계이기도 하다(7지점).

괴나리봇짐 메고 걸어서 넘던 고개

소백산역~느티정 터[1~4]

옛날 우리나라에는 큰 길이 없었다. 아니, 적의 침입을 막기 위해 일부러 길을 내지 않았다고 하는 편이 옳을 것이다. 그래서 수레가 발달하지 않았고 상업 활동이 활발하게 이루어지지 못했으며 사람들의 왕래도 적었다. 높은 신분이 아니면 모두가 걸어 다녔다.

경상도 선비들은 과거시험을 보기 위해 험한 고갯길을 넘어 한양으로 갔다. 허리춤에 짚신을 매달고 등에는 괴나리봇짐을 메고 하루 종일 터벅터벅 걸어야 했다. 보부상들은 무거운 짐을 지고, 관원들은 서류 뭉치를 메고 땀을 흘리며 힘들게 고갯길을 넘었다.

옛날 경상도와 한양을 잇는 길은 세 갈래였다. 여기에 소개하는 영주의 죽령과 김천의 추풍령, 문경의 조령(문경새재)이었다. 부산에서 한양으로 갈 때 조령을 넘으면 14일이 걸려서 가장 빨랐고, 추풍령은 보름, 죽령은 16일이 걸렸다. '영남 우로'로 불린 죽령길은 경상도 동쪽 지역 사람들이 주로 이용했다.

세 길 가운데 통행이 가장 많은 곳은 조령이었다. 코스가 짧기도 하지만 과거를 보는 선비들 사이에 추풍령으로 가면 추풍낙엽처럼 떨어지고 죽령은 대나무처럼 미끄러진다는 소리가 있어 문경새재를 좋아했다는 이야기가 전해 내려온다.

죽령(689m)은 아흔아홉 굽이의 험준한 고갯길로, 바람이 거세고 소나비가 거세고 도둑이 거세다고 하여 '삼재령'이라고도 불렸다. 한탕을 노리는 도적떼들이 특히 보부상들을 타깃으로 바글거렸다고 하니, 죽령을 오가는 데 달린 '생계' 또한 다양했다. 언제 도적떼가 나타

소백산역 아래 죽령옛길을 알리는 큰 비석이 서 있다(1~2지점).

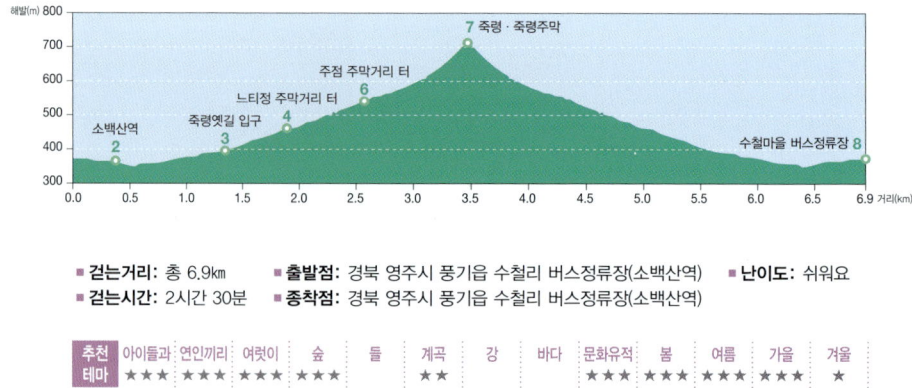

- 걷는거리: 총 6.9km
- 걷는시간: 2시간 30분
- 출발점: 경북 영주시 풍기읍 수철리 버스정류장(소백산역)
- 종착점: 경북 영주시 풍기읍 수철리 버스정류장(소백산역)
- 난이도: 쉬워요

추천 테마	아이들과	연인끼리	여럿이	숲	들	계곡	강	바다	문화유적	봄	여름	가을	겨울
	★★★	★★★	★★★	★★★		★★			★★★	★★★	★★★	★★★	★

날지 몰라 여럿이 모여서 길을 가거나, 가슴을 졸이며 종종걸음을 치는 모습이 보이는 듯하다.

기록에 의하면 죽령은 고구려와 신라의 국경 지대로 영토 분쟁이 잦았다고 한다. 신라가 이곳에서 하늘에 제사를 지냈다는 기록도 전한다. 신라시대 때부터 있었던 죽령 고갯길은 자동차가 다니는 국도가 옆으로 뚫리면서 잊힌 길이 되었다. 동네 사람들조차도 왕래가 없어 풀로 뒤덮이고 산짐승들의 놀이터로 변해 버렸다. 그랬던 이 길이 걷기 열풍에 힘입어 활기를 되찾고 있다. 두 발로 걸으면서 죽령의 옛 정취를 느껴 보고 싶어 이곳을 찾는 이들이 크게 늘었다.

수철리 수철마을 버스정류장[1]에 내려 소백산역[2]이 있는 마을 어귀로 들어서면 '죽령옛길'이라 쓰인 커다란 비석이 반갑게 맞는다. 아담한 소백산역과 한적한 시골마을의 풍경이 전부인 곳. 이곳이 한때 사람들로 북적이던 마을이었다니 좀처럼 믿기지 않는다.

옛날 죽령길에는 크고 작은 주막거리가 4곳 정도 있었다. 그중에 객점과 마방이 가장 많았던 곳이 바로 이 일대에 있던 '무쇠다리 주막거리'다. 물론 지금은 그 흔적을 찾아볼 수 없다. 오래된 집들의 굴뚝에서 피어오르는 연기만이 이곳이 여전히 사람 사는 곳임을 알려줄 뿐이다.

비석을 지나면 조금 헷갈리는 사거리가 나온다. 푯말에는 죽령옛길 대신 '희방옛길' 이정표가 오른쪽을 향하고 있다. 이 표시 때문에 줄기차게 희방사 입구까지 이어진 계곡을 올랐다가 되돌아왔다. 죽령옛길로 가려면 사거리에서 철다리를 건너 직진해야 한다. 사과밭을 지나 탐방로 입구[3]에 도착하면 죽령옛길 안내판이 나오고, 계곡 숲길로 들어서게 된다.

오솔길을 잠시 걸으면 '느티정 주막거리 터[4]'에 닿는다. 느티정은 소백산역 주변에 있던 무쇠다리 다음으로 번성했던 주막거리다. 한때 사람 냄새 물씬했을 이곳은 무성한 수풀만 자라고 있고, 터를 짐작할 수 있는 흔적은 보이지 않는다.

죽령에 대나무가 없다 　잔운대 터~죽령~소백산역[5~8]

　느티정 주막거리를 지나자 숲의 색은 더 짙어진다. 소나무, 잣나무, 참나무 등 햇볕을 쬐기 위해 경쟁하듯 자란 나무들 사이로 천호색, 괭이밥, 피나물 등 고운 색을 자랑하는 야생화들이 지천으로 피어 있다. 고요한 숲속에서 정적을 깨우는 것은 졸졸졸 흐르는 계곡의 물소리와 어딘가에 숨어 지저귀는 새소리뿐이다. 그런데 걷다가 문득 이상한 생각이 든다. 왜 죽령(竹嶺)에는 대나무가 없을까? 그 흔한 산죽(조릿대)마저 보이지 않는다.

　여느 명승지처럼 죽령에도 이름에 얽힌 다양한 이야기가 전해진다. 그중에 〈삼국사기〉에 나오는 이야기가 제일 그럴듯하다. 신라 아달라왕이 고구려를 치기 위해 죽령에 길을 내라 명하였는데, 그때 길을 개척하다 죽은 관리의 이름이 죽죽이었다. 그래서 그의 이름을 따서 죽령이라고 이름 짓고 해마다 제사를 지냈다고 한다.

　숲길을 걷다 보면 계곡 옆에 작은 공터와 판판한 바위가 보인다. 퇴계 이황이 그의 형인 이해를 배웅하며 머물던 잔운대와 촉령대 터[5]다. 퇴계가 풍기 군수로 있을 무렵, 형은 충청 감사였다. 형이 고향을 다녀가는 길에 풍기를 지날 때면 퇴계는 죽령까지 배웅을 나왔고, 형제는 잔운대·촉령대에 앉아서 이별의 정을 나누었다고 한다. 현재 죽령 고갯길에는 형제의 우애를 기리는 촉령대 비가 세워져 있다.

　잔운대·총명대 터를 지나면 '주점[6]'이라 불리던 또 하나의 주막거리 터와 만난다. 이곳은 죽령옛길의 주막거리 4곳 중 가장 규모가 작았다고 한다. 지금으로 치자면 산중턱에 위치해 간단한 먹을거리를 파는 휴게소 정도라 보면 된다.

　주막을 지나자 갑자기 주위가 어두워진다. 키가 수십 미터에 이르는 낙엽송 때문이다. 낙엽송의 정식 이름은 일본잎갈나무로 우리나라 전역에 심어져 있다. 대부분 일제강점기 때 소나무를 벌목한 후 그 자리에 대신 심은 것이다. 낙엽송 숲길이 끝날 무렵 계곡의 물소리도 점차 잦아들면서 길이 가팔라진다. 죽

주점 주막거리 터를 지나면 울창한 낙엽송 숲이 펼쳐진다(6~7지점).

령이 가까워졌다는 뜻이다. 돌계단을 올라서면 정면으로 커다란 누각이 보인다. 죽령마루에 설치된 전망대다.

누각에 오르자[7] 갑자기 누가 꼬집어 꿈에서 깨어난 기분이다. 울창한 숲은 사라지고, 현실 공간임을 자각하게 해 주는 아스팔트도로, 충청북도와 경상북도의 경계를 알리는 죽령 표지석, 그리고 초가집 같은 죽령주막 휴게소가 서 있다.

죽령주막에서 배낭을 내려놓고 잠시 쉰다. 죽령주막도 중앙고속도로가 개통

새싹을 틔우고 있는 사과나무들. 죽령옛길로 들어서기 전 넓은 사과밭이 펼쳐진다(2~3지점).

된 후에는 찾는 사람이 많이 줄어들었다. 사람들의 왕래가 끊기면 언젠가 이곳도 사라질 것이다. 그 옛날 선비와 보부상들이 하룻밤 묵어갔던 주막들처럼.

다시 죽령옛길로 돌아가는 길[8], 한때 인기를 끌었던 트로트 가수의 노래가 들려온다. 가락은 흥겹지만 쓸쓸함이 배어나오는 그 노래가 어쩐지 죽령옛길하고 잘 어울린다는 생각이 들었다.

Walking Tip

소백산 자락길

소백산에도 북한산과 지리산처럼 둘레길이 있다. 문화생태탐방로로 선정되기도 한 소백산 자락길은 12개 구간으로 이루어져 있다. 각 구간은 선비길, 구곡길, 달밭길 등 길의 특징에 어울리는 이름이 붙어 있다.
'골라 걷는 맛'이 있는 소백산 자락길 중 탐방객이 가장 많이 찾는 코스는 1~3구간. 선조들의 문화를 엿볼 수 있는 소수서원 · 선비촌을 시작으로 소백산 자락의 호젓한 숲길과 마을, 절, 죽령옛길에 이르기까지 코스가 다양하다. 1~3구간 거리는 41km로 다 걸으려면 3일은 잡아야 한다.

- 전화: (054)633-5636
- 홈페이지: www.sanjarak.or.kr

🍴 추천음식

중앙분식 '쫄면'

영주에는 쫄면으로 유명한 식당이 있다. 영주 시내에 있는 중앙분식과 나드리분식이 그곳이다. 이 가운데 중앙분식은 20년 넘게 쫄면만 팔고 있는 전문점이다. 질기지 않으면서 쫄깃하고 독특한 소스가 입맛을 당긴다. 혀가 얼얼할 정도로 맵지만 맛있다. 매운 것을 못 먹는 사람은 '간쫄(간장쫄면)'로 주문하자. 달콤한 맛 때문에 아이들도 잘 먹는다.

위치: 경북 영주시 하망동 1-13
전화: (054)635-7367 **영업시간**: 12:00~18:00
주차: 가능 **가격**: 쫄면 5천 원, 쫄면 곱빼기 6천 원

🚗 교통편

>> 찾아가기
경북 영주시 영주시외버스터미널이나 풍기읍 풍기시외버스터미널 앞에서 희방사 방면 시내버스를 탄 후 소백산역(희방사역) 입구 수철리 버스정류장에서 내린다. 열차를 타고 갈 경우 청량리역에서 소백산역으로 가는 중앙선 무궁화호를 이용한다. 청량리역에서 하루 2회 출발(06:00, 08:25).
풍기시외버스터미널→소백산역 입구(수철리 버스정류장) : 하루 13회 운행(06:20~18:30)
승용차: 소백산역 주차장 이용. 주차료는 무료.

>> 돌아오기
소백산역 입구 수철리 버스정류장에서 영주 방면 시내버스를 타고 풍기나 영주시외버스터미널 앞에서 하차한다. 열차를 이용할 경우 희방사역에서 청량리역으로 가는 중앙선 무궁화호를 탄다. 희방사역에서 하루 2회 출발(16:17, 18:17).
소백산역 입구(수철리 버스정류장)→풍기시외버스터미널 : 하루 13회 운행(07:00~19:20)

✏️ 알아두기

숙박: 풍기시외버스터미널이나 풍기역 주변 숙박시설 이용
식당 · 매점: 소백산역 앞(2지점), 죽령주막(7지점) **식수**: 죽령주막(7지점)
화장실: 소백산역(2지점), 죽령주막(7지점) **입장료**: 없음
죽령탐방지원센터: 충북 단양군 대강면 소백산길 17 / (043)422-7181 / sobaek.knps.or.kr
소백산역: 경북 영주시 풍기읍 수철리 63 / (054)638-7788

📷 들를 만한 곳

소수서원

우리나라 첫 사액서원(임금이 이름을 지어 새긴 편액을 내린 서원)이다. 1542년 풍기군수 주세붕이 성리학자였던 안향 선생을 기리고자 백운동서원을 지었는데 이후 풍기군수로 부임한 퇴계 이황이 나라에 요청하여 소수서원이라 이름을 바꾸게 됐다. 아름답게 조성된 정원과 후학을 가르치던 강학당, 현자들의 제사를 지내던 사당, 유물과 유적을 전시해 놓은 소수박물관 등을 둘러볼 수 있다.

위치: 경북 영주시 순흥면 내죽리 151 **전화**: (054)634-3310 **개장**: 09:00~18:00
입장료(선비촌 입장료 포함): 성인 3천 원, 청소년 2천 원, 어린이 1천 원 **주차**: 가능, 무료

1,2 소수서원 **3** 선비촌 **4** 부석사

선비촌

소수서원과 붙어 있는 선비촌은 조선시대 선비와 상민의 삶을 알아볼 수 있도록 조성한 전통 민속마을이다. 12채의 고택은 영주 관내에 흩어져 있던 기와집과 초가집을 재현한 것이다. 전통문화 및 한옥숙박 체험 등 다양한 프로그램을 진행하고 있으며, 주변에는 향토음식점들이 들어서 있다.

위치: 영주시 순흥면 청구리 357 **전화:** (054)638-6444 **개장:** 09:00~18:00
홈페이지: www.sunbichon.net
입장료(소수서원 입장료 포함): 성인 3천 원, 청소년 2천 원, 어린이 1천 원 **주차:** 가능, 무료

부석사

부석사로 오르는 길은 단풍 명소로 유명하다. 경내로 들어서면 현존하는 우리 목조건축물 중 가장 아름다운 건물로 꼽히는 무량수전(국보 제18호)을 볼 수 있다. 무량수전 뒤편에는 부석사의 유래와 관련이 깊은 부석바위가 있다. 바위가 공중에 떠 있는 '뜬 돌[浮石]' 같다 하여 붙은 이름이다. 이외에도 석등(국보 제17호), 조사당(국보 제19호) 등 많은 문화재가 있다.

위치: 영주시 부석면 북지리 148 **입장료:** 성인 1천200원, 청소년 1천 원, 어린이 800원
주차: 가능, 소형차 기준 3천 원

희방사

643년 두운조사가 창건한 사찰로 알려져 있다. 꽤 높은 곳에 있어 가는 길이 만만치 않지만, 오르는 내내 청량한 숲의 기운을 만끽할 수 있다. 희방사에 닿기 전 높이 28m에서 힘차게 물줄기를 떨구는 희방폭포가 있으니 꼭 들러보자.

위치: 영주시 풍기읍 수철리 1-1 **입장료:** 성인 2천 원, 청소년 1천 원, 어린이 600원
주차: 가능, 소형차 기준 4천 원

풍기인삼시장

영주는 사과, 풍기는 인삼으로 유명하다. 그만큼 풍기에는 인삼을 판매하는 곳이 많은데, 그중에서 풍

기인삼시장은 저렴하게 인삼을 구입할 수 있는 도매시장이다. 시장 건물 안에는 약 50곳의 인삼판매업소가 들어서 있으며 수삼, 건삼, 홍삼 등 다양한 상품을 판다.
위치: 영주시 풍기읍 서부리 145-3 **전화**: (054)636-7948
입장료: 없음 **주차**: 가능, 무료

소백산국립공원 주요 등산로

희방사~연화봉~비로봉 코스

희방사탐방지원센터에서 시작하여 소백산 정상인 비로봉으로 오르는 코스다. 시원한 물줄기를 쏟아내는 희방폭포와 희방사를 지난다. 오르는 길은 꽤 길고 가파르지만, 연화봉에 오르면 시야가 확 열리면서 완만한 능선길이 이어진다. 특히 이 길은 철쭉이 필 무렵 찾으면 소백산의 절경을 만끽할 수 있다. 돌아갈 때는 보통 삼가리나 천동계곡 코스로 내려가는 편이다.
거리(편도): 8.5km **소요시간**: 4시간

삼가탐방지원센터~비로봉 코스

소백산 정상인 비로봉으로 오르는 최단 코스다. 삼가탐방지원센터에서 시작해 비로사와 달밭골을 지난다. 주변으로 소나무와 신갈나무, 철쭉 등이 우거져 짙은 숲의 기운을 느낄 수 있다. 양반바위에서 숨을 돌린 후 '깔딱고개'의 돌계단을 오르면 비로봉 정상이다. 하산할 때는 보통 천동계곡이나 초암사로 내려간다. 소백산의 주능선을 걷고 싶다면 연화봉을 거쳐 희방사나 죽령으로 내려가는 길을 선택한다.
거리(편도): 5.1km **소요시간**: 3시간

주왕산국립공원

주방계곡
설렁설렁 걸어 풍경에 물들다

주왕산국립공원의 주방계곡은 다른 국립공원에 비해 혼잡하지 않아 호젓한 분위기를 좋아하는 사람에게 잘 맞는 길이다. 주왕이 최후를 맞았다는 주왕굴은 뜻을 펼치지 못한 사내의 회한을 보는 듯 안타깝고, 세 폭포는 보는 이의 마음을 방망이질할 만큼 힘차다. 설렁설렁 걷는 길의 풍경이 수달래 향기와 함께 마음속에 진하게 젖어든다.

계곡을 따라 나 있는 주방계곡 탐방로(3~4지점).

주왕 최후의 장소에 무지개만 상의매표소~주왕굴[1~7]

    탐방객의 숫자로만 보자면 주왕산은 국립공원 중에 가장 인기 없는 곳이다. 산세가 가진 매력으로 따지면 땅을 치고 억울해 할 일. 1976년, 12번째 국립공원으로 지정되었으며 기암괴석이 곳곳에 솟아있어 석병산으로, 탐방로 옆을 흐르는 계곡 이름을 따서 주방산으로도 불린다. 거친 암벽이 웅장하게 솟은 주변 풍경과 달리 주방계곡 탐방로는 순하기 그지없다. 상의매표소[1]에서 시작해 세 개의 폭포를 찾아가는 동안 주왕암으로 향하는 자연관찰로에는 짧은 오르막만 있을 뿐, 힘든 길을 만날 수가 없다.

주왕산은 기암괴석이 병풍처럼 솟아 있어 석병산이라는 이름도 가졌다(6~7지점).

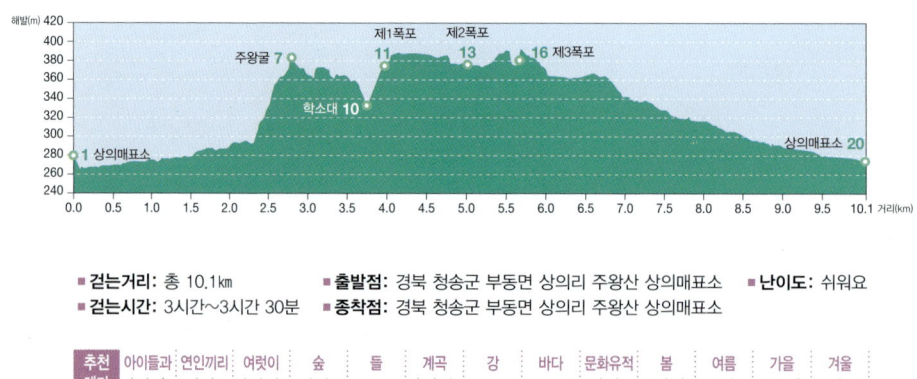

- 걷는거리: 총 10.1km
- 걷는시간: 3시간~3시간 30분
- 출발점: 경북 청송군 부동면 상의리 주왕산 상의매표소
- 종착점: 경북 청송군 부동면 상의리 주왕산 상의매표소
- 난이도: 쉬워요

추천 테마	아이들과	연인끼리	여럿이	숲	들	계곡	강	바다	문화유적	봄	여름	가을	겨울
	★★★	★★	★★★	★★		★★★			★★	★★★	★★★	★★★	★

정식 이름인 '주왕산'은 전설에서 비롯됐다. 당나라 덕종 때 주도라는 인물이 스스로를 주왕이라 칭하고 반란을 일으켰다가 실패하여 신라로 도망쳤는데 결국 신라 장군이 쏜 화살을 맞고 숨을 거두었다. 주방계곡을 따라 걷다보면 전설에 얽힌 장소가 곳곳에 등장한다.

상의매표소 주차장에서 식당이 늘어선 포장도로를 잠시 걸어가면 대전사[2]다. '대전(大典)'이라는 이름은 주왕의 아들, 대전도군에서 따온 것이라고 한다. 널찍하고 편편한 흙길을 걸어 기암교 앞 삼거리[3]에 도착하면 제1폭포를 알리는 이정표를 따라 다리를 건넌다. 계곡의 상쾌한 물소리, 수달래(산철쭉)가 뿜어내는 달콤한 향기. '은빛고을 탐방로'라는 이 길에는 봄이 가득하다.

자하교[4]에 도착하면 주변에 주왕이 신라 군사를 막기 위해 쌓았다는 자하성의 일부가 남아있다. 길은 두 갈래로 나뉜다. 오른쪽 자하교를 건너면 주왕암·주왕굴로 가는 자연관찰로를 거쳐 다시 탐방로로 합류하게 된다. 물론 지금까지 가던 길을 따라 제1폭포로 향해도 된다.

주왕의 흔적보다는 자연관찰로라는 길이 궁금해 주왕암으로 향했다. 돌로 쌓은 계단이 힘들다 싶은 것도 잠시, 얼마 안 가 숲과 암벽에 둘러싸인 아늑한 공간에 암자 하나가 자리하고 있다. 대전사의 말사인 주왕암[6]이다. 주왕이 최후를 맞은 주왕굴은 암자 뒤편에 있다. 암벽 사이에 철 계단과 철제 데크를 놓아 낸 길로 잠시 걸으니 생각보다는 모습이 협소한 주왕굴[7]이 나온다. 쓸쓸한 모습을 감춰주듯 굴 앞으로 쏟아지는 폭포 물줄기가 때마침 오월의 햇살에 투영되어 희미하고도 작은 무지개를 하나 띄웠다.

유달리 물이 맑은 주방계곡(2~3지점).

대전사 담 주변으로 봄을 알리는 수달래가 피기 시작했다(2지점).

대전사의 말사인 주왕암. 근방에는 주왕이 최후를 맞았다는 주왕굴이 있다(6지점).

연화굴 입구 주변에서 올려다 본 급수대(18~19지점).

소음을 빨아들이는 폭포 울음 주왕암 사거리~제1폭포[8~11]

　주왕굴에서는 지나온 주왕암 앞 사거리[8]로 되돌아가 제1폭포를 가리키는 이정표를 따라 걷는다. 한적한 숲길은 상의매표소에서 출발할 때부터 저 멀리 보이던 거대암벽을 점점 가깝게 보여준다. 길 중간에 나오는 전망대[9]에 오르면 연화봉·병풍바위·급수대와 같은 암벽의 이름을 적어놓은 안내문이 있다.

　자연관찰로는 학소대가 있는 곳에서 주방계곡 탐방로와 합류하며 끝이 난다. 학소대는 백학과 청학이 살았다는 전설이 얽힌 거대바위로 그 모습이 무덤에 세워진 묘비처럼 위 아래로 길다. 학소대를 지나 기암 사이로 난 데크로 걸음을 옮긴다. '쿠르르릉~' 귀가 멍멍해진다. 시끄럽기는커녕, 이 세상 모든 소음을 빨아들이는 듯한 제1폭포[11]의 울음소리다. 굵고 힘찬 물줄기가 하얀 거품을 일으키며 쏟아진 뒤 맑은 소를 만들었다. 거칠게 쏟아지던 기세는 어디 가고, 소에서 넘쳐난 물줄기는 기암 사이로 스며든 햇살에 반짝이며 계곡 아래로 천천히 흐르고 있다.

　제1폭포를 지나면 몇 걸음 지나지 않았는데도 그 큰 폭포소리가 거짓말처럼 사라져간다. 금강송 몇 그루가 길 경계처럼 자라나 있고 계곡상류의 물소리는 부드럽게 바뀌었다.

포토제닉 제3폭포 삼거리~상의매표소[12~20]

처음부터 그랬듯이 편안하고 아름다운 길이 계속된다. 가벼운 바람에 달큼한 수달래 향기가 실려 온다. 느릿느릿 20분 정도 걸으면 작은 다리를 건너 막힌 삼거리[12]에 이른다. 한 길에서 제2폭포와 제3폭포가 순서대로 등장하는 게 아니어서 이 삼거리에서 따로따로 찾아가야 한다. 제2폭포는 삼거리에서 오른쪽으로 5분 정도 걸어가면 길이 막힌 곳에 있다. 폭포소리도 얌전한, 기암괴석과 숲을 둘러 숨은 듯한 곳에 아담한 제2폭포[13]가 모습을 보인다. 소는 얕고 너르게 퍼져있어 주변에서 텐트를 치고 하룻밤 야영하면 좋겠다는 생각이 절로 든다.

제2폭포

제3폭포는 12번 지점의 삼거리[14]로 돌아가서 곧장 가면 된다. 후리메기(주왕산 내의 한 지명) 입구를 지나자 이정표가 계곡 쪽[15]을 가리키고 있다. 계단으로 몇 걸음 내려가니 제3폭포[16]는 다른 폭포보다 선명한 인상이다. 2단으로 떨어지는 물줄기 모양이 뒤틀리지 않고 곧은데다 정면에서 바라볼 수 있다. 아니나다를까 '사진발'도 좋다. 전망대는 두 곳. 하나는 눈높이에서, 또 하나는 좀 더 높은 곳에서 폭포와 그 일대를 한꺼번에 내려 볼 수 있다. 물이 올라 연초록 잎을 풍성하게 틔운 나무들이 곳곳에 자리해 폭포를 더 아늑한 공간으로 만든다.

제3폭포에서 탐방로를 따라 10분정도 더 가면 전기조차 들어오지 않는 오지로 유명한 내원마을, 정확히 말하면 그 터가 있다. 휴게소 역할을 하던 내원분교마저 2007년에 철거돼 더 이상 사람이 살지 않기 때문이다. 시간이 괜찮다면 옛 마을의 흔적을 찾아보는 것도 좋겠다. 다시 출발 장소인 상의매표소[20]로 길을 되짚어 간다. 변함없이 편한 길에 늦은 오후의 빛이 부드럽게 내려앉았다.

물오른 미모의 제3폭포. 곧게 떨어지는 물줄기와 연초록 잎을 틔운 나무들이 멋진 풍경을 완성한다(13지점).

축제가 열릴 만큼 아름답기로 유명한 주왕산 수달래(1~2지점).

주왕암을 뒤로하고 전망대 가는 길(8~9지점).

🍴 추천음식

동대구식당 '닭떡갈비 백숙'

달기약수를 써서 만든 떡갈비와 백숙이 유명하다. 달기약수로 육류를 조리하거나 밥을 지으면 푸른빛이 돌면서 찰기가 생긴다. 동대구식당에서 가장 인기 있는 메뉴인 '닭떡갈비 백숙'은 닭의 가슴살을 고추장에 버무려 떡갈비로, 나머지 부위는 백숙과 닭죽으로 만든 음식이다. 맛과 양이 괜찮은데다 어머니가 하시던 식당을 이어 운영하는 젊은 사장이 친절해 평판이 좋다. 음식 모두 2인분 기준이지만 비수기 때는 혼자 오는 손님을 위해 1인분도 따로 준비해 둔다.

위치: 경북 청송군 청송읍 부곡리 299-18 **전화:** (054)873-2563
홈페이지: www.csddg.com **영업시간:** 10:00~22:00 **주차:** 가능
가격: 닭떡갈비 백숙 3만5천 원, 옻닭 백숙 3만5천 원

🚗 교통편

>> 찾아가기
서울 동서울터미널에서 안동을 경유해 주왕산국립공원(상의매표소)으로 가는 시외버스가 있다.
06:30 / 08:40 / 10:20 / 12:00 / 15:10 / 16:40
청송터미널에서 상의매표소까지는 약수탕 · 주왕산행 시내버스(25분 간격)를 이용
승용차: 상의매표소 주차장 이용. 일일 주차 5천 원

>> 돌아오기
상의매표소에서 동서울터미널과 청송터미널로 가는 시외 · 시내버스 이용이 가능하다.
동서울터미널 행 08:20 / 10:30 / 13:00 / 14:08 / 15:48 / 17:05
청송터미널 행 07:50~19:40

🔑 알아두기

숙박: 송소고택 · 주방계곡 입구 민박
식수: 미리 준비
화장실: 탐방로 내 다수
입장료: 없음
주왕산국립공원 관리소: 경북 청송군 부동면 상의리 406 / (054)873-0014 / juwang.knps.or.kr

🌸 축제 정보

주왕산 수달래 축제

수달래는 산철쭉의 다른 이름이다. 주왕산의 명물 중 하나인 수달래는 주왕의 피가 계곡으로 흘러든 뒤에 자라나기 시작했다는 전설을 갖고 있다. 매년 4월 말에서 5월 초, 주방계곡에서 수달래가 만개할 무렵에 맞춰 축제가 열린다. 수달래 꽃잎을 계곡에 흘려보내며 산행객의 안전을 기리고 주왕의 넋을 달래는 제례를 올린다.

문의: 청송군 문화관광과 (054)873-0101

들를 만한 곳

송소고택 · 송정고택

덕천동 심부자댁으로도 불리는 송소고택은 조선영조 때의 거부 심처대의 7대손, 송소 심호택이 고향인 청송으로 이주하면서 1880년에 지은 것이라고 한다. 청송 심씨는 조선시대에 네 명의 왕비와 열세 명의 정승을 배출할 정도의 세도가였다. 고택의 규모는 왕을 제외한 사대부가 가질 수 있는 최대인 99칸.

현재는 안채, 사랑채, 별채, 행랑채 등 10곳의 공간을 민박으로 운영 중이다. 송정고택은 심호택의 둘째아들인 심상광의 집으로 송소고택 바로 옆에 있다. 송정고택 역시 민박이 가능하다. 난방은 모두 장작을 피워 구들을 덥히는 전통방식.

위치: 경북 청송군 파천면 덕천리 172 **전화:** (054)874-6556
홈페이지: www.송소고택.kr
주차: 가능 **숙박 요금:** 5만~20만 원(2인 기준)

주왕산국립공원

주산지
호수에 첫 번째 계절이 오면

다시 돌아온 첫 번째 계절, 주왕산국립공원의 주산지를 보기 위해 새벽 숲을 찾는다. 잔잔한 호수에 몸을 반쯤 담그고 선 버드나무에는 어김없이 새순이 돋았다. 지난 가을에는 수시로 피어올랐을 물안개가 자취를 감춘 대신 봄기운이 호수를 뒤덮었다. 새벽과 봄의 향기가 섞인 숲을 걸어 주산지를 오가는 길이 못내 짧다.

거울처럼 고요한 주산지. 누군가 주산지의 봄 풍경을 접었다 펼쳐 놓았다(4~5지점).

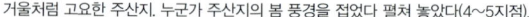

가을날 볼 수 있는 물안개 주산지 휴게소~부처손[1~3]

　김기덕 감독의 영화 〈봄 여름 가을 겨울 그리고 봄〉의 촬영 장소로 유명세를 탄 주왕산국립공원의 주산지. 실제로 찾아보면 영화에 등장한 것처럼 속세와 단절된 듯 깊고 깊은 산에 자리하지는 않았다. 노승과 동승이 기거하던 호수 위 암자도 영화촬영 후 철거되어 이제는 없다. 그러나 100년 이상 되었다는 호수에 반쯤 잠긴 버드나무 30여 그루가 계절마다 색다르게 만들어내는 풍경은 영화 속 모습 그대로다. 만약 일교차가 큰 가을 새벽녘에 주산지를 찾는다면 물안개가 연출해내는 몽환적인 풍경도 어렵지 않게 만날 것이다. 전날 비가 내렸다가 개이고 아침 기온이 낮아졌다면 주산지에는 어김없이 물안개가 피어오른다.

　주산지를 찾아가는 길은 경북 청송군 부동면 이전리의 주산지 휴게소[1]에서 시작한다. 주차장 옆 바리케이드를 지나면 식당 서너 곳이 들어선 시멘트도로가 잠시 이어진다. 특별할 것 없어 보이던 길이 곧 '숲 모양새'를 갖춘다. 자연관찰로[2]라는 이름의 숲길로 소나무과의 낙엽송이 주종을 이뤘다. 걷다보면 탐방코스 지도와 하늘다람쥐, 솔부엉이, 물봉선, 부처손, 낙엽송 등 주왕산에서 볼 수 있는 동·식물들을 적어 놓은 해설판이 나온다.

　어슴푸레한 새벽, 숲을 걷는다. 조금 경사진 흙길이다. 낙엽송이 모여 이룬 숲길에는 서늘한 공기가 충만하고 회색빛이 은은히 감돈다. 한동안 걷다 길 왼쪽에 벽처럼 30m 쯤 늘어선 검은 바위가 눈에 띈다. 안내문을 보니 바위 위를 덮고 있는 식물에 관한 내용이 적혀 있다. 부처손[3]이라는 식물인데 실처럼 가는 뿌리를 바위에 내려 서식하고 겨울이나 가뭄처럼 수분이 부족할 때는 잎을 공처럼 말았다가 수분이 생기면 다시 잎을 편다고 한다. 이름은 보처수(補處手)라는 한자에서 유래된 것일 뿐, 정작 부처님과는 연관이 없다.

탐방로 끝에 있는 주산지 전망대(5지점).

주산지　173

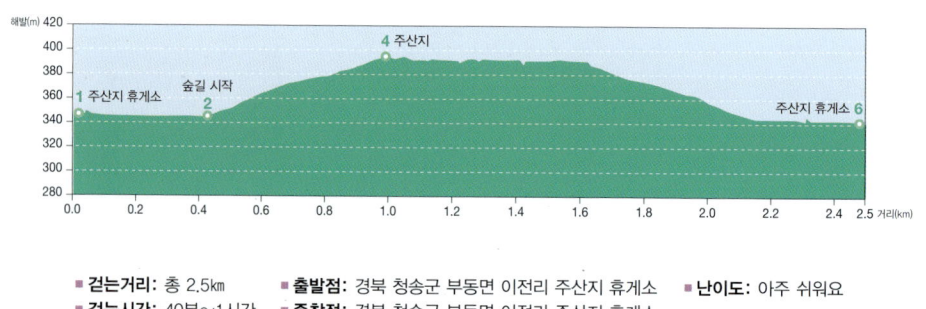

- 걷는거리: 총 2.5km
- 걷는시간: 40분~1시간
- 출발점: 경북 청송군 부동면 이전리 주산지 휴게소
- 종착점: 경북 청송군 부동면 이전리 주산지 휴게소
- 난이도: 아주 쉬워요

추천 테마	아이들과	연인끼리	여럿이	숲	들	계곡	강	바다	문화유적	봄	여름	가을	겨울
	★★★	★★	★★	★★		★				★★★	★★	★★★	★★

반신욕중인 주산지의 버드나무들(4~5지점).

물 위에 그린 나무와 하늘 주산지~주산지 휴게소[4~6]

아늑하게 주위를 감싸던 숲이 걷힌 때는 꽤 넓은 공터에 이르러서다. 눈앞에는 호수가 있다. 크고 작은 버드나무 수십 그루가 호수 중간 중간에 솟아 있고 나뭇가지에는 연초록 잎이 눈부시게 돋았다. 잔잔한 물결이 아른거리는 호수 표면에 이곳의 풍경이 그대로 갇혀 있다. 여명이 틀 무렵의 하늘, 드문드문 분홍 산철쭉이 섞인 초록 바탕의 산비탈, 물 위로 드러난 것과 똑같은 모양의 버드나무들…. 주산지[4]다.

주산지는 인공적으로 만든 호수다. 약 300년 전, 조선조 숙종 46년인 1720년 8월에 계곡 아랫마을(지금의 이전리) 주민들이 가뭄을 대비하기 위해 주산계곡에 제방을 쌓은 것. 길이 100m, 폭 50m로 규모는 작은 편이다.

주산지 옆 산책로를 따라가면 전망대[5]가 나온다. 주산지를 한눈에 볼 수 있도록 호숫가에 데크를 바짝 붙여 설치해 놓았다. 모든 것이 멈춘 듯한 풍경. 다만 지금과 같은 봄에는 물안개가 없다는 사실이 아쉽다. 그러나 적지 않은 사진가들이 이런 사실에 아랑곳하지 않고 이른 시각부터 몰려와 곳곳에서 셔터를 누르고 있다.

주산지 탐방은 이곳 전망대까지다. 별바위를 거쳐 절골계곡까지 이어지는 탐방로가 있지만 환경보호를 목적으로 2005년부터 영구 폐쇄되었기 때문. 주산지 휴게소[6]로 아쉬운 걸음을 돌린다. 어느새 등 뒤로 떠오른 아침 햇살이 봄의 숲을 깨우기 시작했다.

주산지 바로 옆에 넓은 탐방로가 나 있다(4~5지점).

주산지를 오가는 길. 낙엽송이 울창하다(3~4지점).

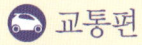 **교통편**

〉〉 찾아가기
주왕산국립공원(상의매표소)이나 청송터미널에서 이전리행 시내버스를 탄다.
이전리 정류장에서 주산지까지는 걸어서 30분 거리
상의매표소 → 이전리 08:10 / 09:40 / 12:10 / 13:00 / 14:10 / 16:20 / 17:45
청송터미널 → 이전리 07:50 / 09:20 / 13:50 / 16:00
승용차: 주산지 휴게소 주차장 이용. 무료

〉〉 돌아오기
주산지 휴게소나 이전리 정류장에서 시내버스를 타고 주왕산국립공원(상의매표소)이나 청송터미널로 이동
이전리 → 상의매표소 08:00 / 08:50 / 10:10 / 12:25
주산지 → 청송터미널 08:45 / 10:05

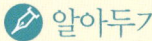 **알아두기**

숙박: 주산지 휴게소 · 송소고택 · 청송읍내 숙박시설
식수: 미리 준비
화장실: 주산지 휴게소 · 주산지
입장료: 없음
주왕산국립공원 관리소: 경북 청송군 부동면 상의리 406 / (054)873-0014 / juwang.knps.or.kr
주산지 휴게소: 청송군 부동면 이전리 87-1 / (054)874-5002

_{한려해상국립공원}

소매물도
등대, 가장 아름다운
남해를 바라보다

소매물도는 여행자들이 꿈꾸는 섬마을 풍경을 지니고 있다. 망태봉을 지나 전망대에 오르면 발 아래로 병풍바위를 두른 등대섬이 보인다. 고운 자갈소리 들리는 몽돌해안으로 내려가 썰물 때만 열리는 길을 따라 등대섬에 오른다. 등대 하나 불 밝히는 이 작은 무인도를 가장 아름다운 남해가 감싸고 있다.

마음에 그리던 섬 풍경 소매물도 선착장~망태봉[1~4]

매물도는 거제 저구항에서 배를 타고 40분 거리에 있다. 대매물도와 소매물도로 나뉘어 있는데, 지금 찾아가는 곳은 소매물도다. 소매물도는 10여 가구에 40명 정도가 사는 아주 작은 섬이다. 느린 걸음으로 1시간 남짓이면 둘러볼 수 있는 이 조막 섬에 1년 내내 수많은 사람들이 찾아든다.

거제도의 서남쪽 끄트머리에 있는 저구항에서 소매물도로 향하는 배에 몸을 싣는다. 해무에 가려 희뿌옇게 보이던 소매물도가 서서히 모습을 드러내면서 설레는 마음도 커져 간다.

선착장[1]에 도착해 첫발을 내딛는다. 오래 전 소매물도를 찾았던 이들이 말하던 '소박한 섬마을 풍경'은 어디에도 없다. 선착장 주변에는 고급 펜션과 테라스를 갖춘 식당들이 줄줄이 들어서 있고, 알록달록한 복장의 관광객들이 북적인다. 빗물을 받아 목을 축이고 헤드랜턴으로 어둠을 밝혔다는 얘기는 그야말로 옛날이야기가 되어버렸다. 뭔가 소매물도만의 매력을 살리면서 발전하는 방향은 없었을까 하는 아쉬움이 들지만, 현지에서 살아가는 사람들이 선택한 발전방식에 이방인의 잣대를 들이대는 건 주제넘은 짓이라는 생각도 든다.

선착장에서부터 꽤 가파른 오르막이 이어진다. 좌우로 늘어선 현대식 건물을 지나자 버려진 집이 몇 채 보인다. 그 앞에서 마을 주민들이 다시마와 김 등을 펼쳐 놓고 손님을 부른다.

소매물도와 등대섬 사이의 몽돌길(열목개)은 하루에 두 번, 썰물 때만 이용할 수 있다(7~8지점).

경 상 남 도
통 영 시

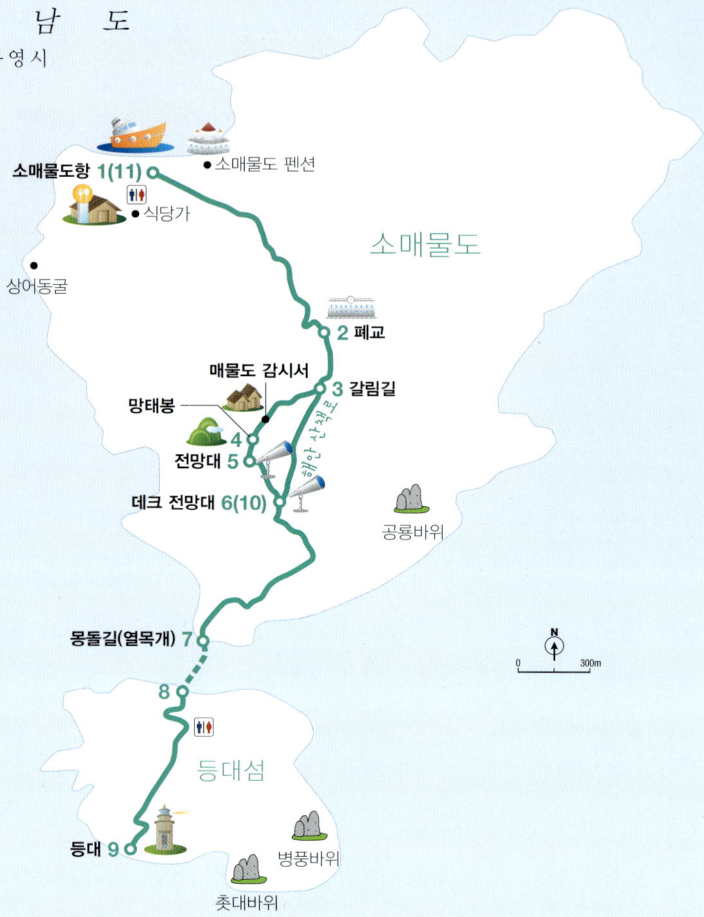

소매물도항 1(11)
소매물도 펜션
식당가
상어동굴
소매물도
2 폐교
매물도 감시서
3 갈림길
망태봉
4
전망대 5
해안 산책로
데크 전망대 6(10)
공룡바위
몽돌길(열목개) 7
8
등대섬
등대 9
병풍바위
촛대바위
N
0
300m

해발(m)
200
175
150
125
100
75
50
25
0
-25
1 소매물도항
2 폐교
4 망태봉
6 데크 전망대
7 몽돌길(열목개)
9 등대
10 해안 산책로
11 소매물도항
0.0
0.2
0.4
0.6
0.8
1.0
1.2
1.4
1.6
1.8
2.0
2.2
2.4
2.6
2.8
3.0
3.2
거리(km)

- **걷는거리:** 총 3.2㎞
- **걷는시간:** 1시간 30분
- **출발점:** 경남 통영시 한산면 매죽리 소매물도 선착장
- **종착점:** 경남 통영시 한산면 매죽리 소매물도 선착장
- **난이도:** 쉬워요

추천 테마	아이들과	연인끼리	여럿이	숲	들	계곡	강	바다	문화유적	봄	여름	가을	겨울
	★★★	★★★	★★★	★				★★★		★★★	★★★	★★★	★★★

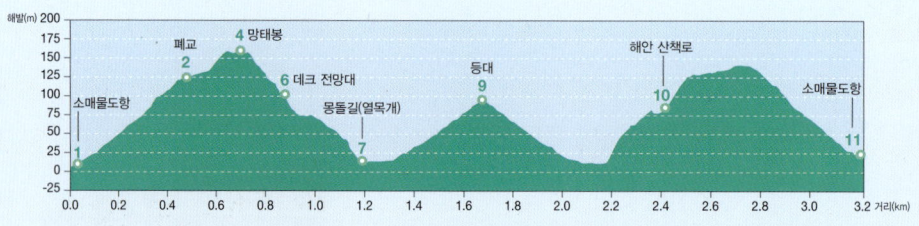

해안 절벽 낚시 포인트로 이동 중인 배. 소매물도는 낚시꾼들이 즐겨 찾는 섬이기도 하다(8~9지점).

　가쁜 숨을 몰아쉬며 언덕바지를 오르자 왼편으로 폐교가 보인다. 소매물도 분교가 있던 자리다[2]. 굳게 닫힌 철문 앞에는 '1961년 4월 29일 개교하여 졸업생 131명을 배출하고 1996년 3월 1일 폐교되었음.'이라 적힌 교적비가 서 있다. 덩굴이 휘감은 나지막한 담장 너머로 여기저기 금이 간 창문이 보인다.

　폐교를 지나면 길은 두 갈래로 나뉜다[3]. 왼쪽은 해안 산책길이고, 직진하면 망태봉으로 오를 수 있다. 소매물도 여행의 백미는 등대섬이다. 망태봉에서 내려가면서 봐야 등대섬의 아름다움을 제대로 감상할 수 있다. 망설임 없이 망태봉으로 향한다. 막 붉은 꽃잎이 벌어진 동백나무들이 길가에 줄지어 있고, 걷기 좋게 닦아 놓은 길이 이어진다.

　망태봉 정상에 닿기 전 또 하나의 낡은 건물을 만난다. 밀수를 감시하던 매물도 감시서다. 예전 남해안은 일본에서 몰래 물건을 들여오는 밀수꾼들의 활동 지역이었다고 한다. 매물도 감시서는 1978년 밀수선을 감시하기 위해 만들어졌다가 1987년에 폐쇄되었다. 매물도 감시서를 지나면 곧바로 망태봉 정상 (152m)[4]이다. 주변에 나무가 우거져 있어 조망은 좋지 않은 편이다.

소매물도　181

등대섬의 상징인 등대(9지점). 썰물 때에 맞춰 몽돌길을 건너는 탐방객들(7~8지점).

하루에 두 번 길을 내다 전망대~등대섬[5~11]

　망태봉에서 내려가는 길, 해무가 감싸고 있는 등대섬이 보인다. 사진에서 봤듯이, 풍경이 그림 같다. 등대섬이 가장 아름답게 보이는 전망대[5]에 서서 한참을 바라본다. 섬을 두른 병풍바위와 빼죽이 솟아 있는 등대, 거품을 내며 부서지는 파도, 파란 잉크를 풀어 놓은 것 같은 바다가 시야에 가득하다.

　해안 산책로와 만나는 데크 전망대[6]에서 바라보는 등대섬도 아름답다. 전망대 왼쪽 공룡바위 너머로 조그만 바위섬도 보인다. 큰 바위 몇 개가 나란히 서 있는데, 흐린 날에는 5개, 맑은 날에는 6개로 보인다는 오륙도다.

　산책길을 내려가면 동글동글한 자갈이 깔린 몽돌해안이다. 파도가 밀려올 때마다 자갈이 사르륵거리며 부딪는 소리가 아름다운 음악 같다. 해변 옆에는 등대섬으로 이어지는 50m 몽돌길(열목개)[7]이 있는데 썰물 때만 건널 수 있으며 기회는 하루에 딱 두 번이다. 작은 섬에 때 아닌 병목현상이 일어나는 것도 그 때문이다. 아무리 사람이 많아도 썰물 때가 아니면 건너지 못하므로 길 앞에서 대기해야 한다. 등대섬으로 건너가려면 이처럼 물때를 잘 맞추는 것이 가장 중요하다. 출항시간만 고려해 스케줄을 짰다가는 등대섬을 가보지도 못하고 돌아가는 경우가 생길 수 있다.

마침내 바닷물이 빠진 자갈길을 건너면 등대섬 산책길이 이어진다.[8] 모습도 제각각인 기암들, 바다에서 용솟음친 듯한 공룡바위와 병풍바위, 바다 곳곳에 동동 떠 있는 무인도들이 비현실적으로 느껴질 만큼 아름답다.

예전 '해금도'에서 '등대섬'(명승 제18호)으로 이름이 바뀐 것은 꼭대기에 서 있는 등대[9] 덕분이다. 등대섬의 등대는 이 섬의 아름다움을 완성하는 마지막 붓질 같다. 등대 가까이 가니 몸을 가눌 수 없을 정도의 세찬 바람이 기다렸다는 듯이 달려든다. 이 모진 바람 속에 우뚝 서서 밤마다 뱃사람들의 안전을 지켜왔구나 싶어 등대에게 고마운 마음이 다 든다.

등대섬의 산책로(8~9지점).   등대섬 해안에 솟아 있는 촛대바위(8~9지점).

소매물도로 돌아가는 길, 데크 전망대[10]를 지날 즈음 고개를 돌려 다시 등대섬을 바라본다. 마침 해무가 걷혀 깨끗한 시야 속에 등대섬의 전경이 선명하다. 선착장[11]으로 가는 내내 그 풍경이 잊히지 않는다.

바위 하나가 섬에서 똑 떨어져 나간 모습이 재미있다(8~9지점).

🍴 추천음식

백만석식당 '멍게비빔밥'

'멍게비빔밥'은 거제와 통영의 대표적인 향토음식 가운데 하나다. 살아있는 멍게를 바로 잡아 밥에 비빈 것도 별미지만, 살짝 양념과 간을 한 멍게를 1~2일 정도 저온 숙성시킨 다음 참기름, 깨소금, 김 가루 등과 함께 비벼 먹으면 훨씬 향긋한 맛이 난다. 거제나 통영 어디나 멍게비빔밥 음식점이 많다. 거제에서는 포로수용소유적공원 옆에 위치한 백만석식당이 유명하다. 멍게비빔밥을 시키면 우럭을 넣어 끓인 지리와 간고등어 등이 함께 나온다.

위치: 경남 거제시 상동동 960 **전화:** (055)638-3300 **영업시간:** 10:00~22:00
주차: 가능 **가격:** 멍게비빔밥 1만2천 원, 도다리쑥국 1만3천 원, 나물비빔밥 8천 원

🚗 교통편

》 찾아가기

소매물도는 경남 거제시의 저구항(매물도해운, 055-633-0051)이나 통영시의 통영여객선터미널(한솔해운, 055-645-3717)을 이용해 갈 수 있다. 저구항까지는 고현시외버스터미널(거제시외버스터미널)에서 홍포 방면 시내버스를 탄다. 소매물도의 본섬에서 등대섬으로 건너가려면 물때를 잘 맞춰야 한다. 수시로 바뀌기 때문에 섬에 들어가기 전 물때표 확인은 필수다. 주말 및 성수기에는 정기선 외에 비정기선이 3~4회 추가 운항한다.

고현시외버스터미널→거제 저구항: 53번(07:35), 53-1번(13:55, 17:35)
거제 저구항→소매물도: 08:30, 11:00, 13:30, 15:30
통영여객선터미널→소매물도: 06:30, 07:00, 09:00, 11:00, 14:00
물때표 확인: 국립해양조사원 www.khoa.go.kr
승용차: 저구항 주차장(무료), 통영여객선터미널 주차장(1일 5천 원) 이용

》 돌아오기

소매물도→거제 저구항: 09:20, 11:50, 14:20, 16:20
거제 저구항→고현시외버스터미널: 53번(16:00), 53-1번(09:25, 19:35)
소매물도→통영여객선터미널: 08:15, 12:20, 15:55

✏️ 알아두기

숙박: 소매물도항 주변이나 거제시, 통영시 숙박시설 이용
식당 · 매점: 소매물도항 주변
식수: 없음
화장실: 소매물도항, 등대 밑(8~9지점)
입장료: 없음
한려해상국립공원 매물도분소: 경남 통영시 한산면 매죽리 192-27 / (055)644-9202 / hallyeo.knps.or.kr
거제 저구항: 거제시 남부면 저구리 217-13 / (055)633-0051

📷 들를 만한 곳

해금강

명승 제2호인 '바다의 금강산' 해금강은 거제도 여행에서 빼놓을 수 없는 명소다. 해안에서 바라보는 경관도 멋있지만, 유람선을 타고 가까이 가야 진면목을 볼 수 있다.

위치: 경남 거제시 남부면 갈곶리 바닷가
해금강유람선 전화: (055)633-1352
입장료: 없음 **주차:** 가능, 무료

바람의 언덕 · 신선대

제주도의 섭지코지를 연상시킬 만큼 비경을 품은 곳들이다. 바람의 언덕은 풍차와 바다, 넓은 잔디밭이 시원하고, 신선대는 꼭대기에 자라고 있는 노송과 기암절벽이 눈길을 붙잡는다. 두 곳의 거리가 가깝고 산책로가 잘 나 있어 함께 둘러보기 좋다.

위치: 거제시 남부면 갈곶리 223 **입장료:** 없음
주차: 가능, 무료

1 해금강 2 신선대 3 바람의 언덕

학동흑진주몽돌해변

매끈매끈한 검은 몽돌(자갈)이 깔린 해변이다. 동백나무가 빼곡하게 자란 학동동백림(천연기념물 제233호)이 해변 옆에 있어 산책과 해수욕을 겸할 수 있다. 팔색조 도래지로도 유명한 학동동백림은 '아름다운 숲 전국대회'에서 '아름다운 마을숲'으로 선정되기도 했다.

위치: 거제시 동부면 학동리 일대 **입장료:** 없음
주차: 가능, 무료

포로수용소유적공원

한국전쟁의 참상을 알리기 위해 1983년 설립한 공원이다. 한국전쟁 당시 거제도 포로수용소에는 섬의 주민보다 훨씬 많은 15만 명의 포로들이 감금되었다고 한다. 포로수용소유적공원에는 당시 포로수용소의 실상을 알려주는 전시관을 비롯해 탱크전시관, 철모광장, 무기전시장 등 다양한 전시공간이 마련돼 있다.

위치: 거제시 시청로 302   **전화:** (055)639-8125
개장: 09:00~18:00
입장료: 성인 3천 원, 청소년 2천 원, 어린이 1천 원
주차: 가능, 소형차 기준 1천 원

학동흑진주몽돌해변

한려해상국립공원

한산도
한산대첩,
바다는 그날을 기억할까?

한산도는 임진왜란 때 이순신 장군이 일본 수군을 섬멸한 한산대첩의 격전지다. 제승당에서 바다를 붉게 물들인 그날의 전투를 떠올려 보고 충무사에 들러 그의 영정 앞에 향을 피운다. 해안 산책로는 그늘이 없는데다 아스팔트도로여서 걷기가 쉽지 않은 편. 몽돌해안이 펼쳐지는 추봉도 봉암마을에서 여정을 마무리한다.

충무공의 격전지 안으로 제승당~창동마을[1~8]

한산섬 달 밝은 밤에 수루에 혼자 앉아
큰 칼 옆에 차고 깊은 시름 하는 차에
어디서 일성호가는 남의 애를 끊나니

−한산도가(閑山島歌), 이순신

작은 배에 몸을 싣고 충무공의 자취가 어려 있는 한산도로 향한다. 배의 속도에 맞춰 비상하는 갈매기들. 그 모습이 꼭 군함의 호위 임무를 맡은 전투기 같다. 거북선 등대를 지나 한산도에 다다를 무렵 갈매기 한 마리가 뱃전으로 다가와 맴돈다. 호위를 한 대가를 달라는 것일까. 과자 부스러기를 던지자 잽싸게 낚아채 저 멀리 사라진다.

갈매기들이 배회하는 제승당 선착장[1]에 도착하자 연두색과 파란색이 절묘하게 섞인 짙푸른 바다가 펼쳐진다. 한산도는 그 유명한 임진왜란 3대 전투 중 하나인 한산대첩이 일어난 현장이다.

추봉도 해안 산책로 아래로 오목하게 바다가 들어앉았다(13~14지점).

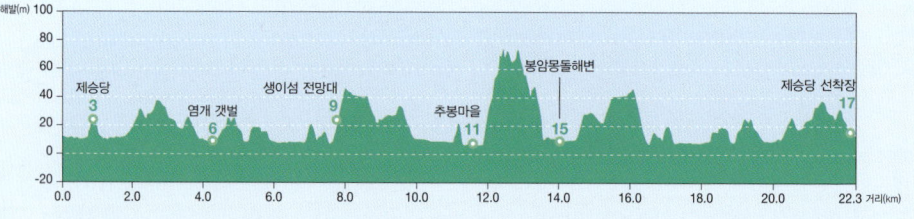

- 걷는거리: 총 22.3km(단축 13.9km, 1~15구간)
- 걷는시간: 6시간(단축 4시간)
- 출발점: 경남 통영시 한산면 두억리 제승당 선착장
- 종착점: 경남 통영시 한산면 두억리 제승당 선착장(단축 봉암몽돌해변 버스정류장)
- 난이도: 조금 힘들어요

추천테마	아이들과	연인끼리	여럿이	숲	들	계곡	강	바다	문화유적	봄	여름	가을	겨울
	★	★★★	★					★★★	★★★	★	★★	★

1592년 이순신은 한산도 앞바다에서 학익진 전술을 구사해 왜군을 섬멸했다. 전설 같은 전투 기술로 나라를 구해 일본에서도 신으로 모시는 위대한 장수 이순신. 한산도 걷기여행은 이순신과의 만남에서 시작한다.

제승당 내부에 그려져 있는 한산대첩도. 한산도 앞바다는 임진왜란 3대 대첩 중에 하나인 한산대첩이 벌어진 장소다(3지점).

제승당 매표소[2]를 지나자 한적한 해안 산책길이 이어진다. 파릇파릇한 나무와 꽃들을 감상하며 충무공 유적지(사적 제113호)로 들어서면 제승당[3]의 커다란 건물이 눈에 들어온다. 내부에는 한산대첩도 등 이순신의 활약과 충절을 담은 그림들이 벽면을 채우고 있다.

부하들과 활쏘기 연습을 했다는 한산정을 둘러본 후, 이순신이 지은 '한산도가'가 걸려 있는 수루에 올라서자 시원한 바다 경관이 펼쳐진다. 왜군의 함대가 떼 지어 출몰했던 그 핏빛 바다를 이순신 장군은 어떤 마음으로 바라보았을까? 충무사에 들러 그의 영정 앞에 향을 피운다.

다시 선착장으로 돌아가[4] 해안길을 걷는다. 한산도 해안길은 모두 아스팔트 포장이고, 그늘진 곳이 없어 지루하고 힘든 편이다. 따라서 섬 전체를 일주하기보다는, 짧게 제승당까지 걷거나 한산도와 이웃한 추봉도까지 갔다가 돌아오는 코스가 적당하다. 한산도와 추봉도는 다리(추봉교)로 연결되어 있다.

오르막을 올라 한산 어업인 후계자 기념비[5]를 지나면 대고포마을에 닿는다. 한산도 해안길에서 처음으로 만나는 마을이다. 마을 옆에는 한산도에서 가장 큰 염개 갯벌[6]이 펼쳐지지만 마침 밀물 때라 바닷물이 그득해 갯벌은 볼 수 없었다. 소고포마을을 지날 때는 조그만 섬 하나가 보인다. 유자가 많이 나고 지형도 유자처럼 둥글어 유자도[7]라 불리는 섬이다.

유자도를 지나 창동마을[8]에 들어서니 주민들이 삼삼오오 모여 있다. 슬쩍 고개를 디밀었더니 막 채취한 조개의 무게를 다는 중이다. 무게를 확인할 때마다 주민들의 얼굴에 환한 웃음이 번진다. 값이 좋은가 보다.

고즈넉한 장곡리마을 앞바다(7~8지점).

코발트빛 바다를 따라 놓인 추봉도 해안길(11지점).

유자나무가 많이 자란다 하여 이름이 유자도다.
섬의 모양도 유자와 닮았다(7지점).

마음속에 그리던 섬마을 풍경 생이섬~추봉도[9~17]

　창동마을을 지나면 충무공 유적지의 한산정을 흉내 낸 듯 커다란 과녁판이 있는 생이섬[9]이 나온다. 장례 때 시신을 넣어 메고 가는 상여(생이)를 닮았다고 하여 붙인 이름이다.

　생이섬을 지나면 한산도와 추봉도를 연결하는 추봉교[10]다. 한산도의 해안길은 밋밋한 편이지만, 추봉도는 시원한 바다 전경이 내려다보이는 해안 산책로와 몽돌해안 등 아름다운 곳이 많아 즐겁게 걸을 수 있다.

　추봉교를 건너 왼쪽 길로 들어서면 고즈넉한 풍경이 인상적인 추봉마을[11]이다. 커다란 교회 주변으로 40~50채의 건물이 옹기종기 모여 있는, 마음속에 그려보았던 섬마을 풍경이다. 짙푸른 바다를 바라보며 걷다가 마을 삼거리[12]가 나오면 오른쪽 언덕길로 접어든다. 6·25 전쟁 때 포로수용소가 있었던 자리로, 1만여 명의 포로가 이곳에 있었다고 한다. 지금은 야트막한 돌담만 군데군데 남아 있을 뿐이다.

추봉도 앞바다를 지나는 낚싯배(13~14지점).

작은 섬마을인 소고포마을의 바닷가(5~6지점).

　　포로수용소에서 울창한 숲을 이룬 해안 산책로[13]로 들어선다. 딱딱한 포장길에서 벗어나 흙길을 밟으니 발이 편안하다. 한산도와 추봉도를 통틀어 가장 걷기 좋은 구간이다. 숲길 아래로 낚싯배들이 바다를 하얗게 가르며 지나간다. 시원한 바닷바람이 뺨을 훑는다. 그리고 코끝에 남는 짭조름하고 비릿한 바다 냄새.

　　숲길이 끝나고 곧바로 이어지는 시멘트 포장길[14]을 걸어가다 보면 봉암몽돌해안[15]에 닿는다. 모래 대신 몽돌이 깔린 해변에서는 자갈들이 파도와 만나 부드럽게 구르는 소리를 낸다. 해안 중간쯤에서 커다란 느티나무를 끼고 돌면 고즈넉한 봉암마을이다. 빨간색, 파란색 지붕을 얹은 집들이 옹기종기 모인 섬마을. 소박한 풍경을 마음에 담고 추봉교[16]를 건너 제승당으로 되돌아가는 길[17], 꽤 더운 날인데도 아스팔트도로의 열기가 따뜻하게 느껴진다.

🍴 추천음식

분소식당 '도다리쑥국'

봄 냄새 가득한 쑥과 토실하게 살이 오른 도다리의 조합은 말 그대로 환상 궁합. 통영에서 도다리쑥국은 흔한 음식인데, 그중 서호시장에 있는 분소식당이 유명하다. 당일 들어온 도다리만 사용하며, 맑은 국물이 시원하고 담백하다. 오후 2~3시면 도다리가 떨어져 맛볼 수 없으니 서둘러야 한다.

위치: 경남 통영시 서호동 177-430
전화: (055)644-0495 **영업시간:** 07:00~18:00
주차: 가능 **가격:** 도다리쑥국 1만2천 원, 졸복국 1만 원, 생선매운탕 1만2천 원

🚗 교통편

≫ 찾아가기

경남 통영시 통영시외버스터미널에서 도천동 방면 시내버스를 타고 서호시장 정류장에서 내린다. 서호시장 맞은편에 통영여객선터미널이 있다.
통영시외버스터미널→통영여객선터미널: 101번, 104번, 121번, 231번 등 수시 운행
통영여객선터미널→한산도: 07:00~18:00(1시간 간격, 동절기 17:00까지 운항)
승용차: 통영여객선터미널 주차장 이용. 주차료는 소형차 기준 하루 5천 원.

≫ 돌아오기

봉암몽돌해안이 있는 봉암마을에서 마무리할 경우 장작지~제승당 순환버스를 이용해 제승당 선착장으로 돌아간다. 07:30~18:30(1시간 간격).
한산도→통영여객선터미널: 07:30~18:30(1시간 간격, 동절기 17:00까지 운항)
통영여객선터미널→통영시외버스터미널: 101번, 104번, 121번, 231번 등

✏️ 알아두기

숙박: 통영여객선터미널, 한산면사무소 주변(10지점)
식당: 통영여객선터미널 주변, 한산면사무소 주변(10지점)
매점: 제승당 선착장(1지점), 제승당 휴게소(2~3지점), 창동마을(8지점), 한산면사무소 옆(10지점)
식수: 없음
화장실: 제승당 선착장(1지점), 제승당(3지점)
제승당 입장료: 성인 1천 원, 청소년 500원, 어린이 300원
한려해상국립공원 한산도분소: 경남 통영시 한산면 한산일주로 980 / (055)644-9202 / hallyeo.knps.or.kr
통영여객선터미널: 통영시 서호동 316 / (055)642-0116

📷 들를 만한 곳

달아공원

산양관광도로를 달리다보면 낭만적인 일몰 명소인 달아공원과 만난다. 바다와 섬이 한눈에 들어오는 경관과 낙조가 유명해 저녁 무렵이면 관광객과 사진가들로 꽉 찬다.

위치: 경남 통영시 산양읍 연화리 114 **입장료:** 없음
주차: 가능, 무료

미륵산 케이블카

2008년 미륵산(461m)에 설치된 우리나라에서 가장 긴 케이블카다. 최근에는 통영 여행의 주요 코스처럼 되어 많은 관광객들이 찾는다. 케이블카를 타고 미륵산에 오르면 바다와 섬의 경관이 시원하게 눈에 들어온다.

위치: 통영시 도남동 349-1   **전화**: 1544-3303   **개장**: 09:30~19:00(동절기 ~17:00)
요금(왕복): 성인·청소년 9천 원, 어린이 5천 원   **주차**: 가능, 무료

박경리기념관·공원

한국 문학사에 큰 획을 그은 소설가 고 박경리 선생을 기념하기 위해 세운 전시관으로, 그의 문학작품과 생애를 살펴볼 수 있다. 박경리공원에는 2008년 타계한 박경리 선생의 묘소가 있다. 공원 내 묘소로 이어진 산책로를 걷다 보면 그의 작품을 담은 시비와 어록비 등을 볼 수 있다.

위치: 통영시 산양읍 신전리 1429-9   **전화**: (055)650-2540   **개장**: 09:00~18:00, 매주 월요일 휴관
입장료: 없음   **주차**: 가능, 무료

남망산조각공원

남망산조각공원은 세계 유명 조각가 15명의 작품들로 꾸민 야외전시장이다. 시원한 바다를 감상하며 걸을 수 있는 산책로가 잘 정비돼 있다.

위치: 통영시 동호동 230-1   **입장료**: 없음   **주차**: 가능, 무료

1 남망산조각공원 **2** 박경리기념관 **3** 미륵산 케이블카 **4** 충렬사

세병관

충렬사

충렬사(사적 제236호)는 1606년 통제사 이운룡이 왕명을 받아 이순신 장군의 업적을 기리기 위해 세운 사당이다. 충렬사 옆 유물전시관에는 명나라 만력제가 내린 명조팔사품(보물 제440호) 등이 전시돼 있다.

위치: 통영시 명정동 213 **개장:** 09:00~18:00 **입장료:** 성인 1천 원, 청소년 500원, 어린이 300원
주차: 가능, 무료

세병관

세병관(국보 205호)은 조선시대 삼도수군통제영의 본영이 있던 곳으로 1604년 세워진 후 3군(경상도, 전라도, 경상도)의 수군을 총지휘한 본부였다. 원래는 100여 동의 건물이 있었으나 지금은 세병관만 남아 있다.

위치: 통영시 문화동 62-1 **개장:** 09:00~18:00
입장료: 성인 200원, 청소년 100원, 어린이 50원 **주차:** 가능, 무료

이순신공원

이순신공원은 통영 시민들이 즐겨 찾는 휴식공간이다. 공원 내에는 이순신 동상, 전망대, 전통문화관, 잔디광장, 산책로 등이 잘 갖춰져 있다.

위치: 통영시 정량동 683 **입장료:** 없음 **주차:** 가능, 무료

Section 5 | 전라도/제주도권

내장산국립공원

가인마을~백양사
백암산에서 만난 단풍 산의 봄

백암산은 내장산국립공원의 일원이다. 가인마을을 가로질러 백암산을 오른 후 백양사로 내려오는 내장산국립공원의 최남단 코스에서 백암산의 매력을 한껏 느낄 수 있다. 조용한 가인마을에는 비자나무가 그늘 같은 평화를 드리우고, 다소 가파른 산길도 걸어야 하지만 능선을 타고 나면 코스 끝까지 편안하다.

편안한 흙길을 밟으며 걷다보면 어느새 백양사 앞이다(10~11지점).

백암산은 억울하다.

아닌 게 아니라, 이 산이 속해있는 국립공원 이름이 '내장산국립공원'이기 때문이다. 내장산국립공원에는 백암산 말고도 삼성산, 입암산, 화개산 등이 샴쌍둥이처럼 내장산과 같은 줄기로 묶여있으니 따지고 보면 백암산만 억울한 건 아니다.

내장산은 우리나라를 대표하는 '단풍산'이다. 내장산 하면 단풍이고, 단풍 하면 내장산 아니던가. 서른 종의 나무가 마흔 개의 빛깔로 물드는 알록달록한 내장산의 가을 풍경은 관광지 사진엽서의 단골 레퍼토리가 된 지 오래. 국립공원으로 묶인 덕에 다른 산과 마찬가지로 백암산의 가을 역시 '내장산 단풍'으로 칭송된다. 백암산 입장에서는 비록 자기 이름은 알리지 못했으나 내장산의 '네임 밸류' 덕을 톡톡히 보고 있는 것이니 억울할 일만은 아니다. 나쁜 게 있으면 좋은 것도 있는 것. 세상사 이치가 다 그렇다.

백양사 가는 길에 이른 봄의 정취가 물씬하다(14~15지점).

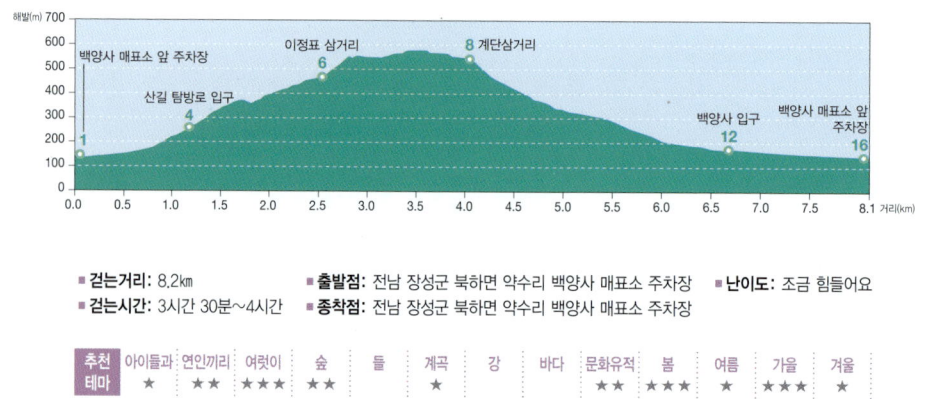

- 걷는거리: 8.2km
- 걷는시간: 3시간 30분~4시간
- 출발점: 전남 장성군 북하면 약수리 백양사 매표소 주차장
- 종착점: 전남 장성군 북하면 약수리 백양사 매표소 주차장
- 난이도: 조금 힘들어요

추천 테마	아이들과	연인끼리	여럿이	숲	들	계곡	강	바다	문화유적	봄	여름	가을	겨울
	★	★★	★★★	★★		★			★★	★★★	★	★★★	★

비자나무가 더하는 평화 백양사 매표소 주차장~공터[1~7]

그 백암산을 연한 새순이 돋아난 4월 중순에 찾았다. 아침 공기는 아직 코끝이 싸한, 단풍과는 한참 거리가 먼 계절이다. 하지만 수제비 잘하는 집이 칼국수도 맛있는 법. 가을단풍으로 유명한 내장산국립공원이지만 다른 어느 계절에도 아름답지 않은 때가 없다. 따라서 가을이 아니더라도 사시사철 탐방객의 발길이 꾸준하다.

걷기코스는 백양사 매표소 뒤편 주차장[1]에서 시작한다. 그 중에서도 백양사 매표소를 지나 깊숙이 자리 잡은 제4주차장 부근이 탐방로 입구와 가장 가깝다. 개천을 왼편에 끼고 조금 올라가면 가인야영장과 이어진 가인교[2]다. 이 다리를 건넌 후 포장로를 따라 그대로 가인마을 쪽으로 걸어간다. 나지막한 백암산 끝자락에 자리한 가인마을에는 주로 단체 관광객을 상대하는 민박집이 즐비하지만 평일 낮이라 그런지 적막하기까지 하다. 마을 곳곳에 짙은 그늘을 드리운 비자나무가 평화로운 분위기를 더한다. 비자나무 중 밑동이 굵고 짧은 놈은 커다란 브로콜리 같다. 이렇듯 마을 초입에서부터 눈에 띄기 시작하는 비자나무는 이곳의 자랑이기도 한데, 내장산국립공원 일대의 비자림은 천연기념물 제153호로 지정되어 있다.

가인교를 건넌 후 8분쯤 지나 만나는 가인마을경로당 앞 삼거리[3]에서 좌회전 후, 다음 갈래길에서도 왼편으로 올라가면 마을을 벗어나 청류암으로 이어지는 가파른 포장로가 시작된다. 힘든 오르막을 느릿느릿 오르다 계곡을 지나면 얼마 후 길 오른편에 산길 탐방로 입구[4]가 나온다. 진입로가 눈에 잘 띄지 않으므로 '탐방로 입구' 표지를 눈여겨 봐야한다.

산길로 들어서면 10시 방향으로 가파른 탐방로가 서있다. 하늘로 이어진 등산로를 무거운 걸음으로 오르고 있자니 말이 통하지 않는 사람과 대화하는 기분이다. 비탈길 주변, 뿌리 윗동을 드러낸 채 아슬아슬하게 서 있는 나무들의 안쓰러운 모습에도 마음 쓸 겨를이 없다. 오르막은 비탈면을 따라 10분 가까이 올라야 비로소 상식적인 수준의 걷기코스로 바뀐다. 이곳이 '사자봉 2.5km' 이

정표[5]가 서있는 지점. 이정표를 지나자 탐방로는 은혜라도 베풀 듯 잠시 내리막길을 눈앞에 펼쳐 주지만, 변덕 심한 사춘기 소녀처럼 이내 오르막을 내민다. 그래도 탐방로가 산비탈에서 계곡길로 바뀐 것만으로도 걷기는 한결 수월하다.

계곡을 끼고 15~20분 산길을 오르다보면 계곡은 어느새 얕은 냇물이 된다. '사자봉 1.7km' 이정표 삼거리[6]에서, 냇물을 건너지 말고 오른쪽으로 뻗어있는 오르막으로 방향을 튼다. 이정표가 가리키는 쪽이 애매한 탓에 자칫 냇물을 건너 직진하면 마릴린 먼로의 영화제목처럼 '돌아오지 않는 강'이 될지도 모른다.

가파른 오솔길이 6~7분 이어지다 머리 위로 드리운 숲 그림자가 조금씩 옅어지면서 능선길이 시작된다. 여기서부터는 비교적 완만한 오르막이 넓은 공터[7]를 지나 계단삼거리로 향할 때까지 계속된다. 깊은 산속에서 만나는 능선길은 언제 걸어도 즐겁고 편안하다. 완만한 오르막은 도중에 서서히 내리막으로 바뀌어 코스 끝까지 이어진다.

◀포장로를 따라 백양사로 향하는 길. 갓 돋아난 여린 단풍잎이 손짓한다(9~10지점).

파란 하늘호수를 배경으로 꿈결처럼 만개한 산개벚꽃(10~11지점).

내리막 끝에서 만난 백양사
계단삼거리~백양사 매표소 주차장[8~16]

공터를 통과한 뒤 약 15분 후 계단 삼거리[8]에 닿는다. 삼거리에서 백양사로 가는 길은 왼쪽 내리막이다. 반대쪽은 능선사거리를 지나 백암산의 지붕인 상왕봉을 오르는 코스. 계단길을 따라 3~4분쯤 내려오다 마주치는 넓은 콘크리트 포장길 삼거리[9]에서 오른쪽 내리막으로 방향을 잡는다. 계곡을 끼고 내려가는 포장로 주변으로 천연기념물 표식을 훈장처럼 두른 비자나무들이 탐방객의 시선을 끈다. 높이 자란 산개벚나무는 앞만 보고 걷는 이에겐 아름다운 꽃 맵시를 쉽게 보여주지 않는다. 걸음을 멈추고 고개를 들어야 비로소 파란 하늘호수에 반짝이며 번져가는 꿈결 같은 연분홍 무늬가 보인다.

포장로를 내려간 지 20여 분 후 오른편 주차장[10]을 지나쳐 10분 정도 더 내

백양사 경내. 반쯤 져버린 홍매화가 완연한 봄을 알린다(12~13지점).

려가면 다리 삼거리[11]다. 다리를 건너지 않고 우측으로 접어들면 오른편에 백양사 입구[12], 천왕문이 나온다. 백암산의 능선과 봉우리를 배경으로 대웅전과 우화루, 향적전, 청운당 등 20여 채의 건물이 옹기종기 모여 있는 경내는 평탄한 모래바닥을 밟으며 산책하기에 좋다. 사찰 한쪽 옆에 선 매화나무는 완연한 봄 날씨에 긴장을 푼 듯 진분홍 꽃잎만 하염없이 떨어내고 있다.

　백양사를 둘러본 후 아까 지나쳤던 다리[13]를 건넌다. 넓은 공터에서 높다란 쌍계루[14]를 끼고 우측으로 돌아 길게 이어진 넓은 포장로를 따라 걷는다. 오른편에 보이는 가인야영장을 지나다 나타나는 우측 내리막[15]으로 진입하면 처음 등지고 출발했던 주차장[16]이다.

교통편

》 찾아가기
장성시외버스터미널에서 백양사행 시외버스를 타고 백양사에 하차. 50분 소요. 혹은 광주시외버스터미널에서 백양사행 시외버스를 타고 백양사에 하차. 1시간 소요
승용차: 백양사 매표소 주차장 이용

》 돌아오기
〈찾아가기〉의 역순

알아두기

숙박: 백양사 매표소 앞, 가인마을 민박촌, 가인야영장(캠핑) 등
식당: 백양사 매표소 주변 등
매점: 가인마을, 쌍계루 앞 휴게소
식수: 백양사 내
화장실: 백양사 매표소 주차장, 백양사 사찰 내, 가인야영장
입장료: 백양사 성인 2천 원, 청소년 1천 원, 어린이 500원
내장산국립공원사무소: 전북 정읍시 내장동 59-10 / (063)538-7875 / naejang.knps.or.kr
내장산국립공원백암사무소: 전남 장성군 북하면 약수리 252-1 / (061)392-7288

캠핑장

백양사 가인야영장

백양사 주차장에서 백양사로 오르는 길 초입에 위치해 있다. 대형텐트 기준으로 50동 가량을 수용할 수 있는 규모로 개수대와 음수대, 화장실을 각 1동씩 갖췄다. 구획이 나뉘어 있지 않아 원하는 모양대로 사이트를 만들 수 있다.

위치: 전남 장성군 북하면 약수리 138   **전화:** (061)392-7288   **야영료:** 1만500원(주차료 포함)

들를 만한 곳

내장사

서기 636년 백제시대, 영은사란 이름으로 영은조사가 세웠다. 신선봉과 까치봉, 장군봉, 연지봉 등 내장 9봉에 둘러싸여 있어 사계절 아름다운 내장산을 감상할 수 있다. 특히 내장사로 향하는 탐방로 입구의 가을 단풍과 원적암 부근의 비자림은 명승지로 꼽힌다.

위치: 전북 정읍시 내장동 590   **전화:** (063)538-8741
홈페이지: www.naejangsa.org
입장료: 어른 1천 원, 청소년 700원, 어린이 500원
주차: 가능, 무료

내장호반

정읍시민의 식수원인 내장호수(저수지)는 연인들의 데이트 장소로 인기가 높다. 호수 주변에 내장산수목원과 조각공원, 전봉준 기념공원, 우리들꽃공원 등 아기자기한 볼거리가 많아 가족단위 관광객들도 많이 찾는다.

위치: 정읍시 내장동 392
전화: 정읍종합관광안내소 (063)536-6776, 문화관광과 (063)539-5191~5   주차: 가능, 무료

▲ 내장산국립공원 주요 등산로

백양사~상왕봉~까치봉~내장사 종주코스

백암산과 내장산을 잇는 능선을 따라 종주하는 코스다. 백양사를 들머리로 삼아 상왕봉에 오른 후 까치봉으로 이어진 순창새재길을 따라 2시간을 진행하면 내장사로 내려가는 금선폭포와 금선계곡길이 반갑게 맞이한다.

거리(편도): 12.0km   소요시간: 7시간

동구리~서래봉~망해봉~신선봉~동구리 능선일주코스

내장사를 둘러싼 여덟 봉우리를 따라 걷는 내장산 능선일주 코스다. 동구리에서 시작해 서래봉과 불출봉, 망해봉, 연지봉, 까치봉, 신선봉, 연자봉, 장군봉을 거쳐 다시 동구리로 내려오는 코스이다. 서래봉과 신선봉 근처에 약수가 있으나 되도록 충분한 식수를 준비하는 게 좋다.

거리(편도): 11.7km   소요시간: 7시간

가인마을~백양사   209

다도해해상국립공원

보길도
윤선도를 시인으로 만든 그 섬

봄날 보길도에는 '지국총 지국총' 노 젓는 소리 대신 '툭툭' 동백꽃 떨어지는 소리가 들린다. 윤선도의 발자취를 따라 동백꽃 길을 걷는다. 드넓은 바다와 우뚝한 산봉우리의 어울림, 점점이 떠 있는 섬들, 상록수림을 병풍처럼 두른 아름다운 해변. 어디를 보아도 한 폭의 그림, 시심이 절로 고인다.

해안 언덕 전망대에서 바라본 초승달 같은 예송리갯돌해변(14지점).

고산 윤선도가 은거했던 낙서재(7지점).

세연정 아래 연못이 자리하고 있다(3지점).   동천석실에서 바라본 보길도 마을 풍경(10지점).

윤선도가 찾아낸 무릉도원 윤선도 유적지~동천석실 [1~10]

    보길도는 완도군에 속하는 작은 섬이다. 이곳이 유명해진 것은 멋진 풍광과 함께 조선 시대의 문인이자 정치가였던 고산 윤선도(1587-1671)의 발자취가 남아 있기 때문이다. 윤선도는 정치적으로 열세에 있던 남인 가문에서 태어나 집권 세력인 서인 일파에 맞서 왕권 강화를 주장하다가, 20여 년의 유배 생활과 19년의 은거 생활을 했으며 85세로 보길도 낙서재에서 세상을 떠났다.

    윤선도는 나이 50에 병자호란이 일어나자 고향인 해남에서 의병을 모아서 강화도로 갔으나 강화도는 이미 함락되었고, 임금은 청나라에 항복했다는 소식을 들었다. 낙심한 그는 다시는 벼슬 따위는 하지 않겠다고 마음먹고 제주도로 향했다. 하지만 풍랑을 만나 중간 기착지인 보길도에 내린 것이 그의 삶을 바꾸어 놓았다.

    고산은 자신이 머무는 동네에 '부용동'이라는 이름을 붙이고, 살림집인 낙서재 외에 십이정각·세연정·회수당·석실 등 25채 가량의 건물을 짓고 유유자적한 삶을 살았다. 그가 이처럼 풍류를 즐길 수 있었던 것은 조상으로부터 물려받은 많은 재산이 있었기 때문이다. 고산은 이곳에서 13년을 머물며 국문학사의 대표 작품으로 꼽히는 '어부사시사' 등을 지었다.

    보길도는 과연 윤선도가 반할 만큼 경치가 빼어났다. 이른 봄에 찾아간 그곳은 동백이 활짝 피어 섬 전체에 붉은 점을 찍어 놓은 듯했다.

    보길도 여행이 시작되는 곳은 소박한 청별항[1]. 윤선도도 육지에서 들어올

보길도 **211**

때와 나갈 때 이곳에서 배를 탔을 것이다. 노화도로 건너갈 수 있는 보길대교가 놓인 이후 청별항 주변은 이전보다 한적해졌다. 몇몇 횟집과 민박집을 지나 청별항 앞 큰 삼거리에서 '윤선도 유적지' 이정표 방향으로 향한다. 포장도로와 나란히 놓인 나무 데크 산책로를 따라 걷다 보면 망끝 전망대 가는 길과 갈리는 삼거리[2]를 만난다. 윤선도 유적지까지 0.6km 남은 지점이다. 너른 들판에서 풀을 뜯다가 놀란 흑염소의 울음과 청량한 계곡 물소리를 벗하며 걷다 보면 어느덧 윤선도 유적지[3](보길도 윤선도 원림, 명승 제34호)에 닿는다.

고산은 풍수지리를 살펴서 이곳에 집을 짓고, 봉우리가 겹겹이 쌓인 모습이 연꽃을 닮았다고 하여 '부용동'이라는 이름을 붙였다. 유적지로 들어서자 고풍스러운 정원이 펼쳐진다. 정자 세연정과 그 아래로 시 한수 읊조리고 싶은 아담한 연못 세연지가 잔잔한 물결을 일으킨다. 연못가에는 사투암, 혹약암 등 7개의 바위(칠암)가 잘생긴 외모를 뽐내고 서 있다.

산책로를 한 바퀴 둘러본 후 다시 나무 데크 산책로를 걸으면 고산문학체험공원[4]이 나온다. 이곳에서 울창한 숲 그늘을 즐기며 윤선도의 문학 세계와 업적을 살펴 볼 수 있다. 이어 수초가 가득히 자란 연못을 건너 입구로 되돌아간다. 동백나무 산책로를 지나자 동천석실로 올라가는 삼거리[5]. 여기서 곡수당과 낙서재를 둘러본 후 동천석실로 가는 것이 편하다.

곡수당[6]은 윤선도의 아들 윤학관이 기거했던 곳으로, 계곡물이 흐르는 양지바른 곳에 초당과 다리 등이 들어서 있다. 오른쪽 언덕에는 윤선도가 살았던 낙서재[7]가 있다. 연못을 제외한 건물들은 모두 근래에 복원한 것이다.

낙서재에서 '동천석실' 이정표 방향의 동백나무 숲길을 걷다가[8] 큰길과 만나면[9] 동천석실로 가는 오솔길이 보인다. 10분 정도 가파른 산길을 오르자 고산이 '부용동 제일의 명승'이라고 했던 동천석실[10]에 닿는다. 신선이 사는 곳을 동천복지라고 하는 데서 이름을 따 왔다는데, 두 사람이 들어가면 꽉 찰 만큼 작은 오두막이다.

격자봉~수리봉~광대봉으로 이어진 수려한 산세와 아담한 들판을 굽어보면서 여유롭게 차 한 잔 마시면 좋겠다. 윤선도가 그랬던 것처럼.

끈적일 듯 짙푸른 보길도 앞바다 (13~14지점).
예송리마을로 가기 전에 펼쳐져 있는 갈대 군락지(13~14지점).

숲과 속삭이는 갯돌 통리솔밭해변~예송리갯돌해변[11~17]

동천석실을 둘러본 후 다시 청별항으로 나온다.[11,12] 여기서 예송리마을까지의 왕복 거리는 10km가 넘는다. 가는 길에 그늘이 거의 없기 때문에 힘들면 이쯤에서 마무리하도록 한다. 나머지 해안 명소들은 다음 기회에 차로 둘러보는 것도 좋다.

청별항에서 '예송리갯돌해변' 이정표 방향으로 걷는다. 포장도로여서 발이 피곤하지만, 수평선이 보이는 푸른 바다, 그 위를 수놓는 섬들, 점점이 떠있는 배들을 감상하며 다시 기운을 낸다.

뜨겁게 달아오른 발바닥을 식혀 줄 고마운 해변, 통리솔밭해변으로 들어선다[13]. 소나무 숲으로 둘러싸인 해변에 고운 모래밭이 시원하게 펼쳐져 있다. 하늘과 바다가 구분되지 않는 짙푸른 색, 시야에는 온통 파란색뿐이다.

통리솔밭해변을 지나면 조금 가파른 길이 나온다. 20분쯤 걸어 언덕바지에 도착하면 갑자기 시야가 확 트인다. 예송리 전망대[14]다. 전망대 아래로 활처럼 휘어진 예송리갯돌해변과 수리봉~격자봉의 아기자기한 능선, 여기저기 떠 있는 조막만한 섬들이 한눈에 잡힌다. 여기서부터 예송리마을까지는 걷기 좋은 나무 데크 산책로가 이어진다.

예송리갯돌해변[15]은 아이 손바닥만 한 자갈이 깔린 긴 해변으로, 보길도에서 가장 아름다운 곳 중 하나다. 깨끗한 펜션과 식당이 많아 보길도에서 머문다면 예송리마을의 숙박시설을 이용하면 된다.

바닷가 주위에는 해변 풍경을 더욱 빛내 주는 고마운 존재가 있다. 천연기념물 제40호인 울창한 상록수림이 그것이다. 상록수림은 약 300년 전에 태풍을 막기 위해 조성한 방풍림으로, 길이가 740m, 폭이 30m나 된다. 팽나무, 후박나무 등 다양한 상록수가 굵은 가지를 드리우고 있다.

상록수림과 해변을 번갈아 드나들며 끄트머리까지 걸어가자 높다랗게 솟은 격자봉이 떡하니 버티고 섰다. 저곳을 넘어 공룡알해변과 보죽산까지 가 볼까 잠시 망설였지만 곧 마음을 바꿔 예송리마을에서 보길도 여행을 마무리한다. 여기서 청별항[17]까지 걸어서 가거나, 마을 앞[16]에서 버스를 타고 되돌아간다.

잔자갈이 깔린 예송리갯돌해변. 해변 옆에는 울창한 상록수림이 있다(15~16지점).

🍽 추천음식

보길도의 아침 '전복회'

완도 하면 가장 먼저 떠오르는 특산물이 김과 전복이다. 인근의 섬에서도 전복을 내놓는 식당들이 많은데, 보길도 청별항 맞은편에 위치한 '보길도의 아침'에서는 신선한 전복을 맛볼 수 있다. 전복회, 전복구이, 전복죽을 비롯해 갈치구이, 활어회 등 바다 향기 가득한 음식을 준비해 놓고 있다.

위치: 전남 완도군 보길면 부황리 1-32
전화: (061)554-1199 **영업시간:** 11:00~21:00
주차: 가능 **가격:** 전복회(1kg) 5만~10만 원, 전복죽 1만2천 원, 해물된장찌개 7천 원

🚗 교통편

 찾아가기

대중교통을 이용해 보길도로 가는 길은 조금 번거롭다. 완도에는 여객선터미널이 두 곳 있는데, 보길도로 가는 배편은 완도여객선터미널이 아닌 화흥포항에서 출발한다. 완도시외버스터미널에서 화흥포항을 오가는 셔틀버스를 이용하면 편리하다. 노화도와 보길도를 연결하는 보길대교가 놓인 이후 화흥포항에서 보길도 청별항으로 바로 가는 배편은 없어졌다. 노화도의 동천항에서 내린 후 마을버스를 타고 청별항까지 이동해야 한다.

해남 땅끝마을에서도 보길도로 바로 갈 수 있다. 땅끝항에서 하루 3회 운항한다. 직행 배편이 적기 때문에 노화도행 배(06:40~17:50, 17회 운항)를 타고 산양진항에서 내린 후 청별항으로 가기도 한다. 단, 산양진항→청별항 구간은 대중교통이 없어 택시를 이용해야 한다. 요금은 8천~1만 원.

완도시외버스터미널→완도 화흥포항 : 06:40~17:30(10회 운행)
완도 화흥포항→노화도 동천항 : 07:00~18:00(12회 운행)
노화도 동천항→보길도 청별항 : 07:05~18:15(12회 운행)
해남 땅끝항→보길도 청별항 : 08:20, 12:30, 16:30

승용차: 완도 화흥포항 주차장(무료)에 주차한 후 배편으로 이동하거나, 화흥포항에서 배에 차를 싣고 노화도 동천항에서 내린 다음 보길도 청별항까지 운전해서 간다. 청별항 주변 주차장(무료) 이용.
완도 화흥포항 (061)555-1010 / 노화도 동천항 (061)553-5635 / 해남 땅끝항 (061)533-4269 / 동천항→청별항 마을버스 (061)553-8188

 돌아오기

예송리갯돌해변에서 마무리할 경우 마을 앞 정류장에서 버스를 타고 청별항으로 갈 수 있다.
예송리갯돌해변→청별항: 07:20, 08:15, 11:15, 14:15, 16:45
보길도 청별항→노화도 동천항: 06:50~18:00(11회 운행)
노화도 동천항→완도 화흥포항: 07:05~18:15(12회 운행)
완도 화흥포항→완도시외버스터미널: 06:40~17:30(12회 운행)
보길도 청별항→해남 땅끝항: 07:00, 10:20, 14:20

✒ 알아두기

숙박·식당·매점: 완도시외버스터미널 주변, 청별항(1지점)·윤선도유적지(2~3지점)·통리솔밭해변(13지점)·예송리갯돌해변(15~16지점) 주변
식수: 없음
화장실: 청별항(1지점), 윤선도유적지(3지점), 곡수당·낙서재 주차장(6지점), 예송리갯돌해변(15지점)
입장료: 윤선도유적지 – 성인 1천 원, 청소년 700원, 어린이 500원
다도해해상국립공원 보길도분소: 전남 완도군 보길면 보길동로 19번길 10 / (061)554-6874 / dadohae.knps.or.kr

1,2 송시열 글씬바위 3 중리은모래해변

들를 만한 곳

송시열 글씬바위

보길도 동쪽 끝 백도리 해안의 커다란 바위에 우암 송시열이 쓴 한시가 새겨져 있다. 송시열은 제주도로 유배를 떠나던 중 풍랑을 만나 보길도에 잠시 머물게 되는데, 그때 이곳 해안가에서 임금에 대한 서운함과 그리움을 시로 표현해 바위에 새겨놓았다. 한적한 산책로와 주변 풍광도 아름답다.
위치: 전남 완도군 보길면 백도리 산1-1 입장료: 없음 주차: 가능, 무료

중리은모래해변

통리솔밭해변과 인접해 있는 해수욕장으로, 반짝이는 모래밭이 인상적이다. 주변으로 수백 년 된 송림이 우거져 있고 모래사장이 길게 펼쳐져 산책하며 둘러보기 좋다.
위치: 완도군 보길면 중통리 일대 입장료: 없음 주차: 가능, 무료

다도해해상국립공원

청산도 슬로길
추억을 예약하려면
더 느린 걸음으로

사철 푸르러서 청산도인가. 먼 남쪽 바다에 떠 있는 청산도는 한겨울에도 보리가 자라 푸릇푸릇하다. 정다운 돌담길, 고인돌과 초분, 구들장논을 보면서 걸어가는 내내 짙푸른 바다가 동행한다. 〈서편제〉의 노랫가락이 들려오는 듯한 슬로길은 2개 구간, 11코스로 이루어져 있다. 총 거리는 42.195㎞, 걷는 데 16시간 이상 걸린다.

해질 무렵 도청항 선착장(1지점).

시간을 되돌려 놓은 공간 도청항~사랑길[1~6]

　자연을 즐기는 여행 트렌드는 저 멀리 남국의 섬까지 뻗쳤다. 사람들은 청산도를 찾아 나즈막한 돌담, 풀무덤, 넓은 돌을 깔아서 만든 구들장논을 보면서 걷고 또 걷는다. 무엇이 그리워서 머나먼 섬을 찾아오는 것일까. 잃어버린 향수? 돌아가고 싶은 고향? 그럴지도 모른다.

　청산도는 예스런 풍경과 전통문화를 유지한 덕분에 2009년 아시아 최초로 슬로시티에 등록되었다. 섬을 샅샅이 훑을 수 있도록, 주민들이 이용하는 길에 파란색 이정표를 그려 넣은 슬로길은 2011년 4월 '세계 슬로길 1호'로 지정되었다. 인공 조미료가 들어가지 않은 음식처럼 청산도의 풍광은 볼수록 정답고, 봐도 봐도 질리지 않는다.

　청산도는 오랜 옛날부터 거기 있었으나 외지인들은 1993년 만들어진 임권택 감독의 영화 〈서편제〉를 통해 알게 되었다. 고부라진 돌담길과 은은한 바다 풍경을 뒤로 하고 주인공들이 구성지게 부르던 '진도아리랑'이 지금도 귓가에 맴돈다.

　청산도의 아름다움은 잠시 둘러보는 것만으로는 알 수 없다. 천천히 걸으면서 구석구석 살펴야 한다. 청산도 슬로길이 있기에 더 수월하다.

　완도에서 출발한 배가 청산도 도청항[1]에 정박했다. '청산도의 명동'인 항구 주변은 시장, 식당, 편의시설이 들어서 제법 분주하다. '청산도'라고 커다랗게 쓰여 있는 비석을 지나자 누군가는 올챙이를 닮았다고 말한, 물고기 모양의 파란색 이정표가 아스팔트도로에 칠해져 있다. 슬로길은 그 물고기가 헤엄치는 방향으로 따라가기만 하면 된다.

　파도 철썩이는 해안길을 걸으니 아담한 도락리마을에 닿는다[2]. 어슬렁거리는 고양이들만 드문드문 보일 뿐, 다들 일터에 나갔는지 조용하다. 초등학교 졸업식에서 찍은 단체 사진, 말끔하게 정장을 차려입은 선남선녀의 결혼식 사진 등 부모님의 사진첩에서 보았던 흑백사진들이 담장에 죽 걸려 있다. 원색의 담장과 빛바랜 흑백사진들. 둘은 어색한 듯하면서도 묘하게 어울렸다.

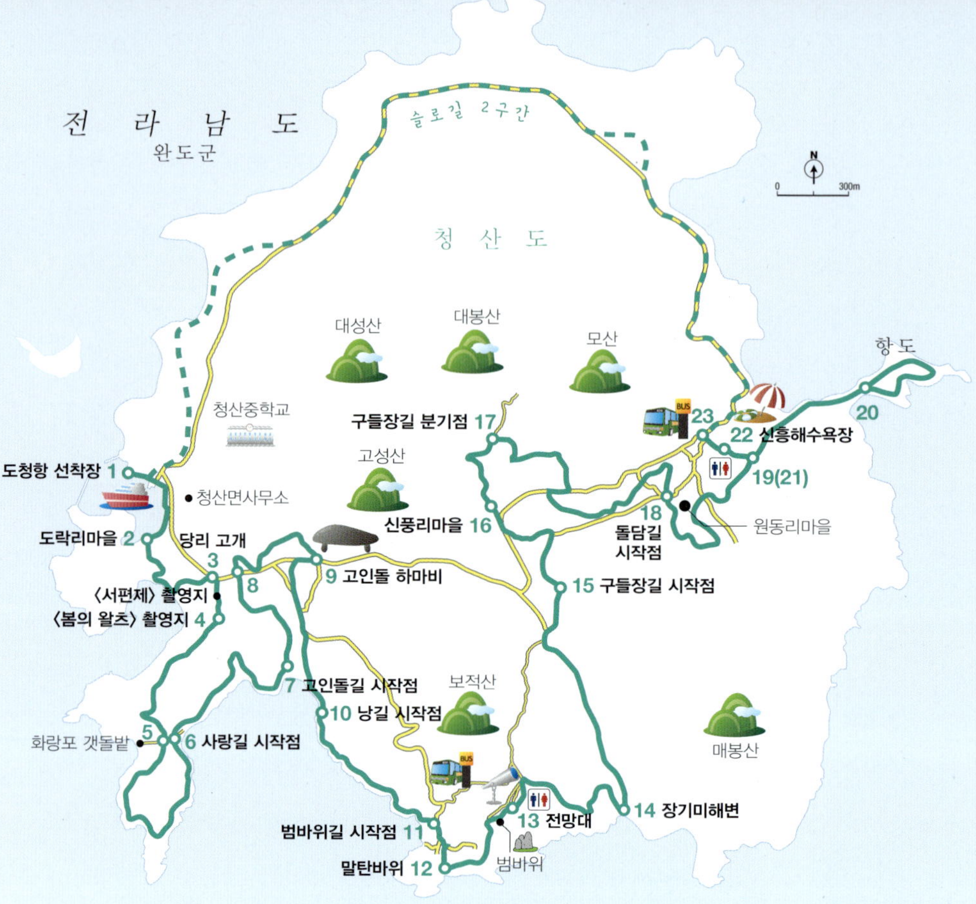

전 라 남 도
완도군
슬로길 2구간
청 산 도
0 300m
대성산
대봉산
모산
항 도
고성산
보적산
매봉산
청산중학교
청산면사무소
도청항 선착장 1
도락리마을 2
당리 고개
3
〈서편제〉 촬영지
〈봄의 왈츠〉 촬영지 4
8
9 고인돌 하마비
7 고인돌길 시작점
10 낭길 시작점
화랑포 갯돌밭 5
6 사랑길 시작점
범바위길 시작점 11
말탄바위 12
13 전망대
범바위
14 장기미해변
15 구들장길 시작점
신풍리마을 16
구들장길 분기점 17
18
돌담길
시작점
원동리마을
19(21)
20
22 신흥해수욕장
23
BUS

해발(m)
300
250
200
150
100
50
-0
-50
-100
범바위 전망대 13
당리 고개 3
초분 6
고인돌 · 하마비 9
구들장길 시작점 15
돌담길 18
항도 입구 20
신흥리 버스정류장 23
1 도청항
0.0 2.0 4.0 6.0 8.0 10.0 12.0 14.0 16.0 18.0 20.0 22.0 24.0 26.0 28.0 30.0 거리(km)

- **걷는거리:** 총 30.0㎞(단축 9.6㎞, 9~16구간)
- **걷는시간:** 10~12시간(단축 4시간)
- **출발점:** 전남 완도군 청산면 도청리 도청항
- **종착점:** 전남 완도군 청산면 도청리 신흥해수욕장(단축 신풍리 버스정류장)
- **난이도:** 조금 힘들어요

추천 테마	아이들과	연인끼리	여럿이	숲	들	계곡	강	바다	문화유적	봄	여름	가을	겨울
	★	★★	★★★	★★★	★★★	★		★★★	★★	★★★	★★	★★★	★★

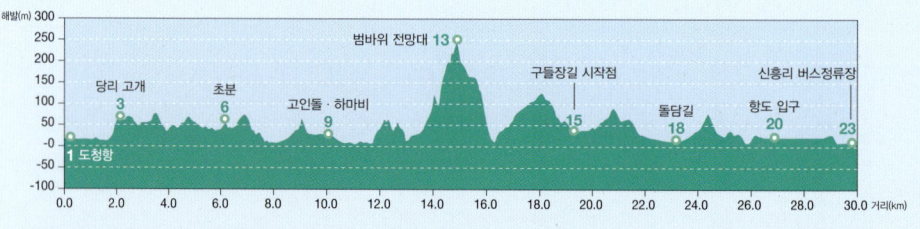

도락리마을을 지나 방풍림이 빼곡하게 자라 있는 해안길로 들어선다. 연두색과 하늘색이 뒤섞인 바다는 눈부신 햇빛을 받아 영롱하게 반짝거린다. 따뜻한 봄기운을 받으려는 듯 새파란 보리들이 까치발을 하고 몸을 흔든다.

하늘거리는 보리밭 사이를 거닐다 당리 고개[3]에 오르면 낯익은 풍경이 눈에 들어온다. 몇 채의 초가집으로 꾸며 놓은 〈서편제〉 촬영지다. 그 아래로 빨갛고 파란 지붕들이 오붓하게 머리를 맞대고 있다.

굵은 소나무숲을 뚫고 들어온 바닷바람이 얼굴을 사정없이 할퀴고 지나간다. 저절로 낮은 포복 자세가 되어 돌담에 바짝 붙어 걷는데, 정면으로 그림 같은 건물이 보인다. 화사한 유채꽃밭으로 둘러싸인 드라마 〈봄의 왈츠〉 촬영지[4]다. 가을이면 이 일대가 코스모스 꽃밭으로 변한다고 한다.

화랑포 갯돌밭으로 가는 길과 나뉘는 사거리 쉼터[5]에서 청산도의 남쪽 끄트머리에 위치한 새땅끝으로 향한다. 짙은 바다와 하얀 포말을 일으키는 해안 절벽이 아름답게 조망되는 길이다. 섬에 혹처럼 붙어 있는 새땅끝을 한 바퀴 돌고 나면 다시 사거리 쉼터에 닿게 된다.

사거리 쉼터는 사랑길 시작점[6]이다. 사랑길은 둘이 걸으면 즐거움도 배가 된다 하여 붙은 이름이다.

입구에는 이엉을 엮어서 덮어 둔 풀무덤이 있다. 초분이라 부르는 이 무덤은 서해와 남해의 섬에서 행해졌던 장례 풍습이다. 작은 움막 같은 곳에 관을 넣어 두었다가 몇 년 뒤에 뼈를 거두어 땅에 묻었다고 한다.

상주가 멀리 배를 타고 나갔을 때 집안의 어른이 죽으면 상주가 돌아와서 볼 수 있도록 초분을 만들었다. 또한 정월에는 땅을 건드리면 안 된다는 금기 때문에 초분을 쓰기

화랑포길에서 바라본 새땅끝(5~6지점).

청보리들이 쑥쑥 자라는 봄날 청산도(2~3지점).

도 했다. 지금도 초분 풍습이 간간이 행해지는데, 옛날과 달리 관을 그대로 땅에 묻는다.

초분을 지나면 고즈넉한 숲과 해안 절경을 품고 있는 오솔길이 펼쳐진다.

'사랑하는 이에게 소중한 추억을 전하세요. 편지는 1년 후에 배달됩니다.'

빨간색으로 칠해진 '느린우체통'이 눈에 띈다. 사랑하는 이에게 편지를 보내면 좋을 것 같다. 나는 내 자신에게 보냈다. 1년 후 내가 쓴 편지를 받았을 때의 기분은 어떨까.

범바위전망대에 놓여 있는 느린우체통. 편지나 엽서를 써서 넣으면 1년 뒤 배달해준다(13지점).

범바위길에서 만나는 절경 고인돌길~범바위길[7~15]

　고인돌길[7]로 들어서면 시원한 갈대밭이 펼쳐지고, 당리마을에 닿는다. 좁은 골목길을 지나 읍리마을[8]에 도착하자 고인돌과 하마비[9]가 보인다. 청산도에는 약 23기의 고인돌이 남아 있다. 하마비 앞을 지날 때는 지체 높은 사람도 말에서 내려서 걸어가야 했다. 돌에 새겨진 부처에 예를 표하기 위해서였다. 부처는 바람에 깎여 형태만 어렴풋하게 남아 있다.

　200년이 넘은 느티나무와 팽나무 그늘 아래서 잠시 쉬고 폭신한 흙길을 밟으며 낭길[10]로 향한다. 산비탈을 따라 이어진 숲길 너머로 눈높이를 맞춘 수평선이 끝을 알 수 없는 기다란 선을 그어 놓았다.

　깨끗한 민박집이 들어선 권덕리마을부터 범바위길이 시작된다[11]. 청산도에서 가장 아름다운 풍광을 지닌 코스다. 조금 가쁜 숨을 내뱉으며 말탄바위[12]에 오르면 정면으로 범바위가 시원하게 바라보인다. 주변으로 펼쳐진 망망대해와 해안 절벽의 절경에 가슴이 뻥 뚫리는 것 같다. 범바위 뒤로 우뚝 솟아 있는 전망대[13]에 오르면 아, 정말 멋진 풍경이 눈앞에 나타난다. 올망졸망 모여 있는 집들과 너른 들판, 점점이 흩어져 있는 무인도가 바다와 함께 한동안 눈을 뗄 수 없을 만큼 아름다운 경치를 이루었다.

　가파른 내리막길을 내려간다. 매봉산 가는 길과 나뉘는 주차장[14]을 지나 돌계단을 내려가면 맑은 물이 흐르는 계곡을 만난다. 오르내리느라 뜨거워진 발을 시원한 물에 담그자 피로가 싹 씻겨 나가는 것 같다. 계곡을 지나 바다와 만나는 지점에 닿으면 둥글둥글한 몽돌이 가득한 장기미해변[15]이다.

정다운 돌담길과 구들장논 구들장길~항도[16~23]

청산도는 제주도를 닮았다. 바람을 막는 돌담, 알록달록한 지붕들, 넝쿨이 휘감은 담장, 하늘색 바다, 그리고 길바닥에 그려진 파란색 이정표까지. 다른 것이 있다면 돌의 색깔이다. 청산도의 돌은 검은색이 아니라 희고 노랗다.

구불구불한 산길을 내려와 논길을 잠시 걸으면 구들장길이 시작되는 청계리 마을이다[16]. 청산도는 돌이 많아서 논농사를 지을 땅이 부족했다. 그래서 돌로 축대를 쌓은 다음 넓적한 돌을 깔아 흙을 덮어서 구들장논을 만들었다. 밥은 하늘이고, 쌀은 그렇게 소중한 것이었다.

도화지를 이리저리 오려놓은 것 같은 논길은 신풍리마을을 거쳐 원동리마을 까지 이어진다[17,18]. 원동리마을로 들어서면 원형이 잘 보존되어 있는 돌담길을 만난다. 마을을 샅샅이 둘러보라는 듯이 길은 골목을 돌고 돈다. 상서리마을과 동촌리마을도 아담한 돌담을 두른 채 나그네를 맞이한다.

원동리마을을 지나 해맞이 명소로 유명한 항도로 향한다. 삼거리[19]에서 들국화 심어 놓은 길을 따라가면 항도를 잇는 방파제를 만난다[20]. 방파제를 건너

항도를 한 바퀴 둘러본 후 다시 삼거리[21]로 돌아온다. 신흥해수욕장[22]까지 가면 30km에 이르는 슬로길 1구간이 끝난다.

"빵 빠~앙!"

신흥리 버스정류장[23]에 도착할 즈음 버스의 경적이 들려온다. 몸은 피곤하지만 눈이 행복했던 청산도 걷기여행의 끝에 행운 하나가 도착했다. 기분 좋은 마무리다.

Walking Tip

청산도 슬로길

2구간 11코스로 구성되어 있고, 코스마다 1~4개의 테마길이 있다. 거리는 마라톤 코스와 같은 42.195km로 모두 걸으려면 16시간 이상 걸린다. 1구간인 1~7코스만 해도 30km로, 하루에 걷는 것은 무리이므로 이틀 동안 천천히 걷도록 한다. 하루만 걷고 싶다면 경치가 아름답고 볼거리 많은 5코스까지가 적당하다. 슬로길을 일주하려면 1구간과 함께 2구간인 8~11코스까지 다 걸어야 하지만 2구간은 포장길이 많아 꽤 지루하다.

| 코스별 거리, 소요시간, 테마길 명칭 |

▶1코스(5.7km, 1시간 30분): 미항길~동구정길~서편제길~화랑포길 ▶2코스(2.1km, 1시간): 사랑길 ▶3코스(4.5km, 1시간 40분): 고인돌길 ▶4코스(1.8km, 40분): 낭길 ▶5코스(5.5km, 2시간 20분): 범바위길~용길 ▶6코스(5.1km, 1시간 30분): 구들장길~다랭이길 ▶7코스(6.2km, 2시간 30분): 돌담길~들국화길 ▶8코스(4.1km, 1시간 30분): 해맞이길 ▶9코스(3.2km, 1시간): 단풍길 ▶10코스(2.7km, 1시간): 노을길 ▶11코스(1.2km, 30분): 미로길

🍴 추천음식

부두식당 '성게비빔밥'

청산도의 특산물은 전복이다. 전복 요리를 이미 맛보았다면 청산도 앞바다에서 나는 다른 해산물을 맛보는 것이 좋겠다. 그중에 5~6월 가장 맛이 좋다는 성게는 맛도 영양도 뛰어난 음식. 가시를 벌려서 노란색 알을 꺼내 비빔밥이나 미역국에 넣어 먹으면 독특한 향과 맛을 느낄 수 있다.

위치: 전남 완도군 청산면 도청리 930-16 **전화:** (061)552-8547
영업시간: 09:00~20:00 **주차:** 가능
가격: 성게비빔밥 1만 원, 멍게비빔밥 1만 원, 전복죽 1만2천 원

🚗 교통편

》》 찾아가기

완도시외버스터미널에서 완도여객선터미널까지는 걸어서 10분 정도 걸린다. 완도↔청산도 운항시간은 수시로 바뀌기때문에 미리 확인해 둔다. 청산도 슬로길 1구간은 하루에 걷기 빠듯하다. 중간에 도청항으로 돌아갈 경우 버스나 택시를 이용한다.

완도여객선터미널→청산도: 3월 21일~9월 15일 – 08:00, 11:20, 14:30, 18:00 / 9월 16일~3월 20일 – 08:10, 11:20, 14:30, 17:20

청산버스 도청리→신풍리→상서리: 05:30~18:50(8회 운행)

승용차: 완도여객선터미널 주차장 이용. 주차료는 무료.

완도여객선터미널 (061)550-6000 / 도청항 (061)552-9388 / 청산버스 010-6428-9432 / 청산택시 (061)552-8519, 011-624-8747

》》 돌아오기

청산버스 상서리→신풍리→도청리: 05:50~19:10(8회 운행)

청산도→완도여객선터미널: 3월 21일~9월 15일 – 06:30, 09:50, 13:00, 16:20 / 9월 16일~3월 20일 – 06:50, 09:50, 13:00, 16:00

✏️ 알아두기

숙박: 도청항(1지점), 권덕리(11지점), 신흥리(22지점)
식당: 도청항(1지점)
매점: 도청항(1지점), 읍리(8~9지점)
식수: 도청항(1지점), 신흥해수욕장(22지점)
화장실: 도청항(1지점), 도락리해안(2지점), 범바위 주차장(13지점), 신흥해수욕장(22지점)
입장료: 없음
다도해해상국립공원 청산도분소: 전남 완도군 청산면 청산로 1619-7 / (061)553-4474 / dadohae.knps.or.kr

📷 들를 만한 곳

정도리 구계등

완도의 남쪽 끄트머리에 위치한 정도리 해변에는 조막만한 자갈과 수박만한 바위들이 한데 어우러진 구계등(명승 제3호)이 있다. 층층이 쌓여 있는 모습이 아홉 개의 계단이 놓인 듯하여 이름이 구계등이다. 해변 옆에는 산림욕을 즐길 수 있는 울창한 상록수림 산책로가 나 있다.

위치: 전남 완도군 완도읍 정도리 152 **입장료:** 없음 **주차:** 가능, 무료

장도 청해진유적지

완도의 동쪽 앞바다에는 둥글고 넓적한 섬이 덩그러니 놓여 있다. '해신' 장보고가 머물며 해상무역권을 장악했던 장도다. 예전에는 썰물 때만 건너 갈 수 있었지만 지금은 목교가 설치되어 언제든 갈 수 있다. 사적 제308호로 지정된 장도의 청해진유적지에서는 당시의 모습을 재현한 건물과 토성 등을 둘러볼 수 있다.

위치: 완도군 완도읍 장좌리 809　**입장료:** 없음　**주차:** 가능, 무료

완도 청해포구촬영장

TV 드라마 '해신'을 촬영할 때 지은 세트장으로, 이후 '대조영', '주몽', '추노', '거상 김만덕' 등 40여 편의 드라마를 이곳에서 촬영했다. 2만여 평의 터에 청해진 마을, 선착장, 저잣거리 등을 재현해 놓았으며 수석공원과 조각공원, 체험학습장 등 다양한 시설을 갖추었다.

위치: 완도군 완도읍 대신리 1089-1　**전화:** (061)555-4500　**홈페이지:** www.wandoro.co.kr
개장: 07:30~19:30(동절기 08:00~18:00)　**입장료:** 성인 5천 원, 청소년 3천 원, 어린이 2천 원
주차: 가능, 무료

완도수목원

1991년 개장한 난대수목원이다. 동백원, 식용식물원 등을 갖춘 전문수목원과 난대 활엽수를 모아둔 천연림 등 30개의 수목원으로 꾸며져 있다. 산책로와 산림욕장도 잘 갖추고 있어 가족 나들이에 알맞다.

위치: 완도군 군외면 대문리 산109-1　**전화:** (061)552-1544
개장: 09:00~18:00, 매월 첫째 주 월요일 휴관　**입장료:** 성인 2천 원, 청소년 1천500원, 어린이 1천 원
주차: 가능, 무료

완도타워

완도여객선터미널 맞은편 다도해일출공원 내에 있다. 특산품 전시장, 포토존, 영상시설 등이 있는 1층과 2층을 지나 전망층에 오르면 다도해의 아름다운 경관이 한눈에 들어온다. 밤에는 환상적인 레이저쇼도 펼쳐진다.

위치: 완도군 완도읍 군내리 205-2　**전화:** (061)550-6964　**개장:** 09:00~22:00(동절기 ~21:00)
입장료: 성인 2천 원, 청소년 1천500원, 어린이 1천 원　**주차:** 가능, 무료

1 청해포구촬영장　**2** 완도타워　**3** 청해진유적지　**4** 구계등　**5** 완도수목원

덕유산국립공원

구천동~백련사
백련사 길목에서
겨울을 배웅하였네

삼공탐방안내소에서 구천동계곡을 따라 백련사로 남하하는 덕유산국립공원 걷기코스는 포장이 잘 되어있고 가파른 곳이 많지 않아 누구나 부담 없이 걸을 수 있다. 탐방로 입구에서는 숲을 이룬 독일가문비나무가 반기고, 구천동계곡에는 맑고 깨끗한 냇물이 흐른다. 옛길을 복원한 자연관찰로는 놓치지 말아야 할 코스다.

백련사로 이어지는 탐방로 초입(2~3지점).

덕유산에는 우리나라에서 가장 넓은 독일가문비나무 군락지가 있다(3~4지점).

눈 내린 봄날의 숲 삼공탐방안내소~구름다리[1~8]

　덕유산 삼공탐방안내소[1] 근처 야영장에서 밤을 보내고 코스 답사에 나선다. 간밤에 내린 눈 때문에 세상이 온통 하얗다. 삼월 하순, 겨울의 한참 늦은 작별 인사가 당혹스러웠지만, 눈은 오전이 지나면서 따뜻한 봄 햇살에 빠르게 녹기 시작했다.

　시작점인 탐방안내소를 출발해 유원지 식당가와 자동차 출입을 막아놓은 야영장 갈림길[2]을 통과하자 비로소 탁 트인 길이 시작된다. 탐방안내소에서 청류동계곡을 끼고 백련사까지 이어진 포장길은 누구나 크게 힘들이지 않고 걸을 수 있어 걷기코스로 제격이다.

　탐방로 입구[3]로 들어서자 양쪽으로 늘어선 독일가문비나무가 바람에 눈을 털어내며 손님맞이 단장 중이다. 덕유산국립공원은 우리나라에서 가장 오래되고 규모가 큰 독일가문비나무 군락지로 이름나 있다. 유럽이 원산지인 독일가문비는 지난 1920년대 우리나라에 처음 들어왔다. 덕유산 자락에는 200여 그루가 울창한 숲을 이루고 있다.

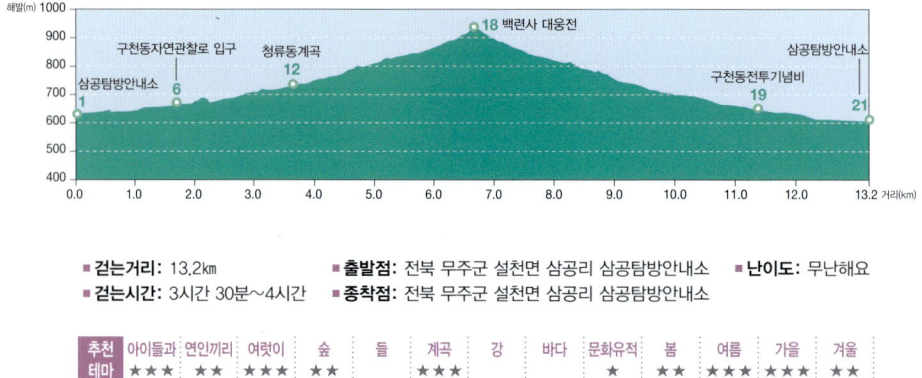

- 걷는거리: 13.2km
- 걷는시간: 3시간 30분~4시간
- 출발점: 전북 무주군 설천면 삼공리 삼공탐방안내소
- 종착점: 전북 무주군 설천면 삼공리 삼공탐방안내소
- 난이도: 무난해요

추천 테마	아이들과	연인끼리	여럿이	숲	들	계곡	강	바다	문화유적	봄	여름	가을	겨울
	★★★	★★	★★★	★★		★★★			★	★★	★★★	★★★	★★

10분쯤 걷자 계곡을 가로지르는 제1인월교[4]가 나타난다. 초라하고 낡은 콘크리트 다리는 계곡 안과 밖을 이어주는 중요한 관문이지만 별로 중요하지 않은 사물처럼, 수려한 풍경에 묻혀 생략되는 배경처럼 묵묵히 자리를 지키고 있다.

다리를 건너면 덕유산산악구조대 앞 갈림길[5]이다. 왼쪽은 넓은 기존 탐방로로 이어지고, 오른쪽 오르막길로 가면 구천동자연관찰로 입구[6]다. 넓은 포장로가 생기기 전 옛날부터 다니던 길을 복원해 놓은 것이라고 한다.

고민 없이 씩씩하게 자연관찰로로 들어선다. 10분쯤 걸어가면 넓은 탐방로와 다시 만나는데, 내려올 때는 포장로를 이용해도 되므로 프로스트의 시 '가지 않은 길'의 주인공처럼 아쉬워할 건 없다. 물론 포장로를 선호한다면 산악구조대 앞에서 그대로 직진하면 된다.

옛길은 중간에 만나는 흙계단[7]에서 왼쪽 내리막으로 내려가 계곡을 끼고 이어진다. 평소에는 고즈넉한 분위기를 즐기며 걷기 좋지만 곳곳에 녹다가 만 눈 때문에 질척거리고 미끄러워 철제 구름다리[8]를 지난 후 옛길이 아닌 기존 포장로로 돌아왔다. 이곳이 구천동 33경 가운데 하나인 인월담(16경) 앞이다.

자연관찰로는 포장로가 생기기 전 백련사와 구천동을 이어주던 옛길이다(6~7지점).

백련사 대웅전. 그리 넓지 않은 경내에서 가장 높은 곳에 위치해 있다(18지점).

대웅전 앞에서 바라 본 덕유산 줄기(17~18지점).

백련사에서 보는 덕유산 능선 사자담~삼공탐방안내소[9~21]

　불편한 진흙길을 벗어나니 이번에는 눈 쌓인 오르막이다. 포장로라 질퍽이지는 않지만 단단하게 다져진 오르막 눈길이 걸음걸이에 속도제한을 건다. 길 오른쪽 아래에는 걷다가 만 옛 탐방로가 구천동계곡을 거슬러가며 이어진다. 이곳에서 백련사까지 1시간 정도 걷다보면 사자가 목욕을 즐겼다는 사자담(17경)[9]과 선녀들이 놀았다는 비파담(19경)[10], 산신령 심부름을 가던 호랑이가 떨어졌다는 호탄암(23경) 등을 볼 수 있다. 모두 그럴듯한 이름들을 붙여놓았지만 대개는 길을 따라 휘어지며 흐르는 청류동계곡과 구천동계곡에 놓인 조그마한 장식품 같은 못과 바위들이다.

　비파담에서 100m쯤 올라가 신대교[11]를 건넌다. 청류동계곡[12]과 금포탄[13]을 지나 15분쯤 걷다보면 호탄암[14]과 안심대[15]가 나타난다. 안심대는 오래 전 포장로가 없던 시절, 구천동과 백련사를 왕래하던 사람들이 안심하고 건너던 여울목이자 쉼터였다고 한다. 다리 건너 안심대를 지나면 길 오른쪽으로 흐르던 계곡의 방향이 왼쪽으로 바뀐다. 이곳에서 백련사까지는 부지런히 걸으면 10분도 채 걸리지 않는다. 볕이 잘 들었는지 길 위의 눈은 다 녹았고 길 가 그늘진 곳에만 일부 남아있다.

　드디어 백련사 계단[16]. 한숨 돌리고 계단을 오른다. 해탈문[17]을 지나 매점 뒤편에 높다랗게 자리 잡은 건물이 해발 937m 북덕유산 자락에 자리한 대웅전[18]이다. 덕유산 품에 들어앉아 덕유산을 바라보니 앙상한 등뼈 같은 능선이 남동쪽으로 뻗어있다. 완연한 봄이 오면, 물기 차오른 가지마다 이파리 돋고 꽃망울 터지면, 저 능선에도 싱그러운 녹색의 살이 오르겠지. 봄 냄새 묻어나는 바람에 땀을 식힌 후 다시 삼공탐방안내소를 향해 계단을 내려간다[19~21].

이른 봄 겨울잠에서 깨어난 구천동계곡에 차고 맑은 물이 흐른다(4지점).

🍴 추천음식

진미회관 '황태해장국'

황태 하면 강원도 진부령이지만 덕유산 자락 진미회관의 황태해장국도 속 풀이에 그만이다. 뽀얗게 우러난 황태국 물에 밥 한 공기를 말아 큼직하게 썬 깍두기를 곁들여 보라. 어느 순간 흐르는 땀방울에 세상 근심도 사라진다.

위치: 전북 무주군 설천면 삼곡리 152-4
전화: (063)322-5880　**영업시간**: 07:00~23:00
주차: 가능
가격: 황태해장국 8천 원, 선지해장국 8천 원, 산채비빔밥 7천 원

🚗 교통편

》 찾아가기
무주공용터미널에서 구천동행 버스를 타고 삼공주차장에서 하차. 약 40분 소요
승용차: 삼공주차장 이용

》 돌아오기
〈찾아가기〉의 역순

✒ 알아두기

숙박: 삼공탐방안내소 주변, 덕유대야영장(캠핑) 등
식당: 삼공탐방안내소 주변
매점: 삼공탐방안내소 주변, 백련사 휴게소
식수: 백련사 휴게소
화장실: 삼공탐방안내소 주차장, 인월담 부근, 백련사 사찰 내
덕유산국립공원 삼공탐방안내소: 전북 무주군 설천면 삼공리 418-8 / (063)322-3473
덕유산국립공원: 전북 무주군 설천면 구천동1로 159 / (063)322-3174 / deogyu.knps.or.kr

⛺ 캠핑장

덕유대야영장

편의시설을 잘 갖춘 야영장으로 70동 크기의 오토캠핑장과 약 1천600동을 수용할 수 있는 일반 야영장으로 이뤄져 있다. 초입에 자리한 오토캠핑장은 추가요금 2천 원을 내면 전기를 쓸 수 있다. 일반 야영장은 계단식으로 조성되어 있으며 동절기에는 폐쇄한다.

위치: 전북 무주군 설천면 삼공리 411-8
전화: (063)322-3173
야영료: 오토캠핑장 1만4천 원, 일반 야영장 7천700원(주차료 포함)

1 덕유산자연휴양림 **2** 무주덕유산리조트 곤돌라

📷 들를 만한 곳

무주덕유산리조트 곤돌라

무주덕유산리조트에서 운영하는 곤돌라를 타면 덕유산 향적봉(1천614m)까지 쉽게 오를 수 있다. 리조트에서 설천봉(1천520m)까지 곤돌라로 이동한 후 설천봉에서 향적봉까지 완만한 능선을 따라 20분쯤 걸어가면 된다. 계절과 날씨에 따라 운행 여부 및 시간이 바뀌므로 사전에 관리소에 확인하는 게 좋다.

위치: 전북 무주군 설천면 심곡리 산 43-15 무주덕유산리조트 **전화**: (063)322-9000
홈페이지: www.mujuresort.com **개장**: 10:00~16:00 **요금**: 왕복기준 어른 1만2천 원, 어린이 9천 원
주차: 가능, 무료

덕유산자연휴양림

70년 수령의 독일가문비나무가 울창하게 자라고 있는 덕유산자연휴양림은 숲속의 집과 수련장, 야영장, 산책로, 등산로, 탐방로, 어린이놀이터 등의 편의시설을 갖추고 있다. 휴양림 주변을 따라 넓은 산책로가 나 있어 산림욕을 즐기기 좋다.

위치: 전북 무주군 무풍면 삼거리 산 1 **전화**: (063)322-1097 **홈페이지**: www.huyang.go.kr
개장: 연중무휴 **입장료**: 어른 1천 원, 청소년 600원, 어린이 300원 **주차**: 가능, 3천 원

덕유산국립공원 주요 등산로

삼공탐방안내소~백련사~향적봉~동엽령~삿갓재~영각공원지킴터 코스

덕유산을 북에서 남으로 종주하는 길이다. 삼공탐방안내소에서 출발해 백련사를 지나 향적봉에 오른 후 동엽령과 무룡산, 삿갓재를 넘어가는 약 27km 코스로 14시간 이상 소요된다. 이 중 향적봉까지만 오르는 8.5km 구간은 등산객이 가장 많이 찾는 인기 코스다.

거리(편도): 26.9km 소요시간: 14시간

안성탐방안내소~칠연폭포삼거리~동엽령 코스

안성탐방안내소를 들머리로 삼아 출발한 후 칠연폭포 삼거리를 거쳐 향적봉과 덕유 제2 고봉인 무룡산을 잇는 동엽령까지 오르는 코스다. 덕유산 서쪽 계곡에 위치한 칠연폭포 주변의 시원한 경관이 일품이다.

거리(편도): 4.5km 소요시간: 2시간

변산반도국립공원

내변산~내소사
재백이고개 넘어 그곳에 가면

내변산탐방안내소에서 내소사로 이어지는 길은 변산반도국립공원의 명물 중 하나로 꼽힌다. 고개를 넘어가는 산길과 아늑한 숲길, 시원한 전나무길이 바통터치 하듯 이어지는 코스는 힘들다가도 위로를 얻고 지치다가도 새 힘이 솟는 마법 같은 길이다. 그 길의 끝에 아담하고 소박한 내소사가 수줍은 미소로 마중한다.

이른 봄소식을 전하듯 내소사 경내에 피어난 산수유꽃(15지점).

산을 오르고 고개를 넘으며 일상과 일상을 이어가던 옛 사람들의 삶. 그 고달픈 생활의 과정이 이제는 '걷기여행'으로도 불리는 시대가 되었다. 내변산탐방안내소[1] 앞에서 직소폭포와 재백이고개를 지나 내소사로 향하는, 중계리와 석포리를 잇던 굽이굽이 고갯길이 수백 년 만에 '자연탐방로'로 이름표를 바꿔 달게 된 것도 이 시대가 선택한 '변화'의 한 단면이다.

삭막한 겨울 풍경이 고스란히 남아있던 4월 초순, 금방이라도 빗방울이 떨어질 것 같은 날씨. 안내소를 지나 쇄석 깔린 탐방로를 걷기 시작한다. 국립공원 중 변산반도는 서해바다를 끼고 이어지는 해안절경과 바다 끝을 붉게 물들이는 낙조가 유명하지만 이곳 내변산 기슭에 자리 잡은 직소폭포와 내소사는 아는 사람들 사이에서 변산반도의 진짜 명소로 꼽힌다.

실상사를 지나 재백이고개로
내변산탐방안내소~직소폭포 전망대[1-7]

7~8분쯤 걸어가니 실상사로 이어지는 삼거리[2]가 나온다. 삼거리 오른편 뒤쪽에 멀찌감치 서있는 한옥 한 채가 실상사[3]다. 변산의 4대 사찰 중 하나로 신라시대인 689년 창건되었으나 한국전쟁 때 소실되었다. 지금의 실상사는 후에 복원한 것으로 전설적인 대목장 고택영 선생(1914-2004)의 유작으로도 유명하다.

실상사 앞 진입로[4]로 나와 다시 직소폭포로 이어진 오른편 본래의 탐방로로 접어든다. 두어 개의 다리를 건너며 10분 정도 가다보면 공터를 지나 이어지는 애매한 갈림길[5]이 나타나는데, 안내판 왼쪽 길로 진입한 뒤 곧이어 만나는 삼거리[6]에서 구름다리가 보이는 방향으로 좌회전한다. 다리를 건너 산길을 따라 조금만 가면 넓은 호수다.

바람…이라기보다는 공기의 불규칙한 떨림이 호수 표면에 기하학적인 문양을 새겨 넣는다. 짙은 녹색 물빛은 수심을 가늠하기 어려운 표정이지만 여름철에는 서늘한 기운이 감돌아 제법 땀을 식히기 좋을 듯하다.

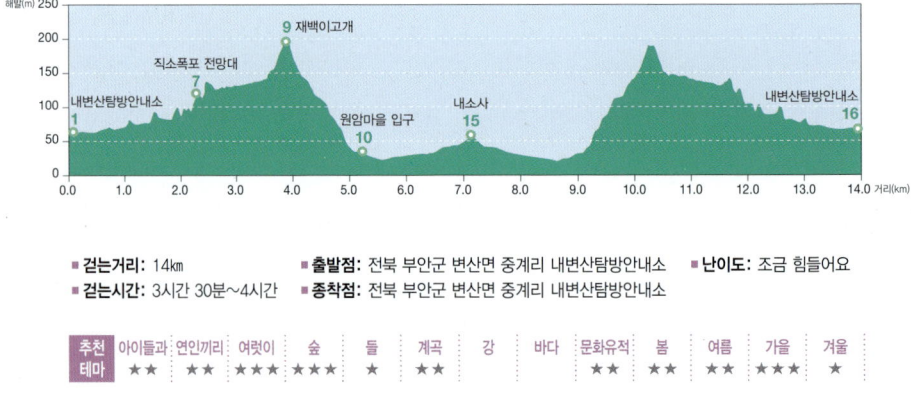

- 걷는거리: 14km
- 걷는시간: 3시간 30분~4시간
- 출발점: 전북 부안군 변산면 중계리 내변산탐방안내소
- 종착점: 전북 부안군 변산면 중계리 내변산탐방안내소
- 난이도: 조금 힘들어요

추천 테마	아이들과	연인끼리	여럿이	숲	들	계곡	강	바다	문화유적	봄	여름	가을	겨울
	★★	★★	★★★	★★★	★	★★			★★	★★	★★	★★★	★

호수를 반시계 방향으로 돌아 그대로 오르막을 지나면 직소폭포를 한눈에 감상할 수 있는 전망대[7]가 나온다. 호쾌하게 쏟아지는 물줄기를 기대했건만 강수량이 적은 4월이라 그런지 가느다란 물줄기로 구색만 갖췄다. 직소폭포는 폭우가 내린 다음날이나 장마철이 아니면 좀체 힘찬 물줄기를 보여 주지 않는다.

전망대에서 오른쪽 오솔길로 접어들면 가파른 벽면을 타고 가는 비좁은 오르막길이 나타난다. 구간을 통틀어 가장 어려운 코스다. 하지만 옛사람들에게는 그저 담담한 일상의 한 부분이었을 거라 생각하니 두 사람이 비껴가기에도 힘든 그 길이 거짓말처럼 평온하게 느껴진다. 전망대에서 15~20분쯤 걸으면 어느새 개울을 낀 아늑한 숲길이다. 개울을 건넌 후 다시 암반 위로 나있는 애매한 모양새의 갈림길[8]과 조우한다. 이곳에서 나무뿌리가 드러나 있는 12시 방향의 오솔길로 접어들면 2분 거리에 재백이고개[9]가 있다.

산정호수는 여름철 시원한 길벗이 되어 줄 듯하다(6~7지점).

내소사로 길게 이어진 울창한 전나무 길(14~15지점).

내소사 대웅보전. 멋지게 휘어진 노송이 장식하듯 그 앞을 지키고 있다(15지점).

내소사의 소박한 아름다움 재백이고개~내소사[9~15]

재백이고개에서 오르막인 왼쪽 길을 선택하면 관음봉삼거리를 거쳐 내소사로 이어지는 등산로이고, 그대로 직진해 내리막으로 가면 원암마을을 지나 내소사로 들어가는 완만한 코스다. 원암마을 쪽으로 방향을 잡는다. 관음봉 코스보다 거리는 멀지만 심리적으로나 육체적으로나 여러모로 편한 길이다.

15분 정도 돌길을 따라 내려가면 산길이 끝나고 원암마을[10]에 닿는다. '내소사 1.7km' 안내판을 따라 마을을 관통하는 포장길로 걸어간다. 그 어떤 걷기여행도 마찬가지지만 마을이나 아파트 단지 등의 주거지를 지날 때는 현지 주민들에게 불편을 주지 않도록 항상 주의해야 한다. 여행자에게는 그저 잠깐 스치는 풍경의 일부지만, 현지인들에게는 그곳이 바로 일상의 터전이기 때문이다.

조심스레 마을을 가로질러 중간에 만나는 삼거리[11]에서 그대로 직진, 얼마 후 나타나는 아스팔트도로[12]에서 좌회전하면 10분 거리에 내소사탐방안내소[13]가 나온다. 안내소를 통과해 다리를 건너면 유원지 식당가가 길 양쪽으로 이어진다. 100m쯤 식당가를 지나면 내소사 매표소[14]이고 이 너머가 바로 '내소사' 하면 떠오르는 전나무 길이다. 수령이 100년을 넘는다는 전나무들이 도열한 길을 감탄사를 연발하며 8분 정도 지나니 드디어 내소사 입구[15]다. 사찰 주변에는 초파일을 앞두고 연등 다는 작업이 한창이다.

내소사는 규모가 그리 크지는 않지만 주변 풍광과 잘 어우러진 아름다운 사찰이다. 특히 대웅보전 등 몇몇 건물은 화려한 단청을 입지 않고 원목재질을 그대로 드러내 중후하면서도 자연스러운 인상을 준다. 대웅보전 앞 낮은 마당에는 빨간 열매가 달리는 산수유나무에 노란 꽃이 봄을 재촉하듯 피어있다. 소박하면서도 단아한 내소사 정취에 취해 경내를 한참 거닐다 출발점인 내변산탐방안내소[16]를 향해 다시 재백이고개를 넘어간다.

🍴 추천음식

별장횟집 '낙지볶음'

질퍽한 갯벌 덕분인지 서해 낙지는 부드러우면서도 쫄깃하다. 여기에 고추장과 다진 마늘, 파 등 갖은 채소로 맛을 낸 별장횟집만의 특제 양념을 버무려 함께 볶으면 기가 막힌 낙지볶음이 된다. 매콤하고 달콤한 맛에 특유의 씹는 맛이 어우러져 하루의 피로가 싹 달아난다.

위치: 전북 부안군 변산면 운산리 441-12   **전화:** (063)581-1600
영업시간: 08:00~22:30   **주차:** 가능   **가격:** 낙지볶음 3만 원, 백합죽 1만 원, 꽃게탕(중) 4만 원

🚗 교통편

》》 찾아가기
부안시외버스터미널에서 700번, 701번 버스를 타고 변산반도국립공원 정류장에 하차. 약 1시간 10분 소요 / **승용차:** 내변산탐방안내소 주차장 이용. 무료

》》 돌아오기
〈찾아가기〉의 역순

✏️ 알아두기

숙박: 내소사탐방안내소 주변, 석포야영장(캠핑) 등
식당: 내변산탐방안내소 주변, 내소사탐방안내소 주변
매점: 내변산탐방안내소 주변, 내소사탐방안내소 주변
식수: 내소사 내   **화장실:** 내변산탐방안내소 주변, 내소사탐방안내소 주변, 내소사 내
부안군청 문화관광과: 전북 부안군 부안읍 당산로 91 / (063)580-4434 / www.buan.go.kr
변산반도국립공원사무소: 부안군 변산면 대항리 415-24 / (063)582-7808 / byeonsan.knps.or.kr

📷 들를 만한 곳

봉래구곡

내소사를 품에 안은 능가산 자락을 따라 흐르는 계곡. 신선대 신선샘에서 시작해 직소폭포를 지나 해창으로 이어지는 2km 길이의 계곡으로 제1곡인 대소와 제2곡인 직소폭포, 3곡과 4곡인 분옥담과 선녀탕 등 모두 9개의 명승지가 있다.

위치: 전북 부안군 변산면 중계리 일대
전화: 부안군청 문화관광과 (063)580-4434
홈페이지: byeonsan.knps.or.kr
주차: 내변산탐방안내소 주차장 이용, 주차료는 무료

낙조대

동해에 일출의 장관을 볼 수 있는 낙산이 있다면, 서해에는 일몰의 아름다움을 감상할 수 있는 낙조대가 있다. 낙조대는 월명암 뒤편 산봉우리 샛길로 20분 거리에 큰 바위가 솟은 능선지대를 가리킨다. 해질녘 석양뿐 아니라 변산의 경치도 한눈에 조망할 수 있다.

위치: 전북 부안군 변산면 운산리 일대
전화: 부안군청 문화관광과 (063)580-4434
주차: 남여치 매표소 주차장 이용, 주차료는 무료

변산반도국립공원

변산 마실길 1~2구간
바다가 내어 준 모랫길을 걷는 재미

변산 마실길은 썰물 때 드러나는 바닷길과 갯벌, 기암괴석으로 장식된 해안 바위지대 등 서해의 정취를 만끽할 수 있어 찾는 이들의 발길이 끊이지 않는다. 물때를 잘 맞추면 끝이 없을 것 같은 바닷길을 걸어볼 수 있다. 변산해수욕장의 아름다운 모래해변과 고사포해수욕장의 신비로운 솔숲에서는 자꾸 발걸음이 느려진다.

썰물 때는 뭍으로 바뀌는 해안길을 따라 걸을 수 있다(1~2지점).

이정표 앞에서는 물때를 감안해 방향을 잡아야 위험을 피할 수 있다(1지점).

물때 따라 바뀌는 길 새만금전시관~송포[1~13]

부안군이 변산반도를 따라 조성한 마실길은 총 길이 66km로, 노을길과 체험길, 문화재길, 자연생태길 등 4개 구간 8개 코스로 이뤄져 있다. 2009년 10월 노을길 1구간을 시작으로 2011년 4월 전구간이 완전 개통되었다. 특히 썰물 때 드러나는 바닷길과 서해의 상징인 갯벌, 기암괴석으로 장식된 해안 바위지대 등 다양한 서해의 정취를 만끽할 수 있어 인기를 끌고 있다. 그 중 새만금전시관에서 시작해 변산해수욕장을 지나 송포마을과 고사포해수욕장, 성천마을에 이르는 노을길 1-2코스를 걸었다.

한창 공사 중인 새만금전시관[1]을 등지고 길을 나서려는데 방향표지가 두 개다. 왼쪽은 해안 둔덕을 따라 난 평범한 오솔길이고 오른쪽은 썰물 때 드러나는 젖은 모랫길. 썰물 때만 걸을 수 있다니 당연히 바다 쪽으로 방향을 잡는다.

푸석거리는 모래땅을 지나자 물의 경계에 가까워진다. 단단한 모래바닥이라 발은 빠지지 않는다. 한걸음 내딛을 때마다 젖은 바닥이 짠물을 감질나게 뱉어낸다. 유리벽을 오르는 달팽이처럼 등 뒤로 기다란 이동의 흔적이 이어진다.

신비로운 바닷길에 취해 늑장걸음을 하다 보니 어느새 모랫길이 바닷물에

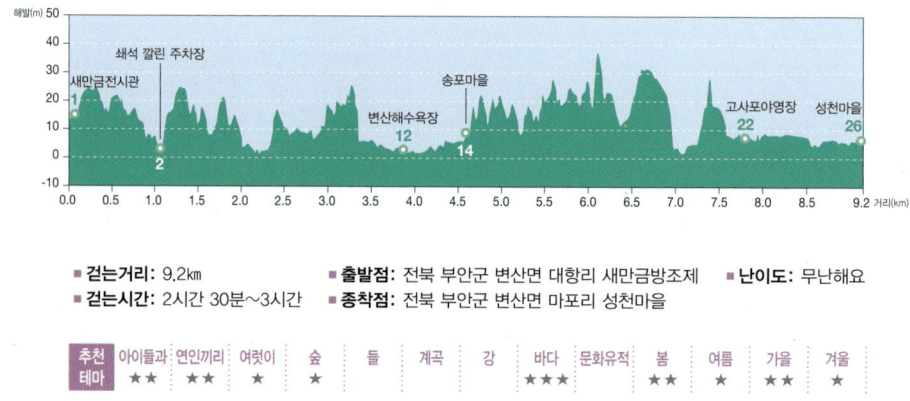

- 걷는거리: 9.2km
- 걷는시간: 2시간 30분~3시간
- 출발점: 전북 부안군 변산면 대항리 새만금방조제
- 종착점: 전북 부안군 변산면 마포리 성천마을
- 난이도: 무난해요

추천 테마	아이들과	연인끼리	여럿이	숲	들	계곡	강	바다	문화유적	봄	여름	가을	겨울
	★★	★★	★	★				★★★	★★	★	★★	★

잠기고 있다. 이미 밀물이 시작된 것. 오솔길로 합류하려면 200m쯤 더 가야했고 출발점으로 돌아가기에는 너무 많이 왔다. 도중에 뭍으로 오르는 마땅한 통로도 없어 자칫 기다란 발자국과 함께 수장(?)될 위기. 두려움이 엄습하자 생존의 의지가 발동한다. 길도 없는 검은 암벽을 기어올라 상륙을 저지하는 철조망까지 통과하며 가까스로 오솔길로 합류한다. 이 같은 위험천만한 실수를 하지 않으려면 미리 물때를 확인해 안전하게 걸을 수 있는 시간을 확보해 두도록 하자.

오솔길로 들어서면 해안이 내려다보이는 나지막한 오르막과 내리막이 이어진다. 새싹 돋기 전 겨울의 끝자락에 걸린 3월 하순의 풍경은 아직 삭막하다. 쇄석 깔린 주차장[2]을 오른쪽으로 돌아 나와 합구마을을 지나다보면 다시 좌우 갈림길[3]이다. 왼쪽은 언제든 걸을 수 있는 구간이고, 오른쪽은 썰물 때만 드러나는 바닷길. 갈림길은 100m쯤 지나 다시 만나며 작은 삼거리[4]를 이루는데 바닷길로 왔다면 오른쪽으로, 오솔길에서는 왼쪽으로 가야한다. 이후 2~3분쯤 걷다 국도[5]에서 도로 오른편으로 계속 내려가 작은 공터에서 오른쪽 길[6]로 들어가면 된다.

바위가 내려다보이는 해안길을 지나 백제성 모텔 앞 해변을 따라 10분 정도 걸은 후 왼편 채소밭 입구[7]로 들어선다. 사거리[8]를 지나 해양연구원[9] 앞 도로에서 우회전해 해변을 지나 오솔길로 접어든다. 도중에 나오는 갈림길[10]에서 왼쪽으로 빠지면 3분 거리에 국도 옆 팔각정[11]이 자리 잡고 있다.

팔각정 뒤편 계단[12]으로 내려간다. 눈앞에 바다를 마주한 채 남서쪽으로 길게 드러누운 모래밭이 나타나는데 바로 변산해수욕장이다. 해수욕장의 끝 송포마을 횟집골목 삼거리[13]에서 우회전해 부두 따라 200m 정도 직진하면 노을길 1코스가 끝나고 2코스가 시작됨을 알리는 안내판[14]이 서있다. 완전한 썰물 때는 1코스 시작지점부터 이곳까지 바닷길로만 걸을 수도 있다.

운치있는 고사포 솔숲 사망마을~성천[14~26]

2코스의 시작은 안내판 오른쪽 스텐리스 난간이 설치된 오르막길로 가면된다. 사망(土望)마을을 왼쪽에 끼고 철책길을 따라 걷는다. 철책너머로 보이는 바다풍경이 어쩐지 스산하다. 10분 거리에 있는 나무계단을 오르니 갈림길[15]이다. 무덤 쪽으로 나있는 왼쪽 오르막이 아닌 오른쪽 내리막으로 방향을 잡고, 이곳을 지나 2분쯤 더 직진한 후 바닷가로 이어지는 나무계단[16]에서 좌회전한다.

7-8분 정도 걸어가면 다시 갈림길[17]이 나타나는데, 백합조개 양식장 표지가 서있는 오른쪽 내리막을 피해 왼쪽 오르막길로 바닷가를 따라 진행하면 된다. 솔숲 우거진 오솔길에는 지난 가을 떨어진 마른 솔잎이 푹신하게 깔려있어 운치 있지만, 바다 전경을 가로막으며 이어지는 오른편 철책은 걷는 내내 거슬린다.

해안 오솔길을 따라 5분을 더 걸어가니 내리막 갈림길[18]이 발길을 가로막는다. 원래 안내표지가 가리키는 바닷가 방향은 공사로 막혀있어 임시로 왼편 국도변으로 코스를 우회시켜 놓았다. 국도 아래로 난 굴다리 앞 삼거리[19]에서 오른편 오르막으로, 100m 뒤에 만나는 삼거리[20]에서도 다시 우회전한다. 건물부지를 반시계방향으로 우회한 후 4분 정도 걸어가 오른편에 바다로 이어진 하얀 시멘트 포장길[21]로 진입하면 아담한 모래해변이다.

200m쯤 해변을 따라가 오른쪽 나무데크길[22]을 지나고, 해안 오솔길을 넘어가면 솔숲으로 이름난 고사포해수욕장이 근사한 자태를 드러낸다. 수십 년 전 해안가 주민들이 거센 바다바람을 막기 위해 심어놓은 소나무들이 지금은 큰 숲을 이루어 지역 명소가 되었다.

모래해변으로 걸어가도 되지만 코스를 쉽게 찾으려면 해변 왼쪽 뒤에 길게 펼쳐져있는 소나무 숲길[23]이 좋다. 솔숲으로 진입해 보도블록 깔린 길을 따라 걷다, 오른쪽 군부대 건물 지나 만나는 Y자 삼거리에서 우측으로 접어들면 비포장 길이 시작된다. 그대로 직진해 3-4분 후 솔숲이 끝나는 부근에서 왼쪽 내리막으로 빠져나와 T자 삼거리[24]에서 성천항 방향으로 우회전한다. 2분 거리

안전을 기원하는 부적처럼 걸려있는 걷기 동호회와 산악회의 리본들(14~15지점).

파란 바다를 끼고 걷다보면 가슴까지 시원해지는 기분이다(6~7지점).

에 위치한 군부대 훈련장 앞[25]에서 좌회전 후 쇄석 깔린 길을 따라 7분쯤 걸어가면 노을길 2코스의 종점인 성천마을[26]이다.

수십 년 된 해송이 운치 있게 자리 잡은 고사포야영장(23지점).

🍴 추천음식

원조 바지락죽 식당 '바지락죽'

원조 바지락죽 식당의 바지락죽은 자연산 바지락을 넣고 푹 끓여낸 육수로 죽을 쑤어 시원하고 담백한 맛을 낸다. 여기에 뽕잎을 추가한 바지락뽕죽은 특히 여성들에게 인기가 좋다.

위치: 전북 부안군 변산면 대항리 90-12
전화: (063)583-9763 **영업시간**: 08:00~20:00
주차: 가능 **가격**: 바지락죽 6천 원, 바지락뽕죽 7천 원, 바지락뽕회무침(중) 2만5천 원

🚗 교통편

》 찾아가기
부안시외버스터미널에서 100번, 200번, 213번 버스를 타고 새만금전시관 정류장에 하차. 약 45분 소요
승용차: 새만금전시관 주차장 혹은 격포해수욕장 주차장 이용

》 돌아오기
〈찾아가기〉의 역순

✏️ 알아두기

숙박: 합구마을 주변, 변산 및 고사포해수욕장 주변, 고사포야영장(캠핑) 등
식당: 합구마을 주변, 변산 및 고사포해수욕장 주변 등
매점: 합구마을 주변, 변산 및 고사포해수욕장 주변
식수: 미리 준비
화장실: 변산해수욕장 내, 고사포해수욕장 내
부안군청 문화관광과: 전북 부안군 부안읍 당산로 91 / (063)580-4434 / www.buan.go.kr
변산반도국립공원사무소: 전북 부안군 변산면 대항리 415-24 / (063)582-7808 / byeonsan.knps.or.kr

⛺ 캠핑장

고사포야영장

고사포해수욕장 뒤편 아늑한 소나무 숲에 자리하고 있다. 화장실과 샤워장, 개수대가 잘 갖춰져 있다. 솔잎 깔린 모래바닥은 배수성이 좋고 펙도 잘 박힌다. 초입의 오토캠핑장은 편의시설이 가깝지만 한적한 분위기를 즐기고 싶다면 안쪽의 일반 야영장을 추천한다.

위치: 전북 부안군 변산면 운산리 441-11
전화: (063)583-2054 **야영료**: 오토캠핑장 1만1천 원, 일반 야영장 2천 원(비수기엔 무료)

📷 들를 만한 곳

부안영상테마파크

약 9만㎡ 부지에 드라마와 영화 촬영용 세트를 한 곳에 모아놓은 종합영상단지로 옛 성곽과 가옥, 왕궁 등을 볼 수 있다. 드라마 〈불멸의 이순신〉과 영화 〈왕의 남자〉 등의 촬영지로도 유명하다. 닥종이박물관과 부채박물관, 공예명품관도 들러볼 만하다.

위치: 전북 부안군 변산면 격포리 375 **전화**: (063)583-0975 **홈페이지**: www.buanpark.com
개장: 09:00~18:30 **입장료**: 성인 4천 원, 경로·청소년 3천500원, 어린이 3천 원 **주차**: 가능

하섬

울창한 숲으로 덮인 하섬은 고사포해수욕장에서 약 1.6km 떨어져 있으며 현재 원불교 해상수련원이 자리 잡고 있다. 음력 1일과 15일 간조 때가 되면 육지와 섬을 잇는 바닷길이 열려 걸어서 들어갈 수 있다.

위치: 전북 부안군 변산면 운산리 **전화**: 원불교수련원(063)582-8932

1 부안영상테마파크 2 하섬

월출산국립공원

도갑사~미왕재
미왕재, 천만 개의 타악기 소리

도갑사를 지나 계곡길을 따라 들어가면 나타나는 험상궂은 돌길. 그 가파른 길을 묵묵히 견디며 오르면 길 끝에 시원하게 펼쳐진 억새밭이 있다. 억새도 져버린 이른 봄, 월출산 고갯마루에서는 바람이 연주하는 천만 개의 타악기 소리가 들린다. 잘 모르는 사람으로부터 뜻밖의 선물을 받는 기분이 이럴까.

도갑사는 아담한 규모지만 구석구석 국보급 문화재를 보유하고 있다(4지점).

우리 국토 서남단에 자리한 월출산은 국립공원이지만 지리산이나 설악산, 북한산 같은 명성은 못 얻었다. 규모도 전국 스무 개 국립공원 중 뒤에서 셋째다. 국립공원 지정 순서로 보면 2010년 말 전남 고흥의 팔영산이 다도해해상국립공원에 편입되기 전까지는 가장 막내였다.

하지만 기백 좋은 태백산도, 계곡 깊은 가리왕산도 얻지 못한 국립공원 타이틀을 당당히 거머쥔 데에는 그만한 이유가 있다. 전남 영암의 너른 평야 사이에 도드라지게 솟은 단단한 바위산의 존재감은 웬만한 산들과는 견주기가 어렵다. 특히 난대림과 온대림이 공존하고 물이 부족한 독특한 생태환경 속에 1천500여 종의 동식물이 오랜 세월 적응하며 살고 있다는 점 등은 국립공원 목록에 기어이 월출산의 이름을 올리게 했다. 국립공원으로서 보존해야 할 가치가 충분했던 것이다.

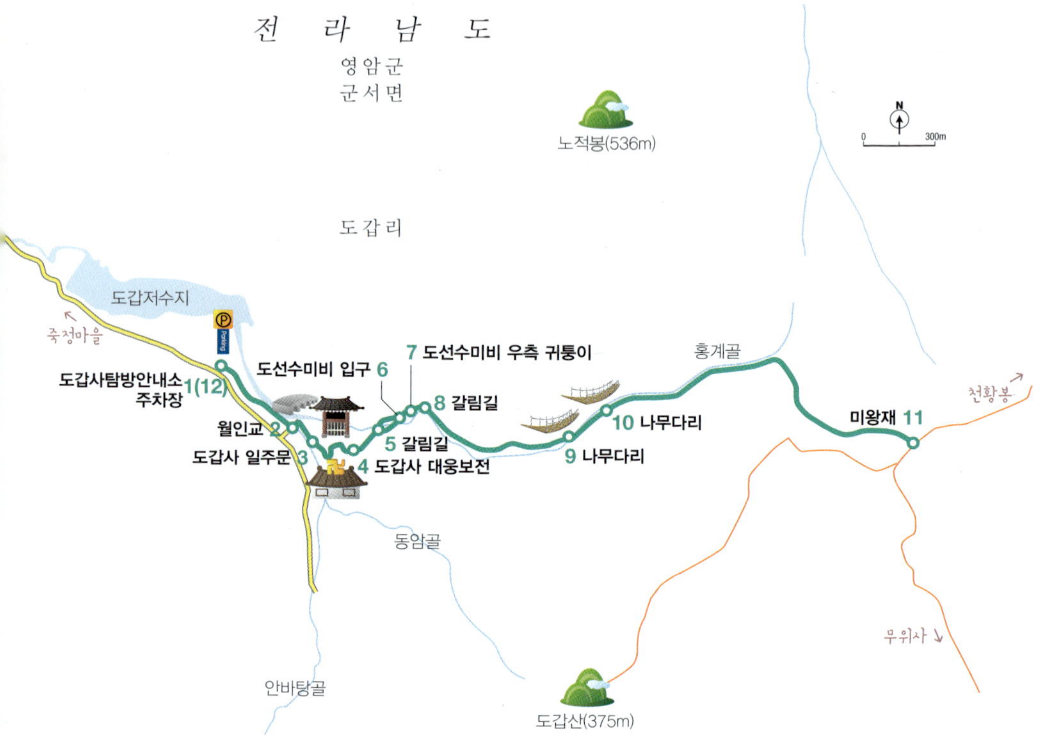

전 라 남 도
영암군
군서면
노적봉(536m)
N
0
300m
도갑리
도갑저수지
죽정마을
Parking
7 도선수미비 우측 귀퉁이
홍계골
도선수미비 입구 6
도갑사탐방안내소 1(12)
주차장
8 갈림길
천황봉
월인교 2
10 나무다리
미왕재 11
5 갈림길
도갑사 일주문 3
9 나무다리
4 도갑사 대웅보전
동암골
무위사
안바탕골
도갑산(375m)

해발(m) 600
500
400
300
200
100
0
11 미왕재
도갑사 대웅보전
도갑사
탐방안내소 주차장
도선수미비
1
4
6~7
도갑사탐방안내소 주차장
12
0.0
0.5
1.0
1.5
2.0
2.5
3.0
3.5
4.0
4.5
5.0
5.5
6.0
6.5
6.9 거리(km

- **걷는거리:** 6.9㎞
- **걷는시간:** 2시간 30분~3시간
- **출발점:** 전남 영암군 군서면 도갑리 도갑사탐방안내소
- **종착점:** 전남 영암군 군서면 도갑리 도갑사탐방안내소
- **난이도:** 조금 힘들어요

추천 테마	아이들과	연인끼리	여럿이	숲	들	계곡	강	바다	문화유적	봄	여름	가을	겨울
	★	★★	★★	★★		★			★★	★★	★★	★★★	★

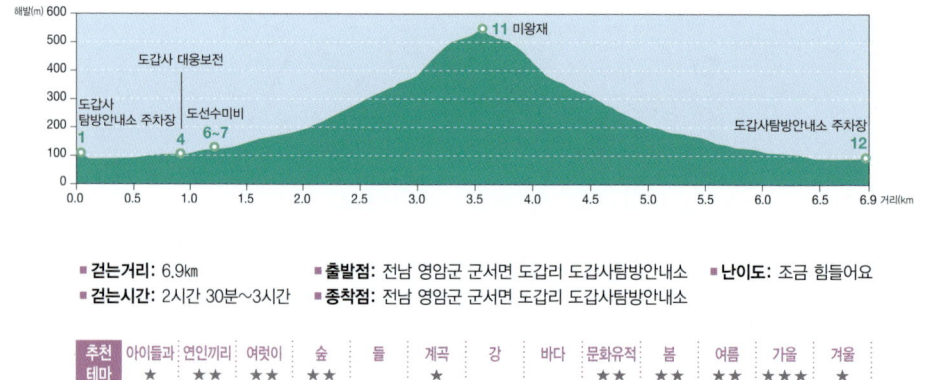

짙은 숲 그늘 속으로 도갑사탐방안내소~도선수미비각[1-6]

가파른 바위산이라는 특징 때문에 걷기코스로 삼을 만한 등산로가 눈에 띄지 않지만 그 중 그나마 부담이 적은 구간이 바로 도갑사에서 계곡을 따라 미왕재로 오르는 왕복 6km짜리 코스다. 평지에서 6km는 여유 있게 걸어도 한 시간 반이면 충분하지만 도갑사-미왕재 왕복코스는 중간에 자리 잡은 800m 정도의 가파른 돌길이 시간과 체력을 꽤나 잡아먹는 탓에 서너 시간 정도 여유를 두고 출발해야 한다.

미왕재로 오르는 첫 시작은 도갑사탐방안내소 주차장[1]이다. 안내소 지나 주차장 입구 오른편에 대형 안내판이 서 있다. 안내판 왼쪽 목재 계단으로 진입하면 탐방로로 들어서게 된다. 왼편에 도갑 저수지로 흘러가는 개천을 끼고 개나리 길을 따라 걸어간다. 4~5분쯤 걷다 왼편 월인교[2]를 건너 우회전하면 도갑사 일주문[3]이 나오고 일주문을 지나면 매표소다.

매표소를 지나자 주변 개천길을 따라 벚꽃이 눈부시게 피어있다. 얼마 전까지만 해도 삭막한 겨울풍경에 더디 오는 봄이 원망스럽기까지 했는데, 하나 둘 꽃봉오리가 터지더니 삽시간에 온 천지가 꽃 바다가 되었다. 매표소 30m 뒤 갈림길에서 왼쪽 오르막으로 올라가면 도갑사로 들어가는 입구가 나온다. 도갑사는 너른 터 위에 건물들을 충분한 간격을 두고 배치해 시원한 공간감이 느껴진다. 특히 보기 드문 이층구조의 대웅보전[4]은 도갑사의 중심 건물답게 당당하다. 대웅보전을 지나 사찰 뒤쪽 왼편에 미왕재로 이어지는 탐방로가 있다.

도갑사를 벗어나 탐방로로 접어든 후 곧이어 갈림길[5]이 나타난다. 얼마 안 가 다시 합류하므로 어느 쪽도 상관없다. 다만 국보 89호 미륵전을 보고 싶다면 왼쪽길을 택해야 한다. 계곡을 따라 올라가던 탐방로는 도선수미비각 입구[6]에서 오른쪽 옆으로 꺾어진다. 도선수미비각은 도갑사를 창건한 통일신라시대 승려 도선국사와 중흥을 이끈 조선시대 수미선사의 행적을 기록한 비석을 모신 곳이다. 만드는 데만 17년이 걸렸다는 높이 5.17m 규모의 비석(도갑사 도선국사·수미선사비, 보물 1395호)은 전체가 온전히 보존된 유물 중 하나다.

돌길 끝 억새밭의 노래 다리 앞 갈림길~미왕재[7~11]

도선수미비각 우측 귀퉁이[7]에서 돌담을 끼고 좌회전한다. 탐방로로 70m쯤 들어오다 만나는 갈림길[8]에서 오른쪽 다리 쪽으로 방향을 잡는다. 도선교와 수미교를 연이어 지나면 서서히 숲 그늘이 짙어지며 월출산의 깊은 계곡으로 들어섰음을 실감하게 된다. 해넘이 전에 도갑사로 돌아와야 한다는 매표소 직원의 당부를 이제야 알겠다. 계곡이 깊으면 해가 지기도 전에 어둠이 찾아오기 때문이다. 편안한 계곡길에서는 아직 가파른 바위산의 기세를 느낄 수 없다.

나무다리[9,10]를 두 개 더 지나 계곡길을 따라 10분쯤 올라가자 '억새밭 0.8km'라고 적힌 팻말이 나타난다. 시원한 계곡을 뒤로하고 눈앞에 가파른 돌길이 벽처럼 서있다. 평지의 열 걸음보다 힘든 한 걸음을 내딛으며 단단한 바위와 구르는 돌이 섞인 경사면을 오른다. 한동안 운동을 게을리 한 몸이 가파른 산길에서 정직하게 지치고, 한 치의 망설임 없이 힘들어한다.

끙끙대며 20분쯤 오르자 하늘 뚫린 고갯마루가 나타난다. 그때 무언가 낮고 빠르게 떨리는 기이한 소리가 사방에서 부산스럽게 들리더니 금세 온데간데없다. 미왕재[11]에 올라 주변을 둘러봐도 소리의 범인은 오리무중이다.

가을이 제철인 억새는 줄기만 남은 앙상한 모습이지만 능선 아래 시원하게 펼쳐진 억새밭 뒤로 맨 바위를 드러낸 노적봉과 향로봉이 장관을 이룬다. 바로 그때, 북서쪽에서 세찬 바람이 고갯마루를 훑으며 지나자 조금 전 오르막길 끝에서 들었던 '천만 개의 타악기 소리'가 다시 사방에 울려 퍼진다.

바람이 고개에 닿을 때마다 억새가 바싹 마른 줄기를 부딪치며 소리를 내고 있는 것이다. 바람의 세기와 지속 시간에 따라 같은 악기가 매번 다른 소리를 낸다. 계절을 그르쳐 억새밭 장관을 놓친 길손에게 특별한 선물이라도 하듯 연주는 길게 이어진다.

사물의 그림자가 동쪽으로 길게 드러누울 때쯤 비로소 자리를 털고 일어선다. 아쉬운 마음을 달래며 도갑사를 향해 다시 내리막 돌길로 방향을 잡는다. 미왕재는 마른 억새 소리로 작별인사를 대신한다.

도갑사탐방안내소 주차장에 땅거미가 내려 앉았다(12지점).

변덕 심한 봄바람에 마른 억새소리가 부산스레 울려 퍼지는 미왕재(11지점).

🍴 추천음식

만남의 광장 '약초 삼계탕'

월출산에 돋아난 온갖 약초를 넣어 만든 삼계탕은 잘 알려지지 않은 월출산의 비밀메뉴다. 깨끗하게 손질한 토종닭에 인삼과 대추, 찹쌀, 구기자, 오가피 등 푸짐한 약재를 넣고 푹 고아냈다. 계절을 가리지 않고 먹을 수 있는 보양식이다.

위치: 전남 강진군 성전면 월남리 1152
전화: (061)422-5188   영업시간: 09:00~18:00   주차: 가능
가격: 약초 삼계탕 1만 원, 닭볶음탕 4만 원, 오리소금구이 4만 원, 도토리묵 7천 원, 파전 7천 원

🚗 교통편

》》 찾아가기
광주종합버스터미널에서 영암 방면 버스를 타고 영암터미널에 하차 후 도갑사 입구까지 택시 이용. 약 2시간 반 소요   승용차: 도갑사탐방안내소 무료주차장 이용

》》 돌아오기
〈찾아가기〉의 역순

📝 알아두기

숙박: 도갑사 입구와 영암터미널 주변에 다수
식당: 도갑사 주변에 다수
매점: 도갑사 입구 부근
식수: 미리 준비하거나 도갑사 입구 부근 매점에서 구입
화장실: 도갑사탐방안내소 주차장, 도갑사 사찰 내
입장료: 도갑사 성인 2천 원, 청소년 1천 원, 어린이 500원
월출산국립공원사무소: 전남 영암군 영암읍 개신리 484-50 / (061)473-5210 / wolchul.knps.or.kr

📷 들를 만한 곳

무위사 극락보전

국보 제13호 무위사 극락보전은 조선시대인 1430년 완성되었다. 곡선을 살린 고려 후기 건축과 달리 직선 위주의 간결하고 짜임새 있는 모양새로 조선 초기 건축양식을 잘 표현하고 있다. 극락보전에 그려진 아미타여래삼존벽화 또한 단순하면서도 힘찬 조선 초기 불화의 특징이 고스란히 살아 있어 2009년 국보 제313호로 지정되었다.

위치: 전남 강진군 성전면 월하리 1174
전화: (061)432-4974   개장: 09:00~18:00
입장료: 어른 1천 원, 청소년 700원, 어린이 500원
주차: 가능, 무료

왕인박사유적지

왕인박사는 응신천황의 초청으로 일본에 들어가 천자문과 논어는 물론 기술·공예까지 전한 인물로 후에 태자의 스승이

되기도 했다. 현지에서는 일본 문명을 깨우친 인물로 신봉되고 있으며 그의 후손 또한 대대로 일본 문화 발전에 이바지했다. 유적지에는 영월관과 왕인박사상, 봉선대, 신선태극정원, 월악루, 수석전시관 등 왕인박사와 관련한 다양한 시설이 있다.

위치: 영암군 군서면 동구림리 산18 **전화**: (061)470-2559
홈페이지: wangin.yeongam.go.kr **개장**: 09:00~18:00
입장료: 어른 1천 원, 청소년 800원, 어린이 500원 **주차**: 가능, 무료

월출산국립공원 주요 등산로

천황탐방안내소~바람폭포~천황봉~바람재~도갑사탐방안내소 코스

월출산을 종주하는 대표적인 산행코스로 바람폭포를 지나 천황봉(809m)에 오르면 드넓은 영암 평야와 기암괴석으로 이뤄진 월출산의 절경을 감상할 수 있다. 난이도가 높은 구간으로 산행시 철저한 준비가 요구된다.

거리(편도): 8.7km **소요시간**: 6시간 30분

경포탐방안내소~바람재~천황봉~천황사~천황탐방안내소 코스

가파른 산세로 인해 물이 부족한 월출산에서 그나마 수량이 가장 풍부한 경포대 계곡을 따라 천황봉까지 무난하게 이어지는 코스로 특히 여름철에 인기 있다.

거리(편도): 6.2km **소요시간**: 4시간

지리산국립공원

지리산 둘레길 ❶ 주천~운봉
사람도 바람도 쉬어가는 고원

지리산국립공원의 서북쪽 끝자락. 원터거리에서 시작된 길은 외평마을, 내송마을을 거쳐 숲으로 들어간다. 노치마을을 지나고 논둑을 걸어가면 높은 봉우리로 둘러싸인 분지 같은 곳에 저수지가 보인다. 해발 500m 운봉고원에 자리한 덕산저수지, 사람도 쉬고 바람도 쉬어가는 곳이다.

느티나무 쉼터를 지나 회덕마을로 가는 길. 차량이 드문 시골도로가 평화롭다.

노치마을의 논. 갓 심은 모가 유월 햇살 아래에서 자라고 있다.

지리산 둘레길은 지리산 자락에 살던 사람들이 다녔던 옛길을 복원한 것이다. 그래서 둘레길을 걷는 것은 남아있을지 모르는 그 옛날의 흔적을 더듬는 여정이기도 하다.

지리산 둘레길은 옛날 남원에서 구례로 넘어가는 길손들이 쉬어가던 '원터거리', 지금의 주천면 치안센터에서 시작된다. 치안센터에서 나무 이정표에 새겨진 빨간 화살표를 따라가면 둘레길은 외평마을, 내송마을을 지나 숲으로 향한다. 울퉁불퉁 근육질 몸통을 가진 서어나무들이 울창한 개미정지에 이르면 평상에서 쉬어가도 좋다. 가쁜 숨을 달래며 오르막을 지나면 소나무 울창한 구룡치에서 한숨 돌린다. 그리고 편한 길과 주변 풍경을 바라볼 여유가 시작된다.

가슴 높이로 쌓인 돌탑이 나타나면 '사무락다무락'이라고 불리는 곳이다. 마치 다람쥐가 낙엽 위를 뛰어다니는 소리 같은 이 지명은 '사망(事望)다무락(담의 사투리)'이 변천한 것으로 추측된다.

- 걷는거리: 총 14.7㎞
- 걷는시간: 4시간 30분~5시간
- 출발점: 전북 남원시 주천면 장안리 주천치안센터
- 종착점: 전북 남원시 운봉읍 사천리 운봉농협사거리
- 난이도: 조금 힘들어요

추천테마	아이들과	연인끼리	여럿이	숲	들	계곡	강	바다	문화유적	봄	여름	가을	겨울
	★★	★★	★★★★	★★★★	★★					★★	★★	★★★	★

구룡치로 향하는 소나무 숲길.

노치마을을 지나고 벌판으로 펼쳐진 논둑을 걸어가다 보면 높은 봉우리로 둘러싸인 분지 같은 곳에 저수지가 보인다. 해발 500m 운봉고원의 덕산저수지다. 고원인 이곳에서 사람도 쉬고 바람도 쉰다.

운봉고원을 지나서는 다시 마을로 향한다. 낙동강 수계에 속하는 람천이 둘레길을 따라 흐르고 하천 너머로 광활한 논이 펼쳐진다. 하천 옆 둑길은 2km정도 이어지다가 '행정마을 숲'에서 잠시 끊어진다. 행정마을 숲은 평평한 논 사이에 홀로 우거져있어 가장마을에서 걸어오는 내내 눈에 보이던 곳이다. 서어나무로 이뤄진 숲인데 산림청에서 주관한 제1회 아름다운 숲 전국대회에서 '아름다운 마을 숲' 부문 대상을 타기도 했다. 다시 둑길, 자생식물을 관찰할 수 있는 양묘장을 지나치면 둘레길 1구간이 끝나는 운봉읍에 도착한다.

행정마을의 논두렁 길.
둘레길 이정표가 가야할 방향을 알려준다.

양묘사업장 부근에 도착하면
15km에 이르는 코스도 거의 끝나간다.

🍴 추천음식

비부정 '산채비빔밥'
옛날 전남과 경남에서 한양으로 가는 길목에 있던 주막에 자리 잡은 식당. 과거를 보러가던 선비 대신 둘레길 탐방객을 맞아 산채비빔밥과 한방백숙을 판다.

위치: 전북 남원시 주천면 은송리 403　**전화:** (063)625-3388
영업시간: 09:00~21:00　**주차:** 가능　**가격:** 비빔밥 7천 원, 한방백숙 4만 원

🚗 교통편

》 찾아가기
※ 남원시외버스터미널 → 장안리 정류장 → 주천면 치안센터
남원역과 남원고속터미널에 도착했다면 시내버스 또는 택시를 타고 남원시외버스터미널까지 간다. 남원 시외버스터미널 건너편 정류소에서 주천/육모정행 시내버스를 이용, 장안리까지 간다.
남원→장안리: 06:05~20:15 (16회 운행)
장안슈퍼가 보이는 장안리 정류장에 하차해 육모정 방향으로 가다보면 도로 왼편으로 주천치안센터가 보인다.
승용차: 88올림픽고속도로 남원 IC에서 빠져나와 인월 방면으로 좌회전했다가 고죽교차로에서 구례, 순천 방면 19번 국도에 올라선다. 바로 다음 교차로인 육모정교차로에서 빠져나오면 장안사거리가 나오는데, 사거리에서 직진하여 이동하다보면 왼편에 주천치안센터가 보인다.
주차: 주천치안센터 주변

》 돌아오기
※ 운봉읍 → 남원·인월
운봉읍에서 시내버스를 이용해 남원이나 인월로 이동한다. 운봉농협 사거리에서 좌측으로 이동하면 나오는 운봉우체국에서 버스 승차 가능
운봉→남원: 08:05~21:45 (9회 운행)
운봉→인월: 06:30~20:50 (수시 운행)
승용차: 운봉에서 시내버스를 이용해 남원으로 간 뒤, 다시 육모정행 버스를 타고 주차한 장소로 이동한다.

📷 들를 만한 곳

운봉 허브밸리
운봉 허브밸리는 지리산 자락에 들어선 허브산업단지이자 테마공원이다. 이 지역은 일조량이 풍부하고 강수량이 많은 허브 재배 최적지로, 국내 허브 총생산의 70%를 담당한다.
300여 종이 넘는 허브가 자라고 있으며 풍차와 원형광장, 인공호수 등을 배치해 거닐기 좋도록 꾸몄다. 지리산의 자생식물을 볼 수 있는 자생식물환경공원도 있다. 해마다 허브축제가 열리며, 이곳에서 바래봉 정상까지 이어진 등산로가 나 있다.

위치: 전북 남원시 운봉읍 용산리 446-3　**전화:** (063)620-4892
입장료: 없음　**주차:** 가능, 무료

지리산국립공원

지리산 둘레길 ❷ 운봉~인월
람천 따라 흘러들듯 만나는
산자락 마을들

지리산 둘레길 중 거리(10.5km)가 가장 짧은 운봉~주철 구간은 벌판을 가로지르는 람천을 따라 마을과 마을로 이어진다. 걷는 내내 막힘없는 풍경이 시원하지만 지루한 느낌도 든다. 흥부골자연휴양림로 가는 임도가 끝나면 숲이 이어진다. 내내 사방이 트인 길만 걷다가 만나는 숲이 반갑다.

신기교과 사번교 사이 람천 둑길.

월평마을로 향하는 숲길.   비전마을 쉼터에 있는 둘레길 이정표.

    봄이 되면 철쭉이 온 산을 분홍으로 물들이는 바래봉 산자락에는 지리산 둘레길 2구간이 시작되는 전북 남원시 운봉읍이 자리하고 있다. 지역 규모에 비해 많은 건물과 사람들로 활기가 느껴지는 곳이다. 둘레길 1구간이 끝났던 운봉농협 사거리의 길바닥에 그려진 둘레길 표시를 따라가면 운봉초교 사거리를 지나고 24번 국도를 건너 서림공원에 도착한다. 그리고 둘레길 1구간에서 헤어졌던 람천을 다시 만난다.

    논을 가로질러 흐르는 하천, 그 옆의 한적한 둑길. 평화롭지만 새롭지는 않아서 심심하다는 생각이 들 법한 풍경이다. 협동교를 지나면 람천은 폭이 넓어지면서 조금은 다른 모습을 보여준다. 편편한 길을 걷다 보니 의도하지 않아도 걸음이 빨라진다. 언제부턴가 하천을 따라 줄지어서 있던 앵두나무들이 보이지

■ 걷는거리: 총 10.5km		■ 출발점: 전북 남원시 운봉읍 서천리 운봉농협사거리						■ 난이도: 무난해요			
■ 걷는시간: 3~4시간		■ 종착점: 전북 남원시 인월면 인월리 구인월교 앞									
추천 테마	아이들과	연인끼리	여럿이	숲	들	계곡	강	바다	문화유적	봄	여름	가을	겨울
	★★	★★	★★★	★★	★★				★	★★	★★	★

판소리 대가인 송흥록과 박초월의 생가. 비전마을 내.

않는다. 풍경이 트여 눈은 시원한데 나무와 함께 사라진 그늘이 아쉽다.

둑길의 풍경은 길 오른쪽에 넓은 주차장이 나타나면서 바뀐다. 이정표가 가리키는 방향을 따라 다리를 건너니 기와집 여러 채가 모여 있다. 고려 말 이성계가 왜구를 격퇴한 장소로 그 전투(황산대첩)를 기념해 황산대첩비가 세워진 비전마을이다. 다시 둑길을 걸어가면 람천이 잠시 멀어졌다가 군화동 정류장에서 모습을 보인다. 화수교를 건너 대덕리조트 입간판 쪽으로 들어선다.

둘레길은 지리산 국립공원에서 가장 북쪽에 위치한 봉우리, 덕두산으로 향한다. 흥부골자연휴양림로 가는 임도는 넓지만 경사가 제법 있다. 임도가 끝나면 숲으로 든다. 내내 사방이 트인 길만 걷다가 만난 숲이 반갑다. 달오름 마을이라고도 불리는 월평마을은 팜스테이가 가능한 농촌테마마을이다. 둘레길 2구간이 끝나고 3구간이 시작되는 인월면소재지가 멀지 않다.

🍴 추천음식

명승정 '육회비빔밥'

남원하면 흔히 추어탕을 생각하지만 육회비빔밥도 전통이 깊다. 한우 산지인 함양이 가까이 있어 신선한 고기를 공급 받을 수 있었기 때문이다. 남원시외버스터미널에서 가까운 곳에 있는 명승정은 정육점과 식당을 겸해 비빔밥에 들어가는 육회를 믿고 먹을 수 있다. 신선한 육회가 들어간 비빔밥은 말할 것도 없고 남도음식점답게 밑반찬들도 하나같이 밥도둑이다. 비빔밥과 같이 나오는 소고기국은 구수하고 개운하다.

위치: 전북 남원시 죽항동 11-13
전화: (063)631-4453　**영업시간**: 11:00~23:00
주차: 가능　**가격**: 육회비빔밥 6천 원, 등심 2만2천 원

🚗 교통편

》 찾아가기
※남원시외버스터미널·인월터미널 → 운봉우체국 → 운봉농협사거리
남원시외버스터미널이나 인월터미널에서 시내버스를 타고 운봉우체국에서 하차. 운봉농협사거리까지는 걸어간다. 남원역이나 남원고속버스터미널에서는 남원시외버스터미널까지 시내버스나 택시를 타고 이동해야 한다.
남원→운봉: 05:47~20:10 (수시 운행)
인월→운봉: 07:55~21:35 (9회 운행)
운봉농협 사거리까지 걸어가기: 운봉우체국 버스정류장에서 운봉농협 사거리까지는 걸어서 3분 거리
승용차: 88올림픽고속도로 남원 IC에서 인월 방면으로 가다 24번 국도를 이용한다. 운봉읍에 도착하면 주차를 위해 운봉읍사무소로 간다.
주차: 운봉읍사무소 주차장이나 서림공원을 이용

》 돌아오기
※둘레길 2구간이 끝나는 구인월교에서 인월터미널까지는 걸어서 5분 거리
인월→동서울: 07:45~18:25 (7회 운행)
승용차: 인월에서 시내·시외버스를 이용해 주차해둔 장소로 돌아간다.

📷 들를 만한 곳

국악의 성지
남원은 판소리 다섯마당 중 춘향가와 흥부가의 무대이자 수많은 명인·명창을 배출한 국악의 요람이다. 국악의 성지는 국악 발전에 기여한 국악 선인들의 묘역과 위패를 모시는 한편 국악 계승 발전의 염원을 담아 세운 국악 전시 체험관이다. 국악 관련 전시물들을 살펴보거나 상설공연(매주 수요일 오후 2시)을 즐길 수 있고 국악 체험(화~토요일 오전 10, 오후 2시)도 해볼 수 있다. 예약자 우선이므로 미리 예약하고 가도록 한다.

위치: 전북 남원시 운봉읍 화수리 산 1　**전화**: (063)620-6905　**홈페이지**: gukak.namwon.go.kr
개관시간: 09:00~18:00, 매주 월요일 휴관　**입장료**: 없음　**주차**: 가능, 무료

지리산국립공원

지리산 둘레길 ❸ 인월~금계
'여행'이 아닌
'삶'의 이유로 넘나들던 길

인월~금계 구간은 전라도에서 출발해 경상도로 넘어간다. 지리산 둘레길 중 가장 긴 18.7km의 길은 들판으로, 산고개로, 산자락으로, 마을로, 끝나지 않을 것처럼 이어진다. 지리산 둘레길이 여행자의 길이 아닌 지리산 자락에 살아가는 사람들의 길이었다는 사실을 새삼 이 구간에서 실감한다.

한동안 숲을 걷다보면 장항마을로 내려가는 길이 나온다.

강으로 불러도 될 만큼 넓어진 람천과 한적한 시골풍경을 보며 길을 떠난다. 걸음에 흥이 붙을 만하던 중군마을 앞에서 아쉽게도 람천 둑길이 사라진다. 마을에서 백련사 이정표를 따라가면 물 맑고 풍경 좋은 계곡이 기다린다. 인근마을의 식수로 사용될 만큼 물이 깨끗한 수성대. 오솔길을 거쳐 도로까지 나오면 다음 목적지인 매동마을이 가깝다.

매동마을 뒤쪽을 돌던 둘레길은 힘든 오르막으로 향한다. 쉼터 하나도 반갑게 느껴질 정도의 힘든 길이지만 그 끝에는 산허리 감아 도는 고요한 숲길이 위로처럼 기다리고 있다. 고즈넉한 숲길은 여기가 '지리산 둘레길'임을 확인시키기라도 하듯 지리산의 주능선이 펼쳐진 풍경을 열어 보인다. 그 길에서 만나는 '할매쉼터'는 지리산 둘레길의 명소다. 중황마을에 사는 할머니가 막걸리, 감식초, 파전, 도토리묵 등을 푸근한 시골 인심으로 판다.

10분쯤 더 걸어 숲을 빠져나오면 익숙한 풍경이 눈에 들어온다. 넓고 판판한 논, 열린 하늘, 논두렁을 지나는 바람…. 지리산 둘레길의 메인 이미지로 자주 등장하는 '다랑이논'이다.

상황마을 갈림길까지 오면 지리산 3구간의 고비인 등구재가 얼마 남지 않았다. 전라북도 남원에서 경상남도 함양으로 넘어가는 행정경계이기도 한 이 고개는 장을 보러 다니던 길이었고, 옆 마을로 혼례를 올리러 가는 길이었다고도 한다. 흥미롭게도 사람들의 이동은 창원마을에서 상황마을로의 '일방통행'이었는데, 이는 남원이 함양보다 발전한 곳이었기 때문이다.

둘레길은 옛사람들이 걷던 방향과는 반대로 창원마을로 향한다. 창원마을, 소나무숲, 금계마을까지 지나면 길었던 3구간도 끝난다. 금계정류장 맞은편으로 4구간이 시작되는 의탄교가 보인다.

- **걷는거리**: 총 18.7km **출발점**: 전북 남원시 인월면 인월리 구안월교 앞 **난이도**: 무난해요
- **걷는시간**: 5~6시간 **종착점**: 경남 함양군 마천면 의탄리 금계정류장

추천 테마	아이들과	연인끼리	여럿이	숲	들	계곡	강	바다	문화유적	봄	여름	가을	겨울
	★	★★	★★★	★★	★★	★★			★	★★	★★	★★	★

하황마을 갈림길을 지나면 지리산 주능선이 시야를 채운다.

상황마을 가는 길의 다랑이논. 지리산 둘레길을 소개할 때 빠지지 않는 이미지다.

🍴 추천음식

두꺼비집 '어탕국수'

'어죽'은 손질한 민물고기에 고추장을 풀고 향이 강한 미나리, 양파, 깻잎, 고추 같은 채소를 넣어 커다란 가마솥에 끓인 음식이다. 인월리에 위치한 두꺼비 집은 이런 어죽에 국수를 말아 '어탕국수'라는 이름으로 판다. 추어탕과 비슷한 모습이지만 국물이 훨씬 매콤하다. 담백한 민물고기 살과 소면이 잘 어울린다.

위치: 전북 남원시 인월면 인월리 250-4
전화: (063)636-2979   **영업시간**: 08:30~21:00
주차: 가능   **가격**: 어탕국수 · 어탕 7천 원, 붕어찜 · 메기찜 3만~4만 원

🚗 교통편

〉〉 찾아가기

※인월터미널(지리산공용터미널) → (구)인월교
인월터미널(지리산공용터미널)에서 (구)인월교까지는 걸어간다(약 5분).
동서울→인월: 08:20~24:00 (8회 운행)
(구)인월교까지 걸어가기: 인월터미널에서 패밀리마트 편의점 쪽으로 나와 도로를 건너 골목길로 직진하면 람천이다. 오른쪽으로 걸어가 처음으로 나오는 다리가 (구)인월교다.
승용차: 88올림픽고속도로 지리산 IC에서 인월면소재지로 간 뒤 지리산길 안내센터를 찾는다.
주차: 지리산길 안내센터 주차장 이용

〉〉 돌아오기

※마천면 창원리 금계정류장에서 버스를 이용해 인월이나 함양으로 이동한 후, 다음 목적지로 향한다.
금계→인월: 08:20~21:00 (24회 운행)
금계→함양: 07:20 10:00 15:20 18:10 19:50 (5회 운행)
인월→동서울: 07:45~18:25 (7회 운행)
함양→동서울: 06:30~19:00 (10회 운행)
승용차: 금계마을에서 인월행 버스를 이용해 지리산길 안내센터로 돌아간다.

📷 들를 만한 곳

지리산길 안내센터

지리산 둘레길 3구간이 시작되는 인월면에는 지리산길 안내센터가 있다. 이곳에서 구간별 지도가 들어 있는 팸플릿을 얻고 길 잃기 쉬운 장소 등의 설명도 들을 수 있다. 템플 스테이가 가능한 사찰도 안내해준다.

위치: 전북 남원시 인월면 인월리 198-1   **전화**: (063)636-0850   **운영시간**: 09:00~18:00

`지리산국립공원`

지리산 둘레길❹ 금계~동강
걷는 자의 책임을
그 길이 묻다

지리산 둘레길에 쓰레기가 버려지고 주민들이 키운 농작물이 훼손되는 일은 '길의 폐쇄'로 이어졌다. 빨치산루트와 송대마을에서 송전마을로 가는 아름다운 숲길은 더 이상 지리산 둘레길이 아니다. 엄천강 물줄기를 따라 걸으며 걷는 이들의 책임을 생각한다.

송전마을에서 운서마을로 가는 길. 아스팔트 포장로 옆에 큰금계국이 밝게 피었다.

금계~동강　277

운서마을에서 팽나무 쉼터로 넘어가는 고갯길.

　의탄교를 건너면 둘레길 4구간이 시작된다. 벽송사를 거쳐 빨치산루트와 송대마을을 지나는 것이 원래 코스였으나 현재는 벽송사까지만 갈 수 있다. 대신 의중마을에서 엄천강을 따라간다.
　의중마을은 고려시대에 숯을 만드는 특별구역인 의탄소에 속해 있었는데 그 구역에서 가운데 위치했었다고 한다. 의중마을을 지나 숲으로 든다. 아늑한 오솔길을 따라 걷다보면 숲 사이로 엄천강이 얌전히 흐르고 있다.
　한참동안 숲을 걷다 마치 강이 호수처럼 변한 곳을 보게 된다. 아홉 마리 용이 살다가 여덟 마리는 승천을 하고, 아직도 한 마리가 살고 있다는 전설을 갖고 있는 용유담이다.
　용유담을 지나서는 송전마을이 가깝다. 간판도 없이 조그만 메뉴판 하나를 길가로 내건 '송전마을 찻집'이 송전마을의 시작이다. 이름만 찻집이지 음식솜씨 좋은 아주머니가 만드는 집밥도 먹을 수 있다. 송전마을을 지나서는 꽤나 지

■ 걷는거리: 총 11km	■ 출발점: 경남 함양군 마천면 의탄리 금계마을	■ 난이도: 많이 힘들어요
■ 걷는시간: 4시간	■ 종착점: 경남 함양군 휴천면 동강리 동강마을	

추천테마	아이들과	연인끼리	여럿이	숲	들	계곡	강	바다	문화유적	봄	여름	가을	겨울
	★★	★★	★★★	★★	★★		★★		★★★	★	★★★	★

폐쇄된 둘레길에 있는 다랑이논. 사진은 폐쇄되기 전에 촬영한 것이다.

루한 엄천강변의 아스팔트 도로를 걸어야한다.

　송문교를 건너고 지리산 둘레길 이정표를 따라 운서마을로 향한다. 둘레길의 상징 같은 다랑이논길을 걸어 언덕을 하나 넘으면 엄천강변에 자리한 동강마을이 눈에 들어온다. 커다란 팽나무 아래 쉼터가 나오면 동강마을 어귀다. 이곳에서 왼쪽으로 나가 엄천교를 건너면 금계로 돌아갈 수 있는 버스정류장이고 지리산 둘레길 이정표를 따라 가면 5구간으로 길이 이어진다.

🍴 추천음식

송전마을찻집 '집밥'

지리산이 좋아 2000년 대구에서 송전마을로 왔다는 부부가 운영하는 식당 아닌 식당, 찻집 아닌 찻집이다. 정해진 메뉴가 없고 내외가 먹는 밥을 손님도 같이 먹는 식이다. 음식은 모두 인근 밭에서 주인이 직접 키워낸 '자연산'. 부부가 밭일 나간 사이 찾아온 사람들을 위해 냉장고에 찬물을 넣어두는 훈훈한 인심도 만날 수 있다. 송전마을 입구에 위치.

위치: 경남 함양군 휴천면 송전리 351
전화: (055)963-7590 **영업시간:** 08:00~22:00
주차: 마을회관 **가격:** 집밥 5천 원

🚗 교통편

≫ 찾아가기

※함양공용터미널 → 금계마을 버스정류장
함양공용터미널에서 금계마을 버스정류장까지는 시내버스를 이용한다.
함양→금계 06:20~19:40 (24회 운행)
승용차: 88올림픽고속도로 함양IC에서 함양방면으로 가다 함양읍내 입구사거리에 도착하면 24번 국도를 따라 인월 방향으로 간다. 엄천강이 나오는 삼거리까지 가면 오른쪽에 금계마을이 있다.
주차: 금계 버스정류장 뒤 금계초교(폐교) 운동장을 이용

≫ 돌아오기

※염천교를 건너 나오는 원기마을 정류장에서 함양으로 돌아가는 시내버스를 탈 수 있다.
원기→함양·금계: 07:50~20:05 (24회 운행)
함양→동서울: 06:30~19:00 (10회 운행)
승용차: 원기마을정류장에서 시내버스를 이용해 금계초교로 돌아간다.

지리산국립공원

지리산 둘레길❺ 동강~수철
청청한 숲과 계곡, 지리산자락의 길답다

엄천강을 따라가던 들길은 물 맑은 계곡으로 이어진다. 한 사람만 지날 수 있는 좁은 길, 숲 어딘가에서 들려오는 산새들의 울음과 상사계곡의 맑은 물소리가 반갑다. 숲을 지나 고대국가의 내력이 남아있는 산으로 스며든다. 재를 넘어 정상에 서면 갈 길이 가깝고 지나온 길이 어느새 아득하다.

고동재를 지나 수철마을까지 이어지는 임도.

고동재로 향하는 숲길.

　동강마을을 벗어나면 엄천강을 따라가는 들길이다. 방곡마을 이정표가 나오면 차량통행이 드문 아스팔트 도로. 한참을 걸으면 회양문(廻陽門)이 길 오른쪽에 나온다. 음지에서 양지로 돌아온다는 뜻을 담은 이 문은 빨치산 소탕이라는 구실로 학살당한 양민들의 넋을 위로하는 산청·함양사건추모공원의 정문이다.
　공원을 지나면 지겨운 포장도로가 끝나고 물 맑고 숲 깨끗한 상사계곡이 시작된다. 한 사람만 지날 수 있는 좁은 길, 숲 어딘가에서 들려오는 산새들의 울음과 계곡의 맑은 물소리가 반갑다. 얼마 안 있어 그리 크지 않은 상사폭포를 만난다. 이곳에는 전설이 하나 전한다. 한 남자가 상사병을 앓다가 죽어 뱀으로 환생하여 사랑했던 여인에게 갔으나, 그 여인이 뿌리치는 바람에 죽고 말았다. 뱀이 죽은 자리에 계곡이 생겼고 여인은 계곡의 바위가 되었다는 이야기다.
　길과 계곡이 멀어지면서 숲도 고요해진다. 대나무 숲을 지나 왕산 임도로 접어든다. 고대 가야의 왕릉으로 추정되는 '전구형왕릉'이 있는 왕산은 지리산과 한 몸이다. 시멘트로 널찍하게 포장된 임도를 걸으면 마을과 마을을 잇는 쌍재와 고동재가 기다린다. 아늑한 숲으로 들었다가 사방이 트이는 고갯마루에 서고 다시 다음 고개로 향한다. 고동재까지 넘으면 수철마을이 가깝다.

- **걷는거리**: 총 11.9㎞
- **출발점**: 경남 함양군 휴천면 동강리 동강마을
- **난이도**: 무난해요
- **걷는시간**: 4시간~4시간 30분
- **종착점**: 경남 산청군 금서면 수철리 수철마을

추천테마	아이들과	연인끼리	여럿이	숲	들	계곡	강	바다	문화유적	봄	여름	가을	겨울
	★★	★★	★★★	★★★		★★			★	★★	★★★	★★★	★

고동재를 넘어가자 저 멀리 수철마을이 보인다.

물 맑은 상사계곡 옆으로 걷기 편한 길이 나왔다.

🍴 추천음식

지리산약두부 '약두부보쌈'

검정콩으로 직접 만든 두부와 유기농 농산물로 만든 반찬을 내놓는다. 가장 인기 있는 음식은 약두부보쌈. 10가지 약초를 넣고 삶아 잡냄새를 없앤 돼지고기와 두부를 함께 낸다. 이밖에도 두부버섯전골, 쇠고기버섯전골, 해물찜, 김치찌개, 비지파전 등 다양한 메뉴를 갖추었다.

위치 : 경남 산청군 산청읍 지리 750-18
전화 : (055)974-0283 **영업시간 :** 11:00~21:00
주차 : 가능 **가격 :** 약두부보쌈 2만6천 원, 두부버섯전골 3만 원, 쇠고기버섯전골 3만5천 원

교통편

》 찾아가기
※함양공용터미널 → 원기마을 버스정류장
함양공용터미널에서 금계행 시내버스를 이용해 동강마을 맞은편에 있는 원기마을 버스정류장에서 내린다.
함양→원기 : 06:20~19:40분 (24회 운행)
승용차 : 88올림픽고속도로 함양IC에서 휴천으로 간다. 휴천면소재지 삼거리에서 마천·산천으로 가다 남호삼거리가 나오면 마천으로 우회전한다. 조금만 가면 길 왼쪽에 동강마을로 넘어가는 엄천교가 나온다.
주차 : 엄천교 주변에 있는 강변휴게소를 이용

》 돌아오기
※수철마을 버스정류장 → 산청시외버스터미널
수철마을 버스정류장에서 시내버스를 이용해 산청시외버스터미널까지 이동한다.
수철마을→산청 : 07:40 10:35 15:45 17:55 19:10 (5회 운행)
산청→서울 남부터미널 : 08:30~23:00 (7회 운행)
승용차 : 수철마을 버스정류장에서 시내버스를 타고 산청까지 간 후, 화계로 가는 버스로 갈아탄다. 유림면소재지에 도착하면 산내로 가는 버스를 이용해 원기마을 버스정류장까지 갈 수 있다.

⛰ 지리산 둘레길 새 코스

지리산 둘레길은 2008년 봄 전북 남원시 주천읍에서 경남 산청군 수철리까지 5개 구간으로 개통돼 수많은 탐방객이 다녀가고 매체에 소개되면서 '걷기여행' 붐을 일으키는 데 주도적인 역할을 해왔다. 한동안 새 길 소식이 없다가 2011년 5월, 수철~대축, 주천~오미까지 140km의 길이 추가로 열렸다. 새 길들의 프로필을 보면 지리산의 명봉(名峰) 노고단을 풍경삼아 걷거나 울창한 편백나무 숲을 지나는 등 걷는 즐거움을 안겨주는 코스가 많다.

6구간: 수철-대장마을-내리교-내리한밭-바람재-어천마을 / 14.5km / 4~5시간
7구간: 어천마을-어천계곡-청계저수지-탑동마을-운리마을 / 11.3km / 4~5시간
8구간: 운리마을-백운계곡-마근담입구-덕산 / 총 13.1km / 4~5시간
9구간: 덕산-중태마을-중태재-유점마을-위태 / 10.3km / 4시간~4시간 30분
10구간: 위태-오대사지-양이터재-본촌마을-하동호 / 11.8km / 4시간~4시간 30분
11구간: 하동호-평촌마을-관점마을-존티재-삼화실 / 9.3km / 4시간~4시간 30분
12구간: 삼화실-서당마을-괴목마을-신촌마을-먹점마을-대축마을 / 16.9km / 6~7시간
13구간: 대축~오미 / 미개통(2011년 말 개통 예정)
14구간: 오미마을-구례읍-연파마을-구만마을-난동마을 / 16.9km / 5~6시간

15구간: 오미마을-상사마을-황전마을-당촌마을-수한마을-방광마을 / 12.2km / 4~5시간
16구간: 방광마을-난동마을-구례생태숲-구례수목원-탑동마을 / 12.9km / 4~5시간
17구간: 탑동마을-효동마을-원천마을-현천마을-계척마을-밤재 / 10.1km / 3~4시간
18구간: 밤재~주천 / 미개통(2011년 말 개통 예정)

▲ 지리산국립공원 주요 등산로(262쪽 지도 참조)

뱀사골탐방안내소~요룡대~간장소~화개재 코스

굽이치는 계곡의 모습이 뱀을 닮아 이름 붙은 뱀사골계곡. 계곡을 따라 수많은 폭포와 소, 너럭바위가 자리해 있고 주변은 기암절벽으로 둘러져 지리산국립공원에서 가장 아름다운 계곡으로 손꼽힌다. 수질오염을 막기 위해 계곡은 특별보호구역으로 설정되어 있다. 출입은 불가능하지만 탐방로를 걸으며 계곡 풍경을 볼 수 있다. 지리산국립공원북부사무소 앞 뱀사골안내소에서 출발하면 요룡대, 탁용소, 뱀소, 병소, 제승대, 간장소 등 전설이 얽힌 소를 지나 탐방로의 끝인 화개재에 이른다.

거리(편도): 9.2km   소요시간: 4시간 20분

성삼재 탐방로 입구~고리봉~묘봉치~만복대 코스

성삼재 탐방로 입구에서 출발해 당치고개, 고리봉, 묘봉치를 넘어 만복대 정상에 이르는 코스다. 숲속으로 이어지는 길은 급경사가 없어 무난하다. 만복대는 지리산 10승지 중 하나로 대숲과 철쭉, 찔레 등 자생 식물들을 볼 수 있다. 특히 묘봉치를 지나면서부터 모습을 보이는 억새가 장관이다.

거리(편도): 5.4km   소요시간: 3시간

연곡탐방지원센터~표고막터~피아골 삼거리 코스

피아골은 지리산의 관문인 노고단에서 시작된 물줄기가 동남쪽으로 깊이 빠져나가면서 생겨난 계곡이다. 피라는 단어가 주는 어감 때문에 계곡의 이름이 6.25전쟁과 관련되었다는 오해가 있다. 그러나 피아골이라는 이름은 오래전 속세를 버리고 찾아든 선객들이 곡물인 '피'를 이곳에 많이 심어 피밭골이라 불리다 발음이 변한 것이다.
탐방로는 연곡탐방지원센터에서 시작해 직전마을, 표고막터, 피아골대피소를 거쳐 피아골 삼거리까지 이어진다. 활엽수가 울창한 숲이 매력이고 가을 단풍은 지리10경에 들만큼 장관이다. 피아골 탐방로 초입에 있는 연곡사에는 고려 초기의 석조예술을 대표하는 연곡사동부도 · 연곡사북부도 · 연곡사서부도 · 연곡사현각선사탑비와 같은 보물이 있다.

거리(편도): 8.8km   소요시간: 5시간

한라산국립공원

영실~어리목
산중턱에서 열리는,
축복 같은 산책길

영실~어리목 코스는 조금 힘든 구간도 있지만 탁 트인 평원을 만나면 바로 잊을 수 없는 길이 된다. 영실기암(오백장군바위)과 웅장한 병풍바위, 구상나무 군락지와 드넓은 고산 평원인 선작지왓 등 한라산만이 지닌 독특한 경치가 모두 모였다. 윗세오름 통제소에서 내려가는 길에는 올망졸망 솟은 오름들이 절경을 이룬다.

한라산 주변에는 수많은 오름이 있다(2~3지점).

500가지 표정의 기암괴석 영실탐방안내소~병풍바위[1~3]

영실탐방안내소[1]에서 '신들이 사는 곳' 영실(靈室)로 이어지는 코스는 소나무와 활엽수가 어우러진 아늑한 숲길이다. 인적 없는 숲에는 무릎 높이로 자란 조릿대(산죽)가 무성하고, 검은 장막을 친 듯 짙은 그늘이 드리워져 있다.

어둑한 숲길을 한참을 걷자 햇빛을 받아 순식간에 사라지는 물안개처럼 갑자기 앞이 탁 트인다. 탐방로 맞은편으로 기다란 능선을 따라 기암들이 촘촘히 박혀 있다. 바위들은 보는 위치에 따라서 모습이 달라진다. 전망대[2]에 오르자 바위 군상의 표정들이 더 또렷하게 보인다. 수백 개의 바위가 연출하는 또 다른 세상, 영실기암이다.

영주십경에 속하는 영실기암에는 제주 신화에 나오는 거신(巨神) 설문대할망의 전설이 어려 있다. 슬하에 500명의 자식을 둔 설문대할망은 항상 끼니 걱정을 해야 했다. 어느 날 할망은 자식들에게 먹일 죽을 끓이다가 발을 헛디뎌 솥에 빠져 죽고 말았다.

자식들은 어미의 육신이 들어 있는 줄도 모르고 허겁지겁 먹다가 뼈를 발견한다. 뒤늦게 어머니의 것임을 알아차린 자식들은 몇 날 며칠을 울다가 그 자리에서 굳어져 바위가 되었다고 한다. 영실기암이 오백장군바위라 불리는 사연이다. 슬픈 전설이 깃든 때문인지 비바람에 풍화된 바위의 모습들이 한층 처연하고 신비롭다.

전망대를 지나면 수백 개의 돌기둥을 합쳐 놓은 것 같은 병풍바위가 손에 잡힐 듯 가까워진다. 검은 갑옷을 두른 채 하늘을 향해 우뚝 솟은 풍채가 당당하다. 가파른 계단식 길은 병풍바위에 오르면서[3] 점점 완만해진다. 그 전까지 힘들게 걸어온 기억도 한결 편해진 길 위에서 눈 녹듯이 사라진다.

절벽 아래는 생동하는 숲이 초록 바다를 이루고, 한라산의 허리춤에 걸린 구름은 눈높이를 맞춘 채 하얀 수평선을 만든다. 그 속에 목화솜 같은 구름이 뭉게뭉게 피었다.

한라산국립공원

코스 안내도

- 1 영실탐방안내소
- 2 영실기암 전망대
- 3 병풍바위
- 4 노루샘
- 5 윗세오름통제소
- 6 만세동산 전망대
- 7 다리
- 8 어리목탐방안내소

백록담(1950m)

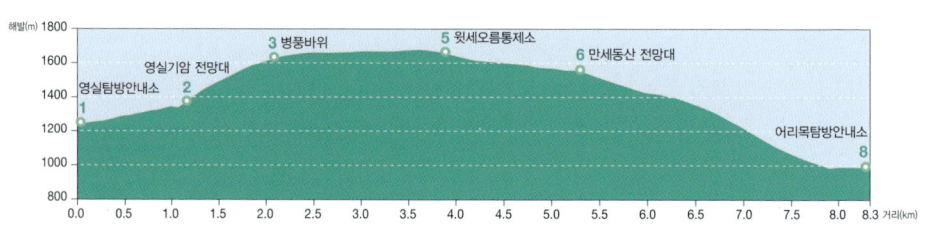

- **걷는거리:** 총 8.3km
- **걷는시간:** 4시간
- **출발점:** 제주도 서귀포시 하원동 영실탐방안내소
- **종착점:** 제주도 제주시 해안동 어리목탐방안내소
- **난이도:** 조금 힘들어요

추천 테마	아이들과	연인끼리	여럿이	숲	들	계곡	강	바다	문화유적	봄	여름	가을	겨울
	★★	★★	★★★★	★★★★		★				★★★	★★	★★★	★

오백장군의 전설이 깃든 영실기암의 실루엣(2~3지점).

조릿대 출렁이는 산상 정원 병풍바위~어리목탐방안내소[4~8]

　산책로처럼 편한 길을 걷다가 만난 초록 세상은 우리나라에서만 자란다는 구상나무 군락지. 한라산에는 고지대에서 자라는 구상나무가 많다. '살아 백년 죽어 백년'이라는 말이 있듯이 구상나무의 하얀 고사목들이 푸른 나무들 틈에 당당히 서 있다.

　구상나무 숲길을 지나면 황금빛 조릿대가 출렁이는 넓은 평원이다. 일명 '선 작지왓'이다. '선'은 서다, '작지'는 작은 돌멩이, '왓'은 들판을 뜻하는 제주 토속어다. 이름처럼 일대는 넓은 들판이다. 봄이면 철쭉과 진달래가 분홍 물결을 이루는 해발 1천600m대의 산상 정원이다.

　선작지왓을 가르는 탐방로에는 붉은 깃발들이 일정한 간격으로 서 있다. 겨울에 눈이 쌓여 길이 없어졌을 때, 이 깃발이 길잡이 구실을 한다. 겨울의 한라산에는 사람 키보다 높게 눈이 쌓인다.

　윗세오름통제소와 가까워질수록 백록담의 화구벽이 선명하게 보이고, 연이어 '산상 약수터'인 노루샘[4]과 만난다. 한라산에 사는 동물들의 생명수인 셈이지만 갈수기에는 물이 나오지 않는다.

　노루샘을 지나면 탐방객들이 쉴 수 있는 윗세오름통제소[5]다. 이곳은 한라산

동물들의 생명수인 노루샘은 사람도 마실 수 있지만 가뭄 때는 잘 마른다(4지점).

남쪽의 돈내코, 서쪽의 어리목과 영실 코스가 만나는 지점이기도 하다. 여기서부터 백록담까지는 출입제한구역이다. 아쉽지만 발길을 돌려야 한다. 저 앞의 백록담 화구벽이 갈 수 없는, 넓은 바다 위에 떠 있는 외딴 섬 같다.

윗세오름은 이 일대에 펼쳐진 붉은오름, 누운오름, 족은오름을 통틀어 부르는 말이다. 이 오름들도 자연휴식년 기간이라 올라갈 수 없다. 한라산의 탐방로 중 가장 많은 사람이 찾는 어리목 코스로 내려간다. 평원을 가로지르는 나무 데크 길은 완만하여 걷기 편하다.

윗세오름통제소에서 30분쯤 내려가면 경관 포인트인 만세동산 전망대[6]다. 만수동산, 망동산이라고도 하는 만세동산은 예전 한라산에 소와 말을 방목할 때 감시를 했던 곳이다. 발 아래로는 소떼 대신 화산섬이 만든 신비로운 풍경이 펼쳐진다.

뻥 뚫린 평원을 지나면 졸참나무, 서어나무, 때죽나무가 뒤섞여 자라는 짙은 숲그늘이 반긴다. 발목을 스치는 조릿대의 사각거림, 영실 코스에서 걸었던 숲과 꼭 닮았다. 어리목계곡에 가로놓인 나무다리[7]를 건너 숲의 기운을 만끽하면서 걷다 보면 어리목탐방안내소[8]에 닿는다.

탐방객들의 쉼터인 윗세오름통제소 뒤로 백록담의 거대한 화구벽이 보인다(5지점).

어리목 코스의 경관 포인트인 만세동산 전망대(6지점).

병풍바위를 지날 때 한라산 일대를 시원하게 조망할 수 있다(3~4지점).   하늘 아래 또 하나의 선을 그은 구름바다(1~2지점).

웅장한 기암절벽인 병풍바위(2지점).

Section1_ 서울/경기도권
북한산국립공원 북한산 둘레길

Section2_ 강원도권
설악산국립공원 백담사~영시암 / 오대산국립공원 월정사~상원사 / 치악산국립공원 구룡사~세렴폭포

Section3_ 충청도권
계룡산국립공원 갑사~금잔디고개 / 속리산국립공원 법주사~세심정 / 속리산국립공원 화양동계곡 / 월악산국립공원 하늘재 / 태안해안국립공원 꽃지해수욕장~안면도자연휴양림

Section4_ 경상도권
가야산국립공원 백련암~해인사 / 경주국립공원 남산 포석정~삼릉 / 경주국립공원 토함산 불국사~석굴암 / 소백산국립공원 죽령옛길 / 주왕산국립공원 주방계곡 / 주왕산국립공원 주산지 한려해상국립공원 소매물도 / 한려해상국립공원 한산도

Section5_ 전라도/제주도권
내장산국립공원 가인마을~백양사 / 다도해해상국립공원 보길도 / 다도해해상국립공원 청산도 슬로길 / 덕유산국립공원 구천동~백련사 / 변산반도국립공원 내변산~내소사 / 변산반도국립공원 변산마실길 1~2구간 / 월출산국립공원 도갑사~미왕재 / 지리산국립공원 지리산 둘레길 / 한라산국립공원 영실~어리목

코스 가이드북
〈국립공원 걷기여행〉 별책부록/휴대용

지은이 노진수 정규찬 김성중
펴낸이 정규도
펴낸곳 황금시간

초판발행 2011년 8월 25일
초판2쇄발행 2012년 3월 26일

편집 권명희 노진수 정규찬 김성중
디자인 하태호, 조영남, 정규옥
지도 김주현

공급처 (주)다락원 (02)736-2031

주소 경기도 파주시 문발로 211
전화 (031)955-7272(대)
팩스 (031)955-7273
출판등록 제406-2007-00002호

Copyright ⓒ 2011, 황금시간

저자 및 출판사의 허락 없이 이 책의 일부 또는 전부를
무단 복제·전재·발췌할 수 없습니다. 잘못된 책은
바꿔 드립니다.

http://www.darakwon.co.kr

한라산국립공원
영실~어리목

영실탐방안내소 ▶ 영실기암 전망대 ▶ 병풍바위 ▶ 노루샘
▶ 윗세오름 통제소 ▶ 만세동산 전망대 ▶ 어리목탐방안내소

- 걷는거리: 총 8.3km
- 걷는시간: 4시간
- 출 발 점: 제주도 서귀포시 하원동 영실탐방안내소
- 종 착 점: 제주도 제주시 해안동 어리목탐방안내소
- 난 이 도: 조금 힘들어요

추천테마	아이들과	연인끼리	여럿이	숲	들	계곡	강	바다	문화유적	봄	여름	가을	겨울
	★★	★★	★★★	★★★		★				★★★	★★	★★★	★

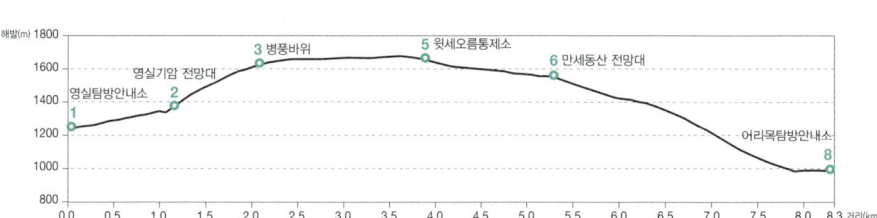

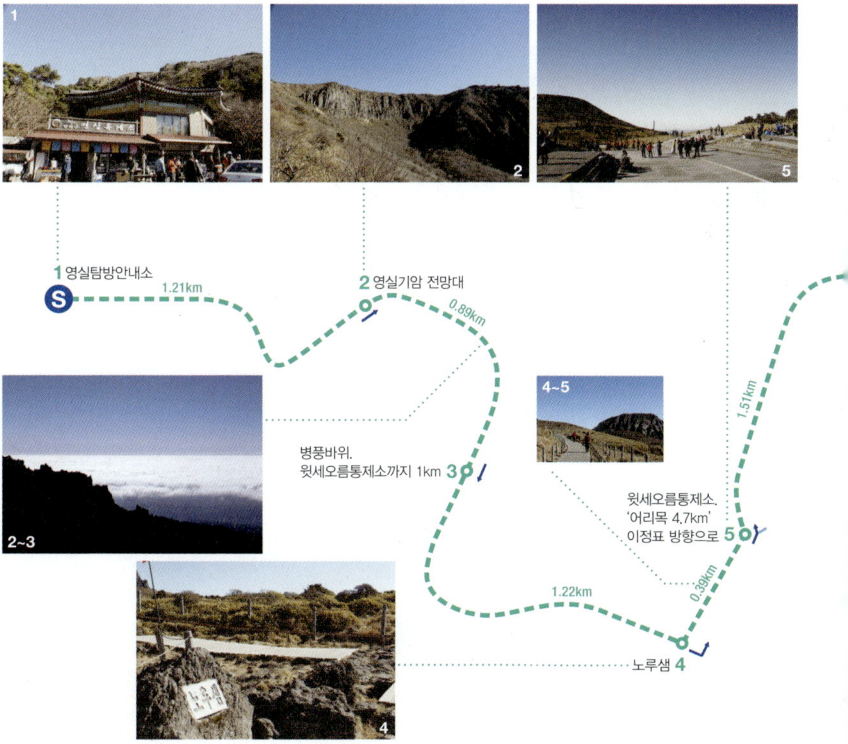

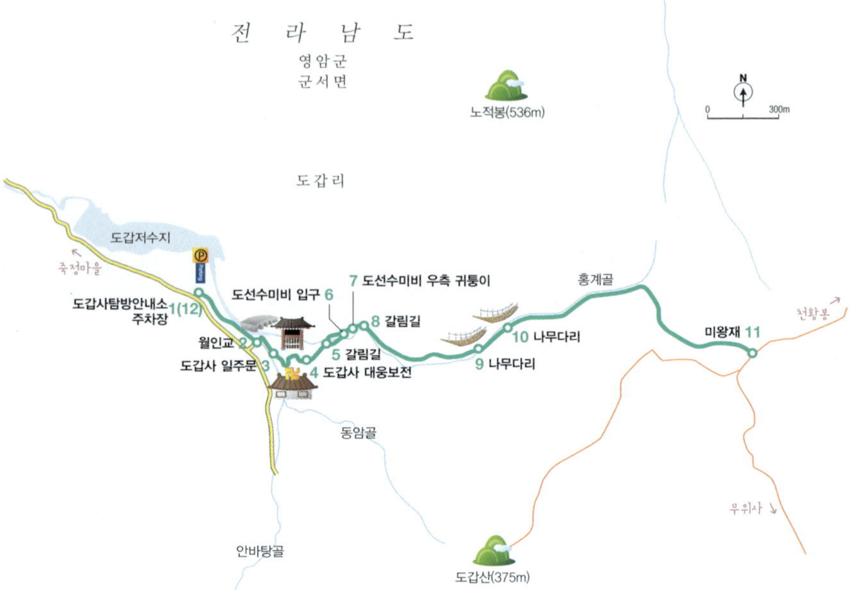

전 라 남 도
영암군
군서면
노적봉(536m)
N
0
300m
도갑리
도갑저수지
죽정마을
P
Parking
도갑사탐방안내소 주차장 1(12)
도선수미비 입구 6
7 도선수미비 우측 귀퉁이
8 갈림길
홍계골
천황봉
미왕재 11
월인교 2
도갑사 일주문 3
4 도갑사 대웅보전
5 갈림길
9 나무다리
10 나무다리
동암골
무위사
안바탕골
도갑산(375m)

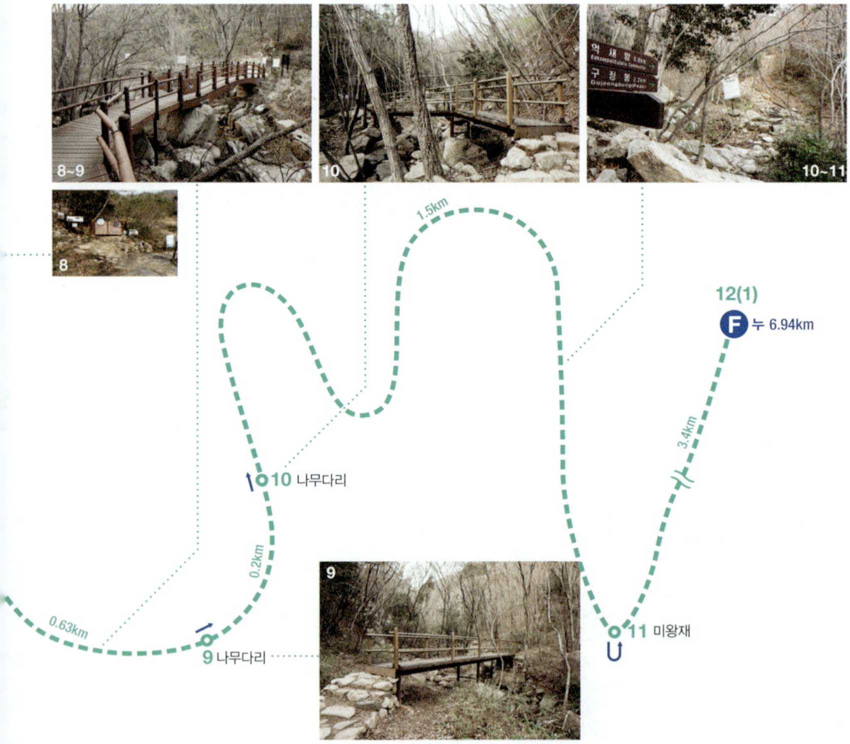

8~9
10
10~11
8
1.5km
12(1)
F 누 6.94km
3.4km
10 나무다리
0.2km
9
0.63km
9 나무다리
11 미왕재

도갑사~미왕재

월출산국립공원

도갑사탐방안내소 ▶ 도갑사 ▶ 미왕재(억새밭) ▶ 도갑사 ▶ 도갑사탐방안내소

- 걷는거리: 6.9km
- 걷는시간: 2시간 30분~3시간
- 출 발 점: 전남 영암군 군서면 도갑리 도갑사탐방안내소
- 종 착 점: 전남 영암군 군서면 도갑리 도갑사탐방안내소
- 난 이 도: 조금 힘들어요

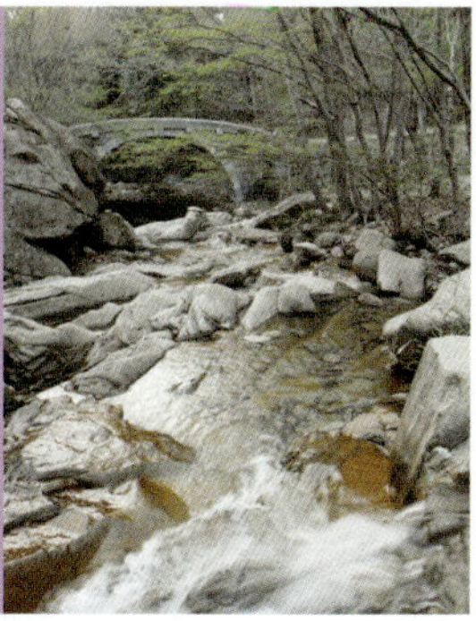

추천 테마	아이들과	연인끼리	여럿이	숲	들	계곡	강	바다	문화유적	봄	여름	가을	겨울
	★	★★	★★	★★	★				★★	★★	★★	★★★	★

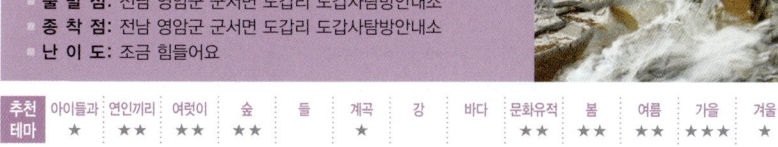

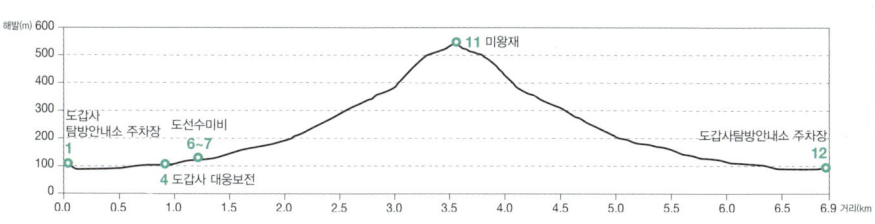

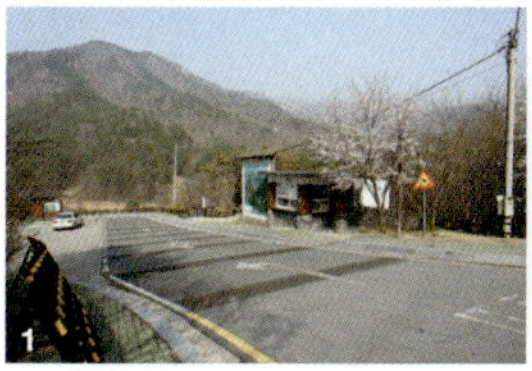

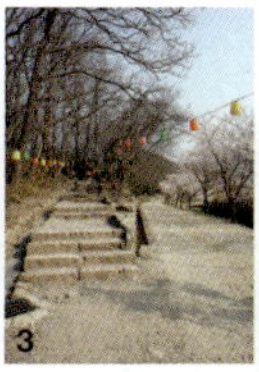

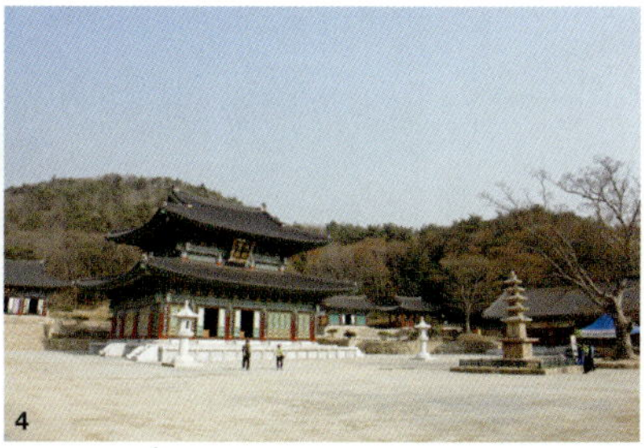

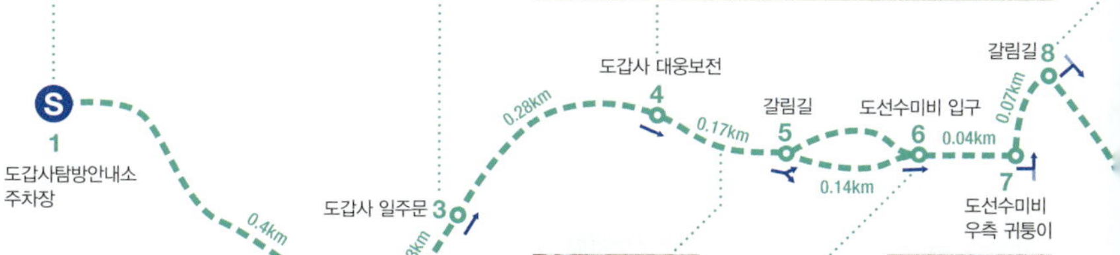

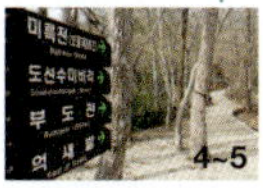

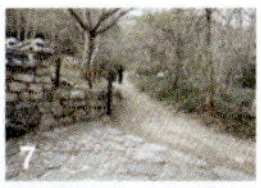

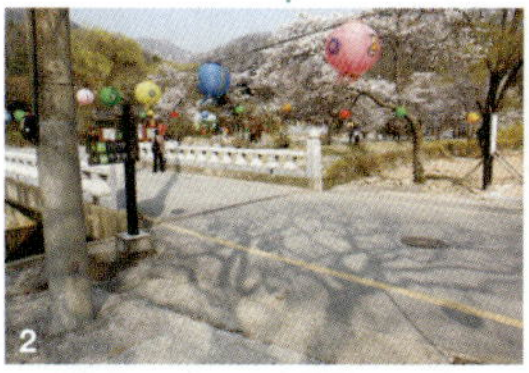

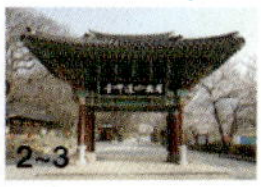

52

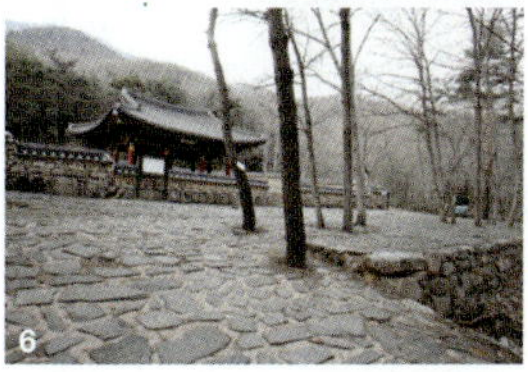

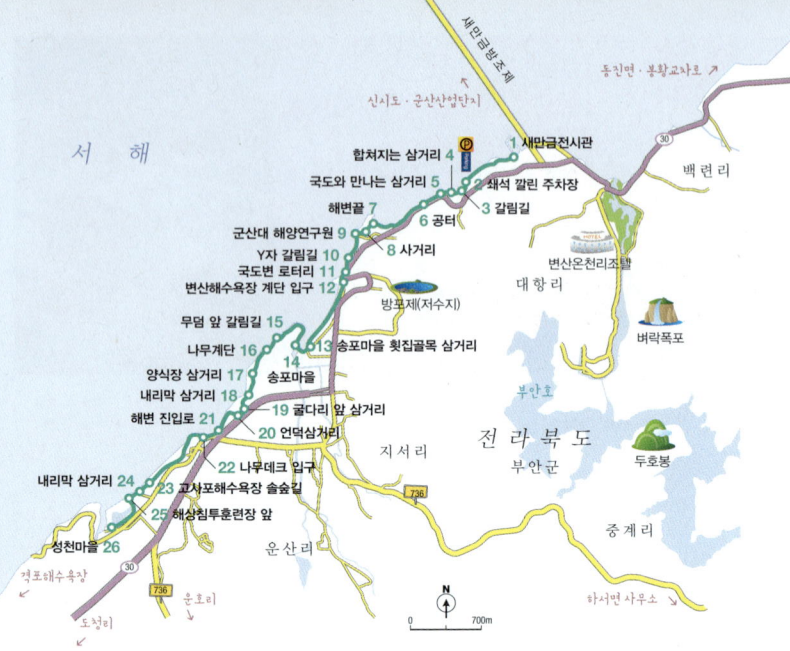

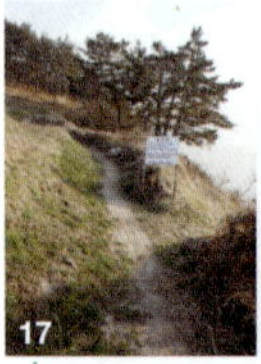
17

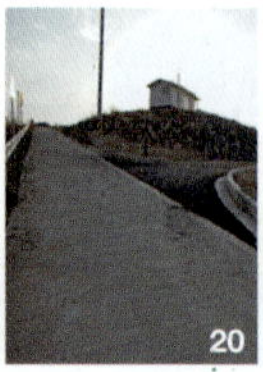
20

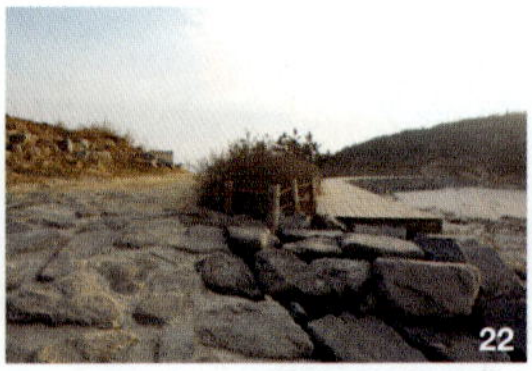
22

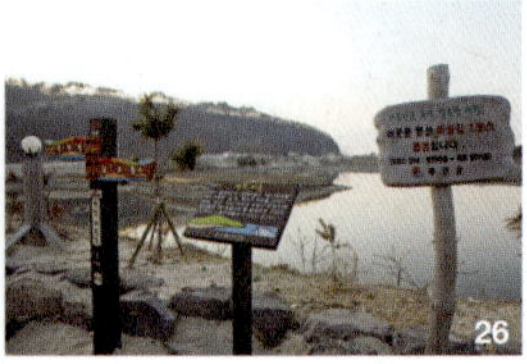
26

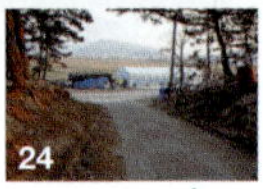
24

굴다리 앞 삼거리에서
국도따라 오른편 오르막으로

19

0.1km

20 언덕 삼거리.
오른쪽 아스팔트길로 진입

0.21km

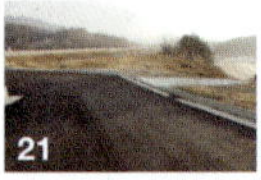
21

18
내리막 삼거리

0.32km

21 아스팔트길에서 해변으로
이어진 오른쪽 시멘트길로

0.38km

0.21km

17
양식장 삼거리에서
직진

22 나무데크 입구.
오른쪽 나무데크 깔린 길로 직진

0.47km

15

17km

16 나무계단. 계단따라
오른쪽으로 올라감

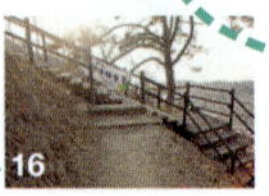
16

1.18km

솔숲 끝나는
내리막 삼거리에서
오른쪽으로

24

0.14km

25 해상침투훈련장 앞.
길따라 왼쪽으로

0.24km

23 고사포해수욕장 뒤편
솔숲길 따라 직진

0.47km

F 누 9.16km

26
성천마을

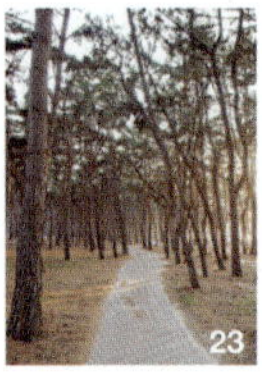
23

변산반도국립공원
변산 마실길 1~2구간

새만금전시관 ▶ 변산해수욕장 ▶ 고사포해수욕장 ▶ 성천마을

- 걷는거리: 9.2km
- 걷는시간: 2시간~2시간 30분
- 출 발 점: 전북 부안군 변산면 대항리 새만금방조제
- 종 착 점: 전북 부안군 변산면 마포리 성천마을
- 난 이 도: 무난해요

추천테마	아이들과	연인끼리	여럿이	숲	들	계곡	강	바다	문화유적	봄	여름	가을	겨울
	★★	★★	★	★				★★★		★★	★	★★	

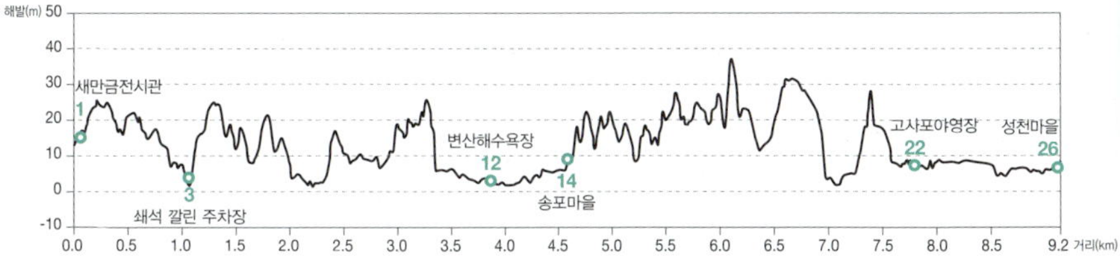

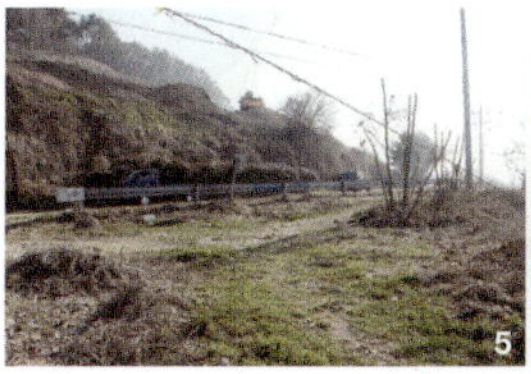

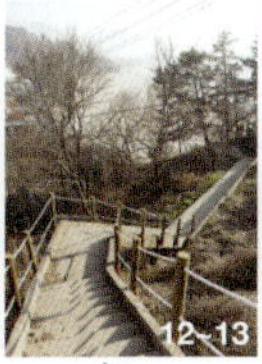

50

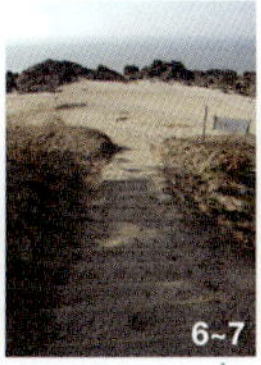

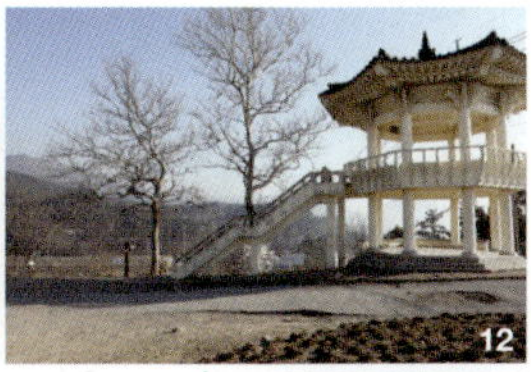

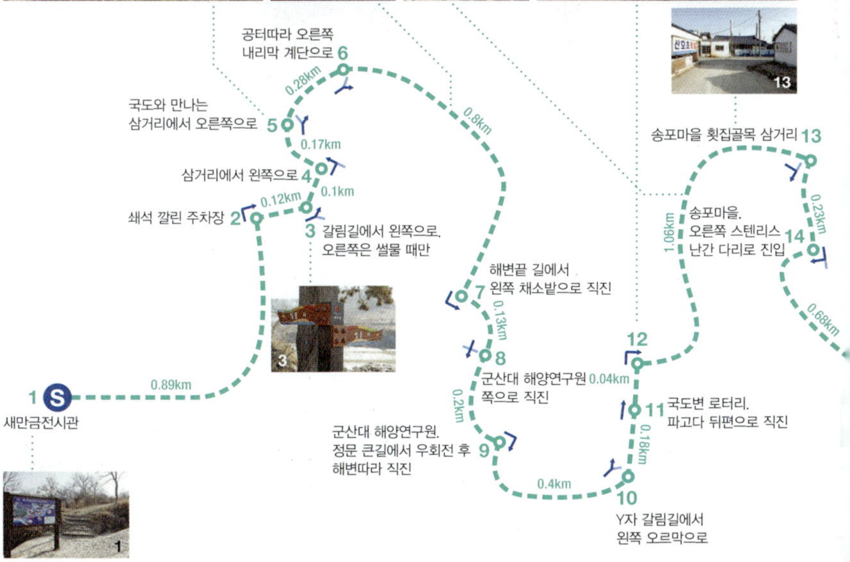

변산반도국립공원
내변산~내소사

내변산탐방안내소 ▶ 재백이고개 ▶ 내소사 ▶ 재백이고개 ▶ 내변산탐방안내소

- 걷는거리 : 14km
- 걷는시간 : 2시간 30분~3시간
- 출 발 점 : 전북 부안군 변산면 중계리 내변산탐방안내소
- 종 착 점 : 전북 부안군 변산면 중계리 내변산탐방안내소
- 난 이 도 : 조금 힘들어요

추천테마	아이들과	연인끼리	여럿이	숲	들	계곡	강	바다	문화유적	봄	여름	가을	겨울
	★★	★★	★★★	★★★	★	★★			★★	★★	★★	★★★	★

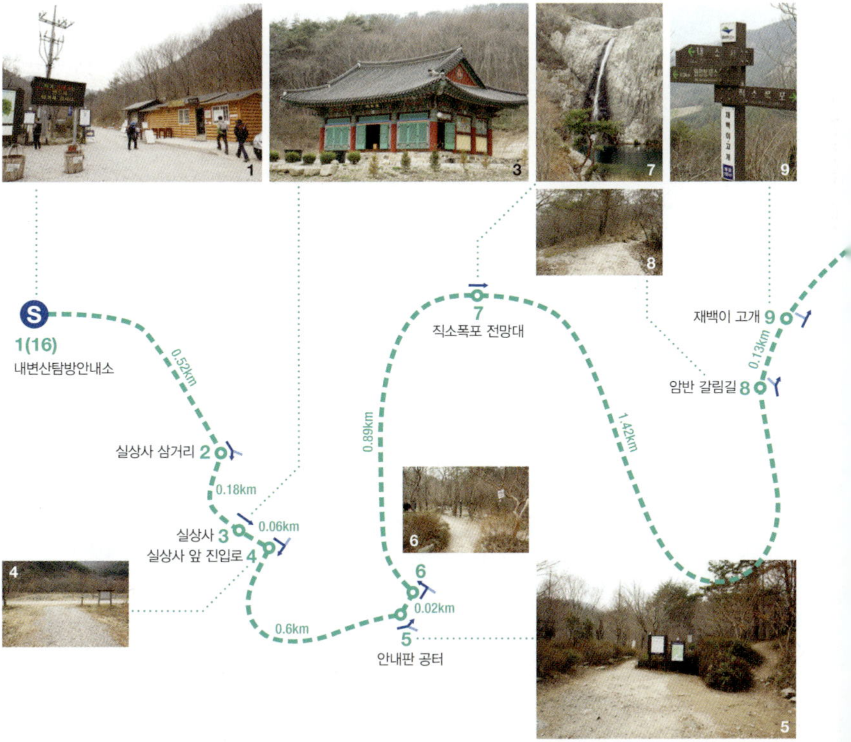

전 라 북 도
무주군

덕유산자연휴양림

심곡리

↑ 라제통문

삼공탐방안내소 1(21)
2 야영장 갈림길
오토캠핑장
3 탐방로 입구
덕유대야영장
4 제1인월교
5 산악구조대 앞 갈림길
구천동자연관찰로 입구 6
20 제2인월교
휴계단길 7
19 구천동전투기념비
구름다리 8
사자담 9
10 비파담
청류동계곡 12
11 신대교
호탄암 14
13 금포탄
15 안심대

삼공리

신풍고개 · 고제면

무주덕유산리조트

설천봉

백련사 대웅전
18
해탈문 17
16 백련사 계단

덕유산
(향적봉 1,614m)
↙ 백양봉
중봉 ↓

N
0   300m

16
18 
21 

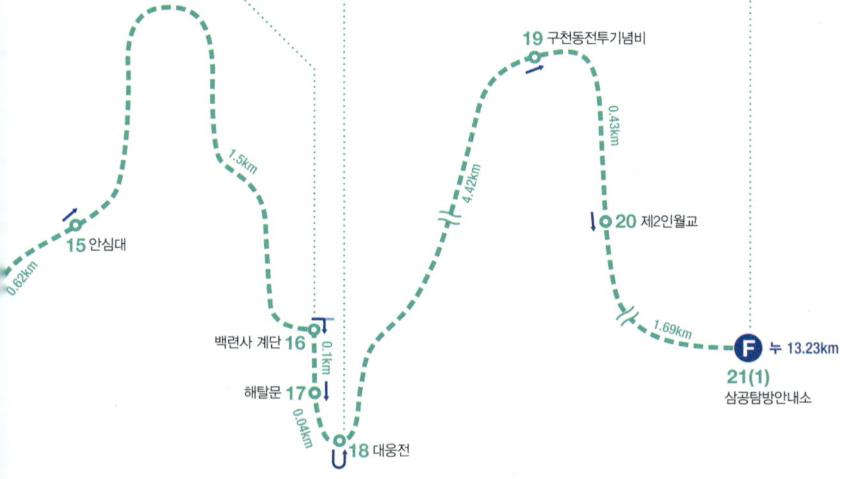

19 구천동전투기념비

0.43km

1.5km

4.42km

20 제2인월교

15 안심대

0.62km

백련사 계단 16
0.1km
해탈문 17
0.04km

1.69km

F 누 13.23km
21(1)
삼공탐방안내소

18 대웅전

4 7

덕유산국립공원
구천동~백련사

삼공탐방안내소 ▶ 청류동계곡 ▶ 백련사 ▶ 청류동계곡
▶ 삼공탐방안내소

- 걷는거리: 13.2km
- 걷는시간: 3시간 30분~4시간
- 출 발 점: 전북 무주군 설천면 삼공리 삼공탐방안내소
- 종 착 점: 전북 무주군 설천면 삼공리 삼공탐방안내소
- 난 이 도: 무난해요

추천 테마	아이들과	연인끼리	여럿이	숲	들	계곡	강	바다	문화유적	봄	여름	가을	겨울
	★★★	★★	★★★	★★★		★★★			★	★★	★★★	★★★	★★

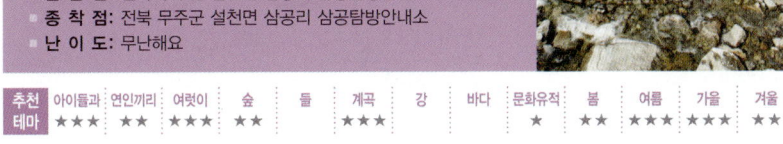

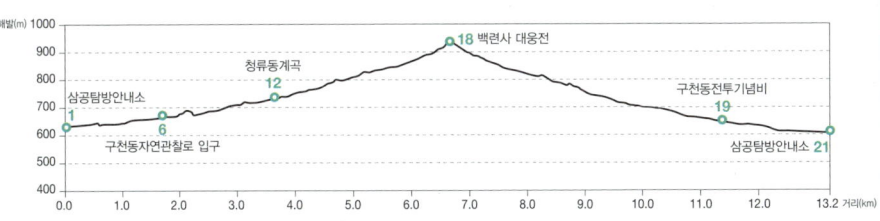

전 라 남 도
완도군
슬로길 2구간
청 산 도
0
300m
대성산
대봉산
모산
항 도
청산중학교
구들장길 분기점 17
23
22 신흥해수욕장
20
고성산
도청항 선착장 1
• 청산면사무소
19(21)
18
돌담길
시작점
원동리마을
신풍리마을 16
도락리마을 2
당리 고개
3
8
9 고인돌 하마비
〈서편제〉 촬영지
〈봄의 왈츠〉 촬영지 4
15 구들장길 시작점
7 고인돌길 시작점
보적산
10 낭길 시작점
화랑포 갯돌밭
5
6 사랑길 시작점
매봉산
14 장기미해변
13 전망대
범바위길 시작점 11
말탄바위 12
범바위

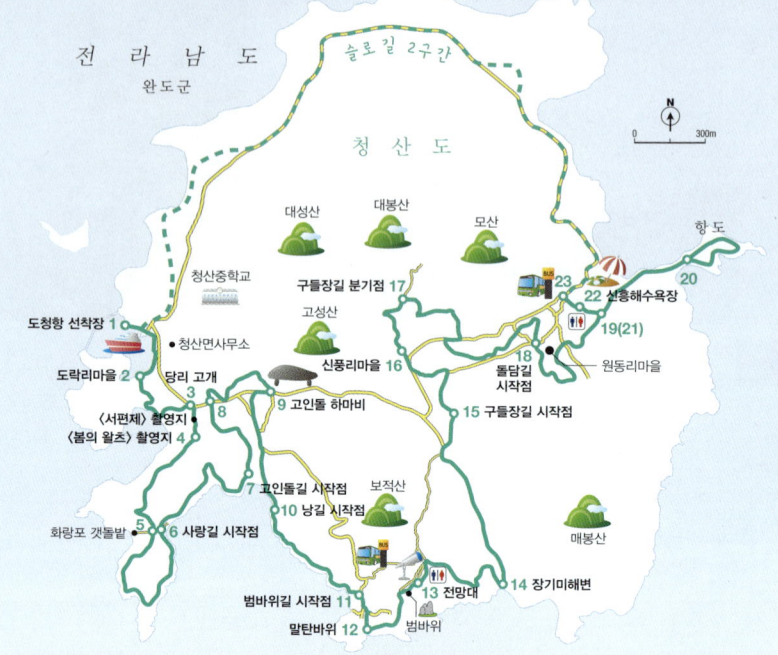

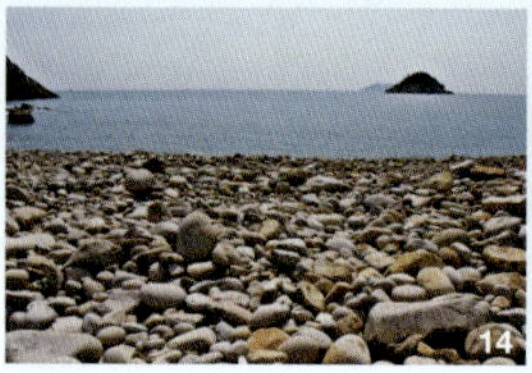

14

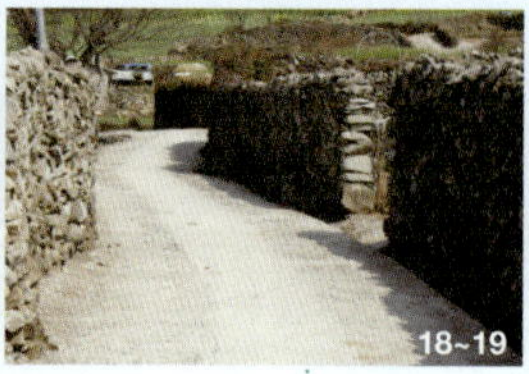

18~19

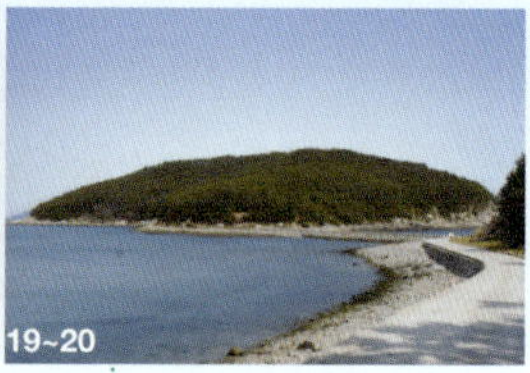

19~20

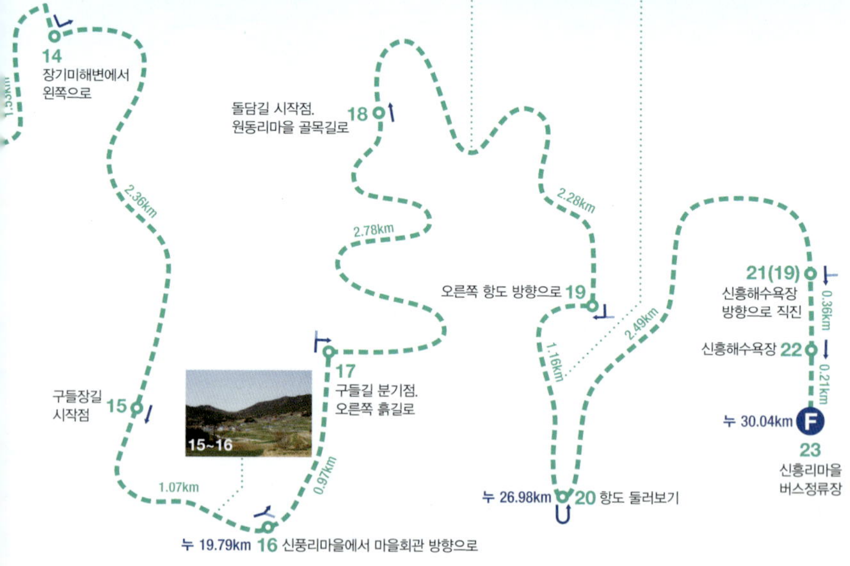

14
장기미해변에서
왼쪽으로
2.36km
구들장길
시작점 15
1.07km
15~16
누 19.79km 16 신풍리마을에서 마을회관 방향으로
0.97km
17
구들길 분기점.
오른쪽 흙길로
2.78km
돌담길 시작점.
원동리마을 골목길로 18
2.28km
오른쪽 항도 방향으로 19
1.16km
2.49km
누 26.98km 20 항도 둘러보기
21(19)
신흥해수욕장
방향으로 직진
0.36km
신흥해수욕장 22
0.21km
누 30.04km
F
23
신흥리마을
버스정류장

다도해해상국립공원

청산도 슬로길

도청항 ▶사랑길 ▶범바위길 ▶구들장길 ▶돌담길 ▶항도 ▶신흥해수욕장

- **걷는거리:** 총 30.0㎞(단축 9.6㎞, 9~16구간)
- **걷는시간:** 10~12시간(단축 4시간)
- **출 발 점:** 전남 완도군 청산면 도청리 도청항
- **종 착 점:** 전남 완도군 청산면 도청리 신흥해수욕장(단축 신풍리 버스정류장)
- **난 이 도:** 조금 힘들어요

추천 테마	아이들과	연인끼리	여럿이	숲	들	계곡	강	바다	문화유적	봄	여름	가을	겨울
	★	★★	★★★	★★★	★★★	★		★★★	★★	★★★	★★	★★★	★★

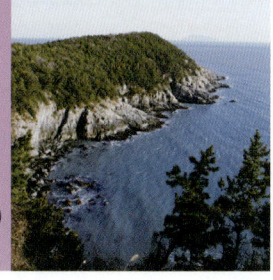

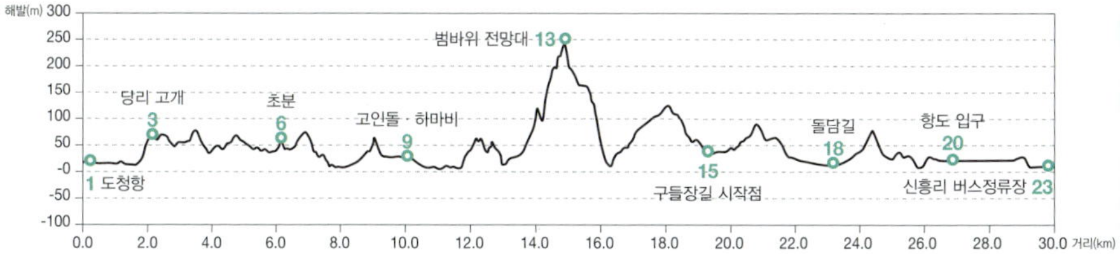

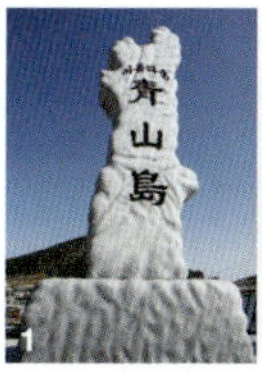
1

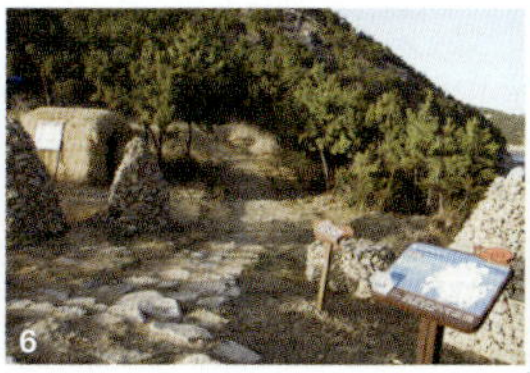
6

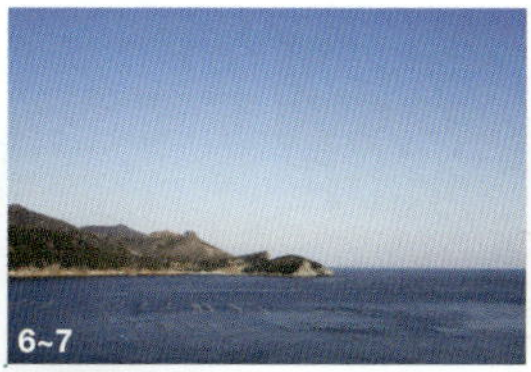
6~7

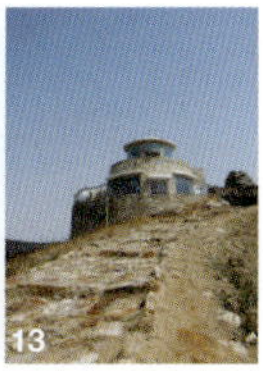
13

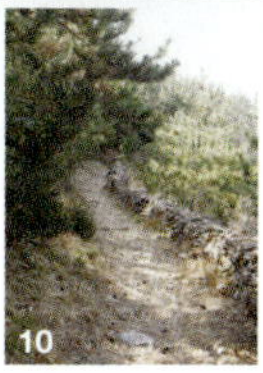
10

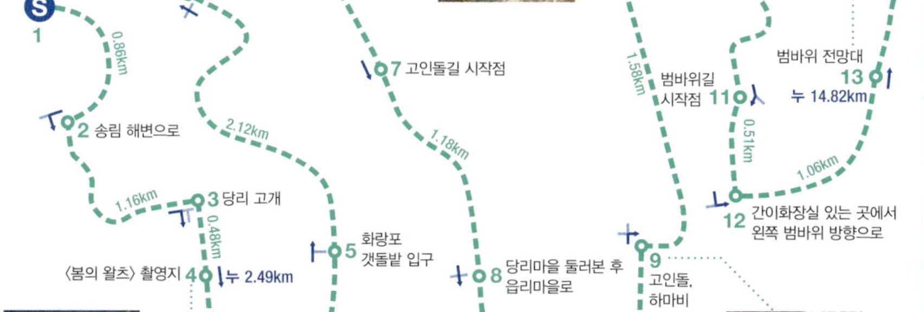

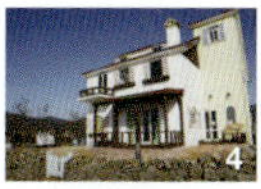
4

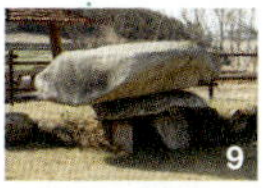
9

다도해해상국립공원

보길도

청별항 ▶윤선도 유적지 ▶동천석실 ▶통리솔밭해변 ▶예송리갯돌해변 ▶청별항

- **걷는거리:** 18.9㎞(단축 9.8㎞, 1~12구간)
- **걷는시간:** 6시간(단축 3시간)
- **출 발 점:** 전남 완도군 보길면 부황리 청별항
- **종 착 점:** 전남 완도군 보길면 부황리 청별항
- **난 이 도:** 조금 힘들어요

추천 테마	아이들과	연인끼리	여럿이	숲	들	계곡	강	바다	문화유적	봄	여름	가을	겨울
	★	★★	★★★	★★	★★★			★★★	★★★	★★★	★	★★	★

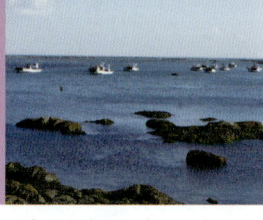

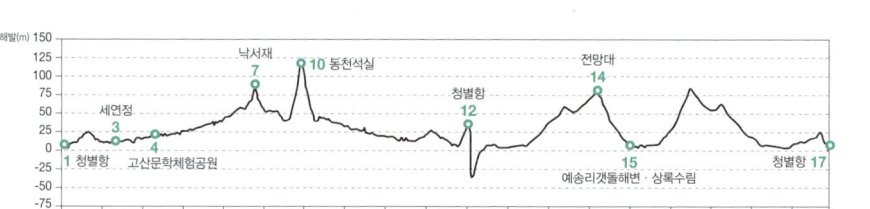

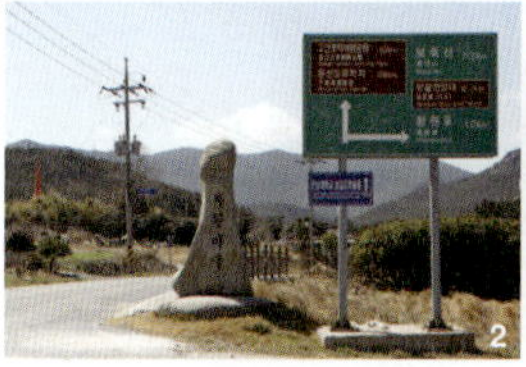

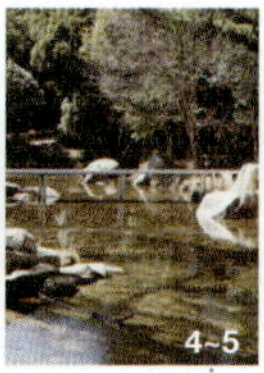

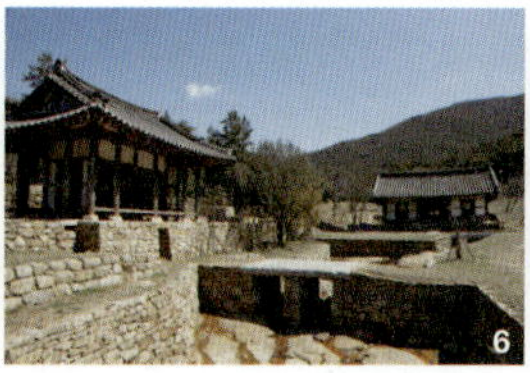

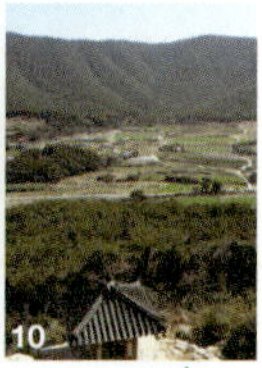

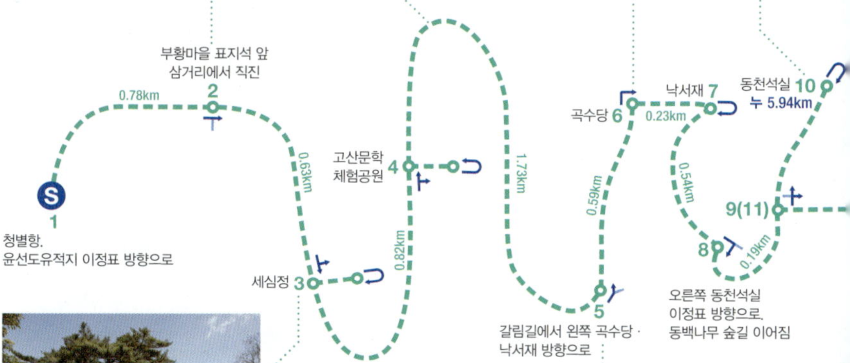

해발(m)
150
125
100
75
50
25
0
-25
-50
-75
낙서재
7
10 동천석실
세연정
3
4
고산문학체험공원
1 청별항
청별항
12
전망대
14
15
예송리갯돌해변 · 상록수림
청별항 17
0.0
1.0
2.0
3.0
4.0
5.0
6.0
7.0
8.0
9.0
10.0
11.0
12.0
13.0
14.0
15.0
16.0
17.0
18.0
18.9
거리(km)

부황마을 표지석 앞
삼거리에서 직진
2
0.78km
S
1
청별항,
윤선도유적지 이정표 방향으로
0.63km
세심정 3
고산문학
체험공원 4
0.82km
1.73km
곡수당 6
0.59km
5
갈림길에서 왼쪽 곡수당 ·
낙서재 방향으로
낙서재 7
0.23km
0.54km
8
0.19km
9(11)
동천석실 10
누 5.94km
오른쪽 동천석실
이정표 방향으로,
동백나무 숲길 이어짐

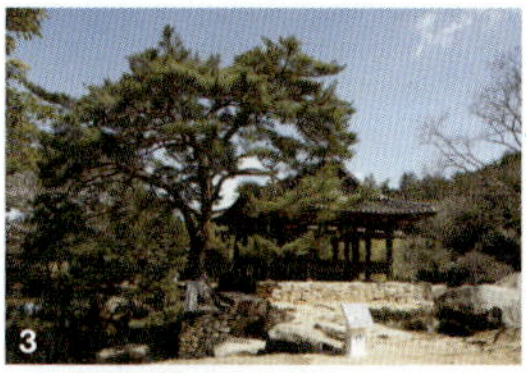

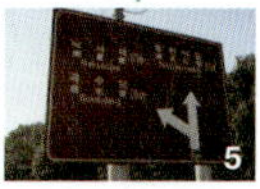

지도

- 백암산
- 봉틱리
- ← 대가재
- 도집산
- 도화마을
- 운문암
- 가마봉
- 계단 삼거리 8
- 9 포장길 삼거리
- 구암사
- 전 라 남 도
- 신 성 리
- 구암사 갈림길
- 장성군
- 반 월 리
- 넓은 공터 7
- ↑ 전남대수련원
- 6 이정표 삼거리
- 상여봉
- 10 주차장
- 11(13) 백양사 앞 다리 삼거리
- 5 이정표
- 14 쌍계루
- 산길 탐방로 입구 4
- 백양사 입구 12
- 농암삼거리 →
- 가인봉
- 가인마을경로당 3 삼거리
- 가인야영장
- 가인교 2
- 백양사 매표소 앞 주차장 1(16)
- 15 내리막 삼거리
- 장성호
- 약 수 리
- 중 평 리
- 49
- 빵울리
- ↓ 북하면
- ↓ 북하면

0   200   400m

경로 상세

- 13(11) 백양사 앞 다리 삼거리
- 0.11km
- 백양사 입구 12
- 0.26km
- 14 쌍계루
- 0.074km
- 백양사 앞 다리 삼거리 11
- 1.05km
- 내리막 삼거리 15
- F 누 8.11km
- 16(1) 백양사 매표소 앞 주차장
- 0.68km
- 10 주차장
- 10~11
- 16

4 1

내장산국립공원
가인마을~백양사

백양사 매표소 주차장 ▶ 가인마을 ▶ 운문암 ▶ 백양사
▶ 백양사 매표소 주차장

- 걷는거리: 8.2km
- 걷는시간: 3시간 30분~4시간
- 출 발 점: 전남 장성군 북하면 약수리 백양사 매표소 주차장
- 종 착 점: 전남 장성군 북하면 약수리 백양사 매표소 주차장
- 난 이 도: 조금 힘들어요

추천 테마	아이들과	연인끼리	여럿이	숲	들	계곡	강	바다	문화유적	봄	여름	가을	겨울
	★	★★	★★★★	★★★	★				★★	★★★★	★	★★★	★

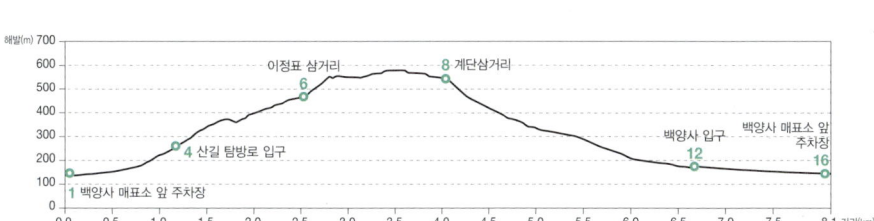

한려해상국립공원
한산도

제승당 선착장 ▶ 제승당 ▶ 염개 갯벌 ▶ 추봉교
▶ 봉암몽돌해변 ▶ 제승당 선착장

- 걷는거리 : 총 22.3km (단축 13.9km, 1~15구간)
- 걷는시간 : 6시간 (단축 4시간)
- 출 발 점 : 경남 통영시 한산면 두억리 제승당 선착장
- 종 착 점 : 경남 통영시 한산면 두억리 제승당 선착장 (단축 봉암리 버스정류장)
- 난 이 도 : 조금 힘들어요

추천테마	아이들과	연인끼리	여럿이	숲	돌	계곡	강	바다	문화유적	봄	여름	가을	겨울
	★	★★★	★					★★★	★★★	★		★★	★

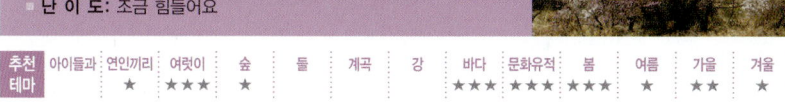

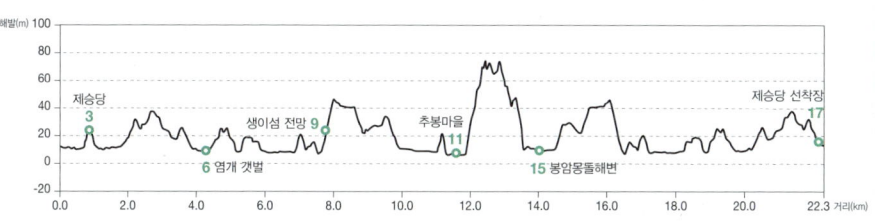

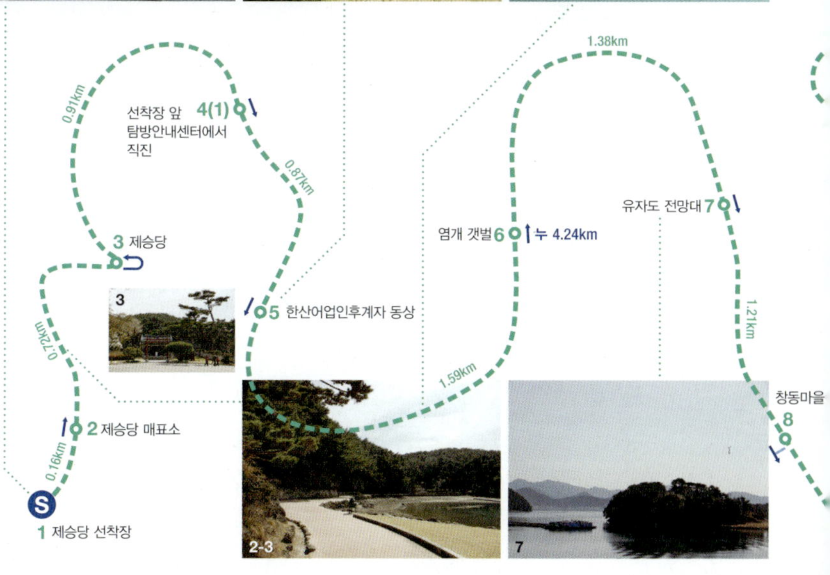

한려해상국립공원
소매물도

소매물도 선착장 ▶ 망태봉 ▶ 몽돌길(열목개) ▶ 등대섬
▶ 해안 산책길 ▶ 소매물도 선착장

- 걷는거리 : 총 3.2km
- 걷는시간 : 1시간 30분
- 출 발 점 : 경남 통영시 한산면 매죽리 소매물도 선착장
- 종 착 점 : 경남 통영시 한산면 매죽리 소매물도 선착장
- 난 이 도 : 쉬워요

추천테마	아이들과	연인끼리	여럿이	숲	들	계곡	강	바다	문화유적	봄	여름	가을	겨울
	★★★	★★★	★★★	★				★★★		★★★	★★★	★★★	★★★

1 소매물도항.
가파른 오르막길 이어짐

2 직진. 왼쪽에 폐교 위치

3 오른쪽 망태봉 이정표 방향으로.
직진은 해안 산책로

4 망태봉 정상

5 전망대

6 해안 산책로과
만나는 합류지점.
데크 전망대에서
등대섬 조망

절골탐방지원센터
N
0
300m
주 왕 산 국 립 공 원
주산천
경 상 북 도
청송군
이전 사거리
부처손
3
전망대 5
1(6) 주산지 휴게소
4
주산지
2 숲길시작

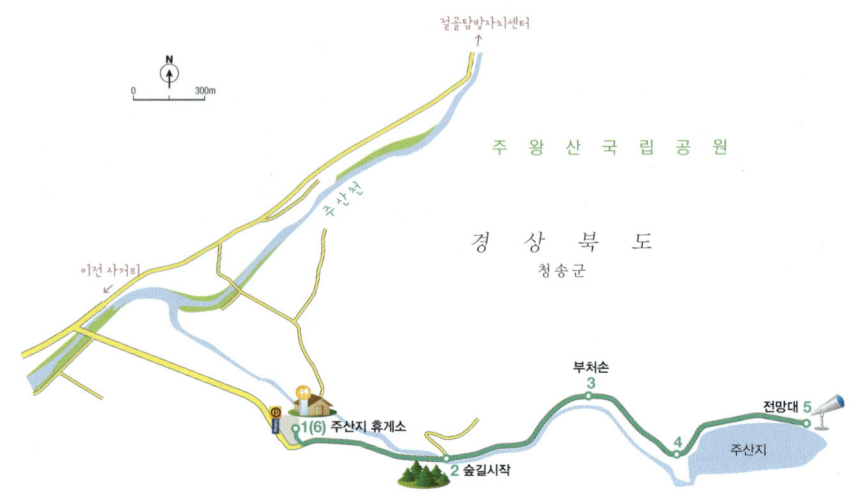

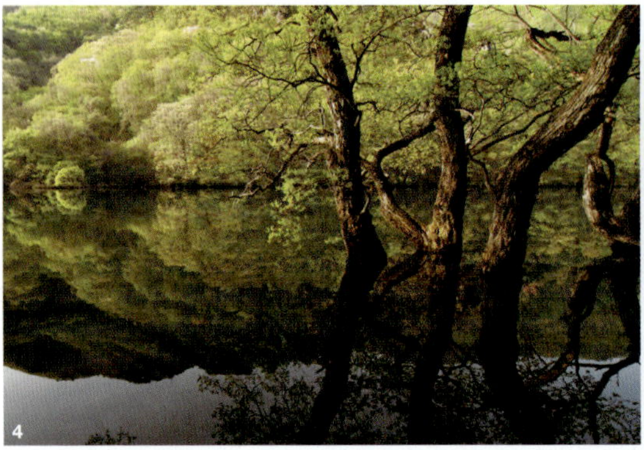

4

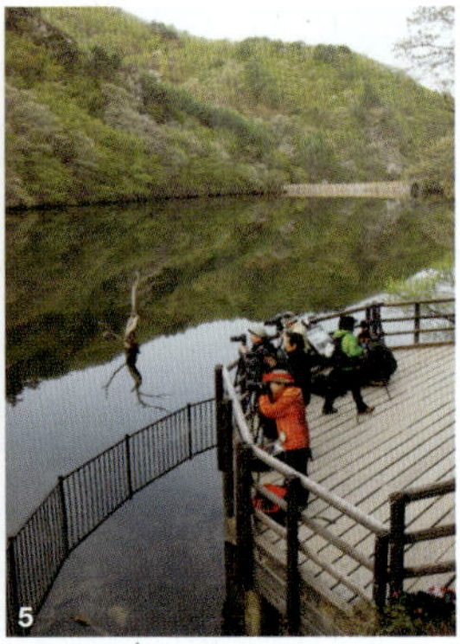

5

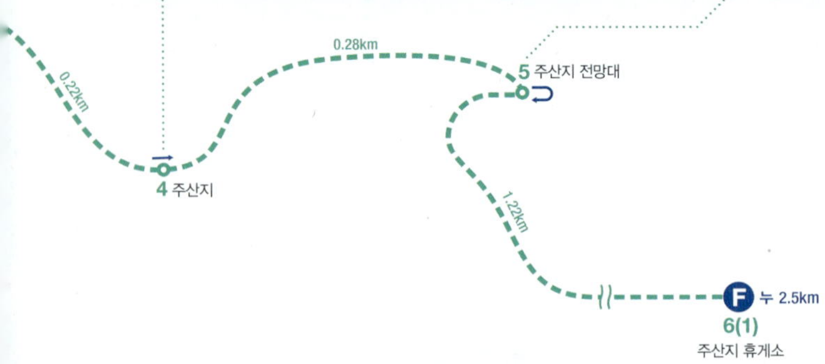

0.22km
0.28km
5 주산지 전망대
4 주산지
1.22km
F 누 2.5km
6(1)
주산지 휴게소

주왕산국립공원
주산지

주산지 휴게소 ▶ 자연관찰로 ▶ 주산지 ▶ 주산지 휴게소

- 걷는거리: 총 2.5km
- 걷는시간: 40분~1시간
- 출 발 점: 경북 청송군 부동면 이전리 주산지 휴게소
- 종 착 점: 경북 청송군 부동면 이전리 주산지 휴게소
- 난 이 도: 아주 쉬워요

| 추천 테마 | 아이들과 ★★★ | 연인끼리 ★★★ | 여럿이 ★★ | 숲 ★★ | 들 | 계곡 ★ | 강 | 바다 | 문화유적 | 봄 ★★★ | 여름 ★★ | 가을 ★★★ | 겨울 ★★ |

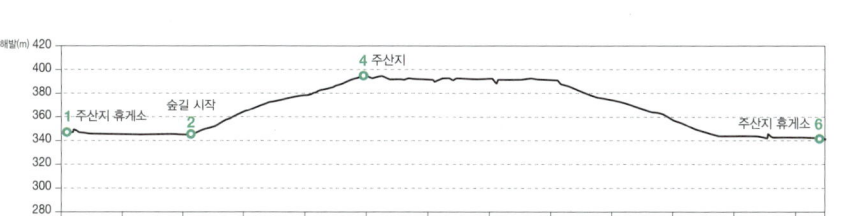

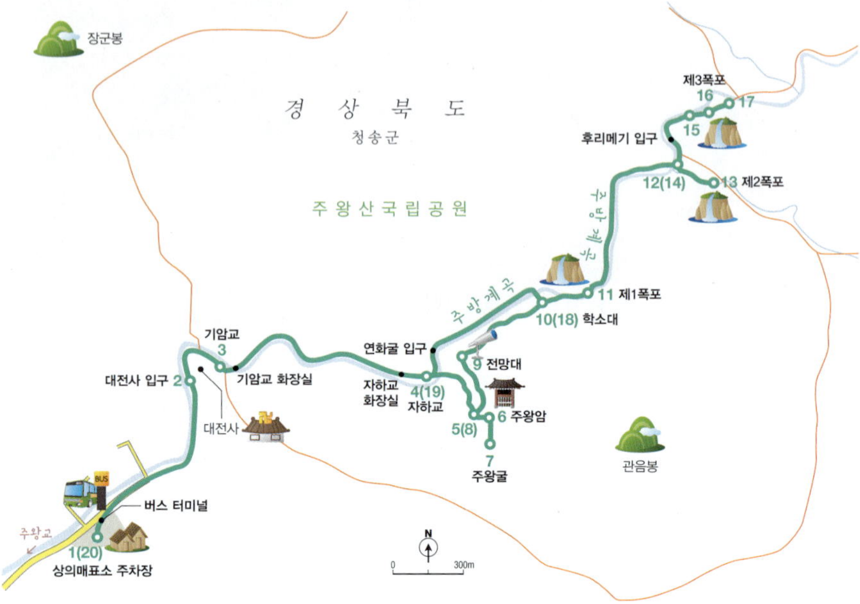

장군봉
경 상 북 도
청송군
주왕산국립공원
제3폭포
16
17
15
후리메기 입구
12(14)
13 제2폭포
주방계곡
11 제1폭포
10(18) 학소대
기암교
3
대전사 입구 2
기암교 화장실
연화굴 입구
9 전망대
자하교
화장실
4(19)
자하교
6 주왕암
5(8)
7
주왕굴
대전사
관음봉
BUS
버스 터미널
주왕교
1(20)
상의매표소 주차장
N
0
300m

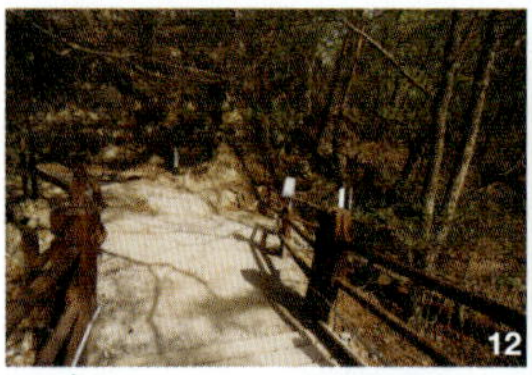
12

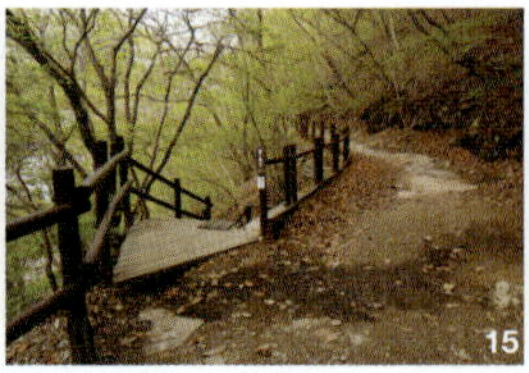
15

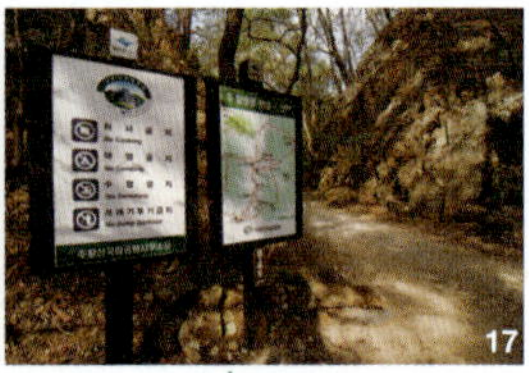
17

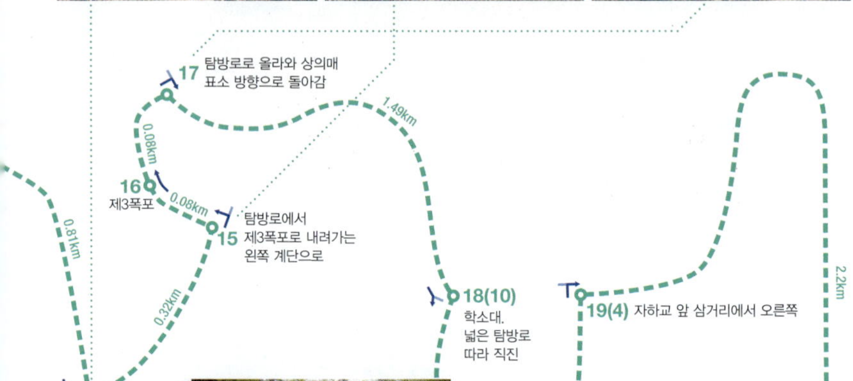

17 탐방로로 올라와 상의매
표소 방향으로 돌아감
1.49km
0.08km
16 제3폭포
0.08km
15 탐방로에서
제3폭포로 내려가는
왼쪽 계단으로
0.81km
0.32km
18(10) 학소대.
넓은 탐방로
따라 직진
19(4) 자하교 앞 삼거리에서 오른쪽
2.2km
12(14)
누 4.78km
제2폭포 방향으로
우회전. 12번 삼거리로
돌아와 제3폭포
방향으로 직진
0.44km
0.67km
누 10.1km F
20(1)
상의매표소 주차장
13 제2폭포.
12번 지점으로 돌아감

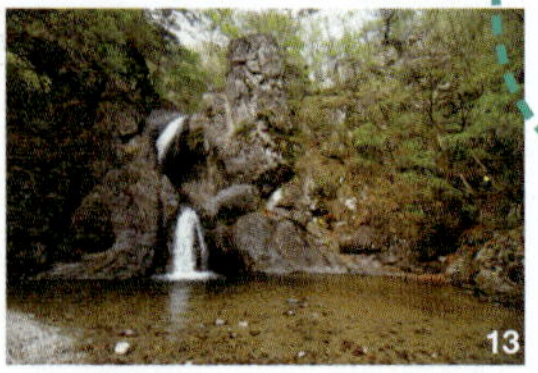
13

주왕산국립공원
주방계곡

상의매표소 ▶ 대전사 ▶ 제1폭포 ▶ 제2폭포 ▶ 제3폭포 ▶ 대전사 ▶ 상의매표소

- 걷는거리 : 10.0㎞
- 걷는시간 : 3시간~3시간 30분
- 출 발 점 : 경북 청송군 부동면 상의리 주왕산 상의매표소
- 종 착 점 : 경북 청송군 부동면 상의리 주왕산 상의매표소
- 난 이 도 : 쉬워요

추천테마	아이들과	연인끼리	여럿이	숲	들	계곡	강	바다	문화유적	봄	여름	가을	겨울
	★★★	★★	★★★	★★★		★★★			★★	★★★	★★★	★★★	★

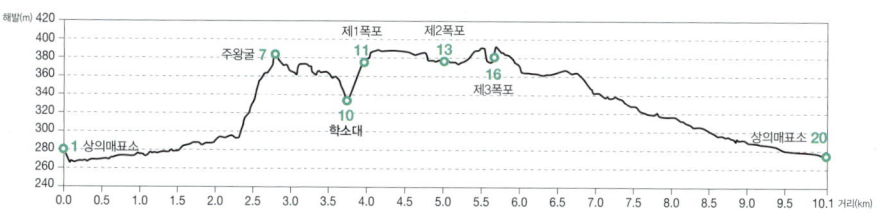

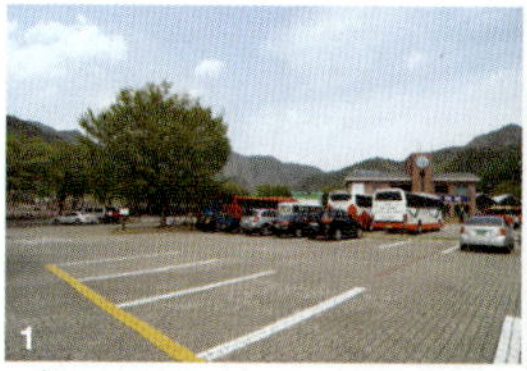

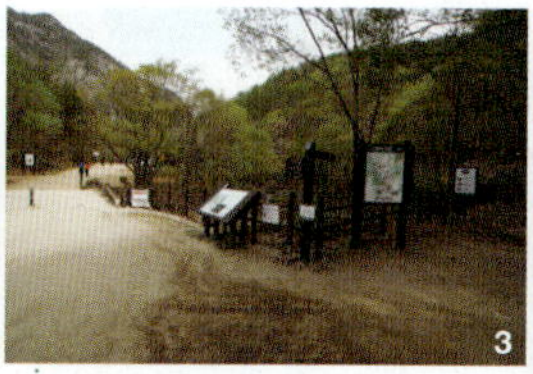

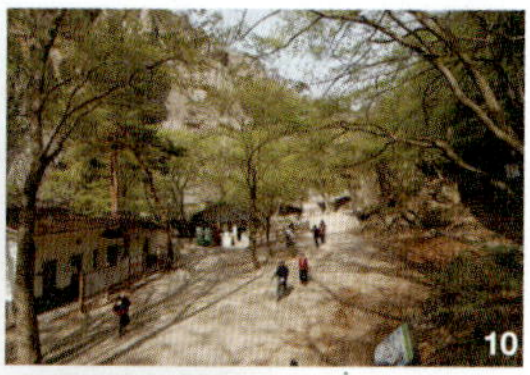

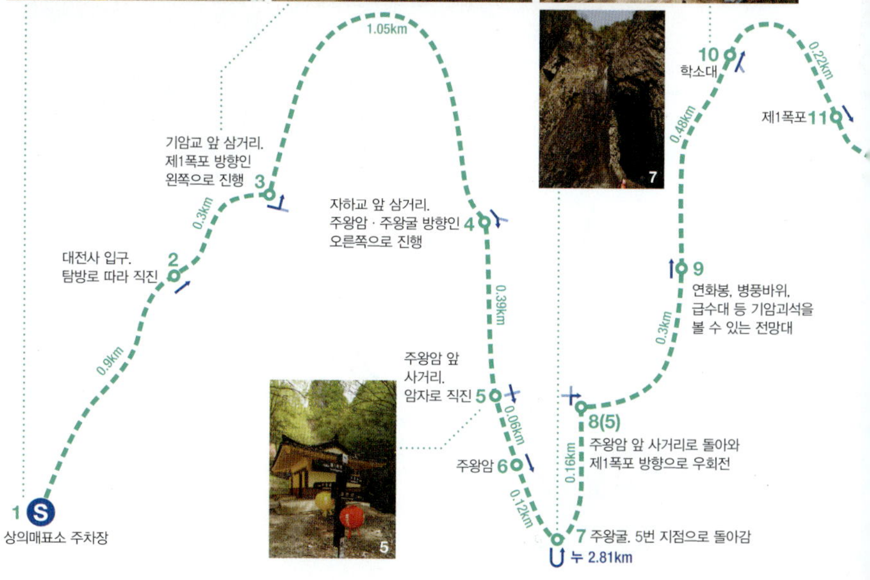

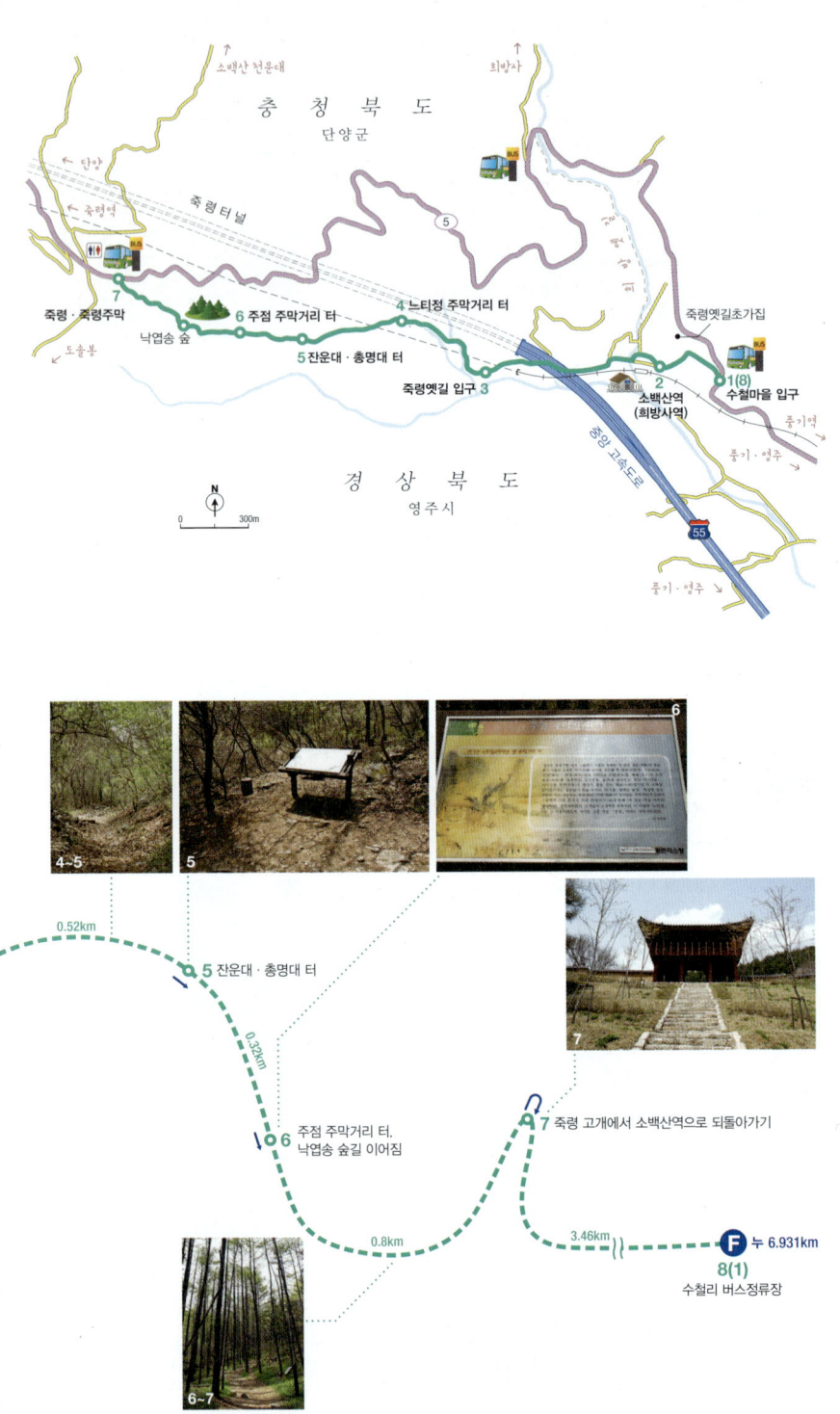

소백산국립공원
죽령옛길

소백산역 ▶ 느티정 주막거리 터 ▶ 잔운대·촛명대 터 ▶ 주점 주막거리 터 ▶ 죽령 ▶ 소백산역

- 걷는거리: 총 6.9km
- 걷는시간: 2시간 30분
- 출 발 점: 경북 영주시 풍기읍 수철리 버스정류장(소백산역)
- 종 착 점: 경북 영주시 풍기읍 수철리 버스정류장(소백산역)
- 난 이 도: 쉬워요

추천 테마	아이들과	연인끼리	여럿이	숲	들	계곡	강	바다	문화유적	봄	여름	가을	겨울
	★★★	★★★	★★★	★★★		★★			★★★	★★★	★★★	★★★	★

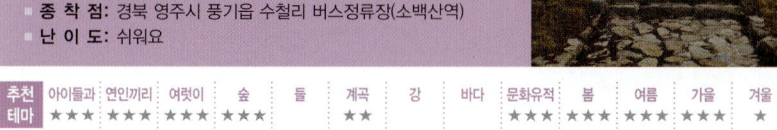

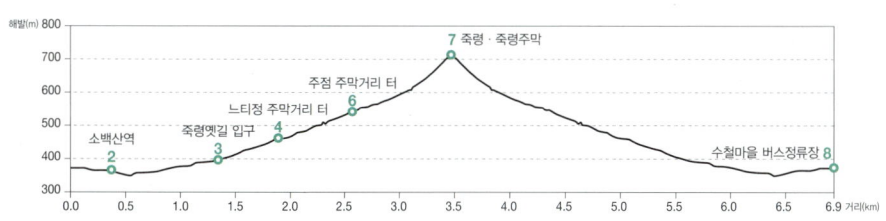

30

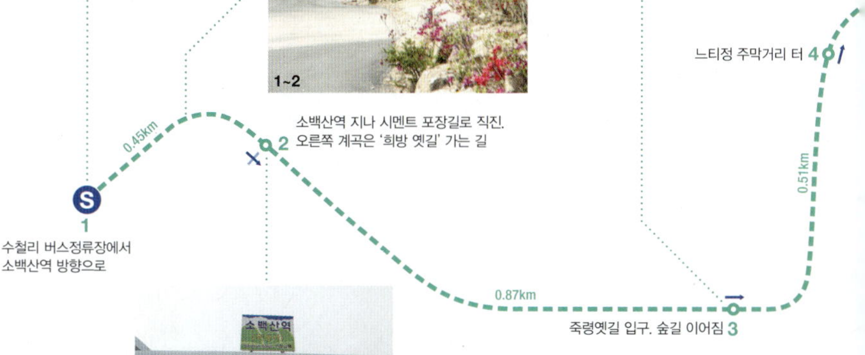

경주국립공원
토함산 불국사~석굴암

불국사 ▶토함산 탐방로 ▶석굴암 석굴 ▶토함산 탐방로 ▶불국사

- **걷는거리:** 총 7.8km
- **걷는시간:** 3시간
- **출 발 점:** 경북 경주시 진현동 불국사 주차장
- **종 착 점:** 경북 경주시 진현동 불국사 주차장
- **난 이 도:** 무난해요

추천 테마	아이들과	연인끼리	여럿이	숲	들	계곡	강	바다	문화유적	봄	여름	가을	겨울
	★★★	★★★	★★★	★★★					★★★	★★★	★★	★★★	★★

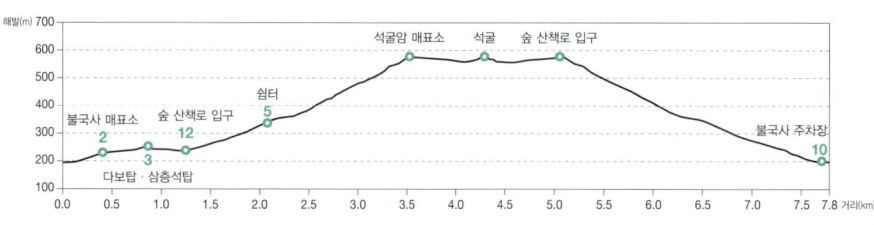

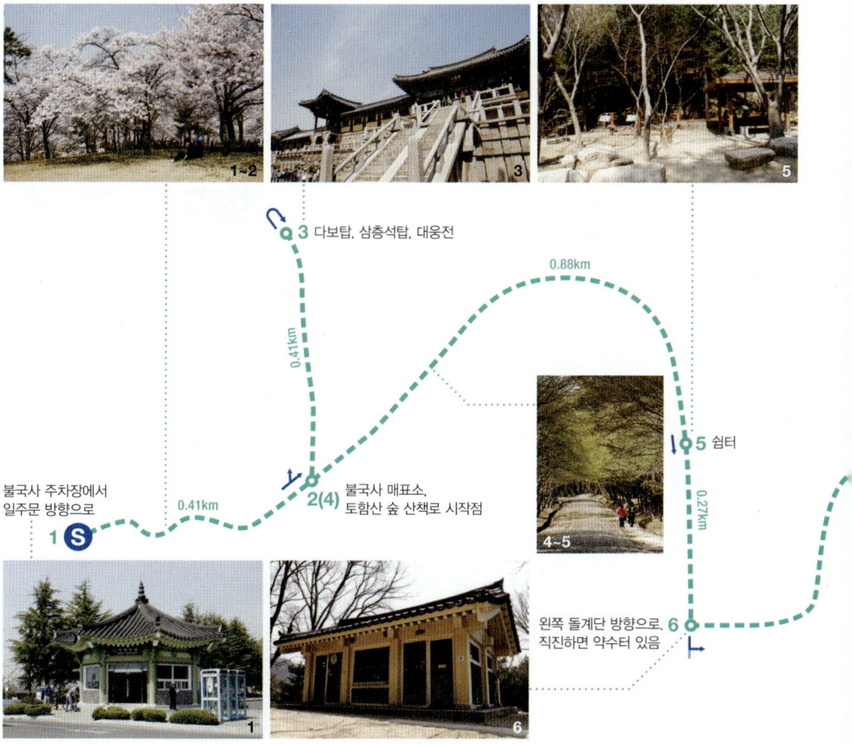

지도 (경상북도 경주시)

- ↑ 경주역
- ↑ 경주역
- ↑ 경주시청
- 윤율곡마애불좌상 5
- 포석정 주차장 1(23)
- 2 포석정 매표소
- 3 남산탐방공원지킴터
- 4 포석정
- 6
- 7
- 신라헌강왕릉
- 20(22) 삼불사
- 21 석조여래삼존입상
- 통일전
- 삼릉휴게소
- 망월사
- 부흥사
- 단감농원 함매칼국수
- 19 삼릉
- 18 선각육존불
- 마애석가여래좌상
- 금오정 9
- 8(10)
- ↗ 불국사역
- 경애왕릉
- 17 석불좌상
- 상선암
- 11 상사바위
- 뒷비파마을
- 13(15)
- 금오산 14
- 12 화장실
- ↓ 내남면
- ↓ 용장리
- ↓ 고위산
- N 300m

사진 캡션
- 12~13
- 14 
- 19
- 17
- 18

경로 안내

- 0.68km
- 화장실 있는 곳에서 오른쪽 삼릉 방향 이정표로, 나무계단 이어짐 12
- 0.09km
- 14 금오산 정상
- 0.06km
- 누 5.39km 13(15) 갈림길
- 0.56km
- 삼릉, '삼불사 500m' 이정표 방향으로 19
- 누 7.82km
- 0.1km
- 20(22) 삼불사 탐방로 주차장
- 21 석조여래삼존입상
- 0.77km
- 0.75km
- 0.78km
- 마애석가여래좌상, 상선암 방향 내리막길로 16
- 선각육존불 18
- 0.54km
- 0.3km
- 17 석불좌상
- F 누 9.3km
- 23(1) 포석정 주차장

경주국립공원
남산 포석정~삼릉

포석정 ▶ 금오정 ▶ 상사바위 ▶ 금오산 ▶ 상선암 ▶ 삼릉
▶ 삼불사 ▶ 포석정

- 걷는거리: 총 9.3km
- 걷는시간: 3~4시간
- 출 발 점: 경북 경주시 배동 포석정 주차장
- 종 착 점: 경북 경주시 배동 포석정 주차장
- 난 이 도: 무난해요

추천테마	아이들과	연인끼리	여럿이	숲	들	계곡	강	바다	문화유적	봄	여름	가을	겨울
	★★	★★	★★★★	★★★★	★	★★★			★★★★	★★★★	★★	★★★★	★★

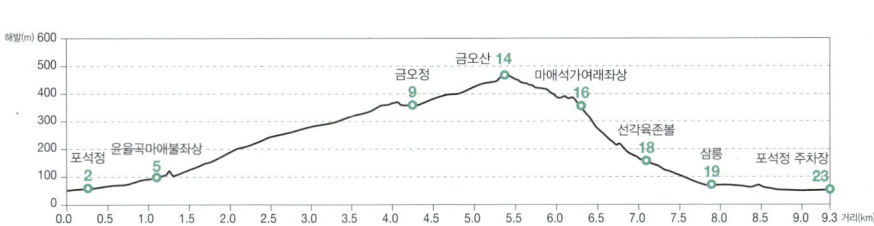

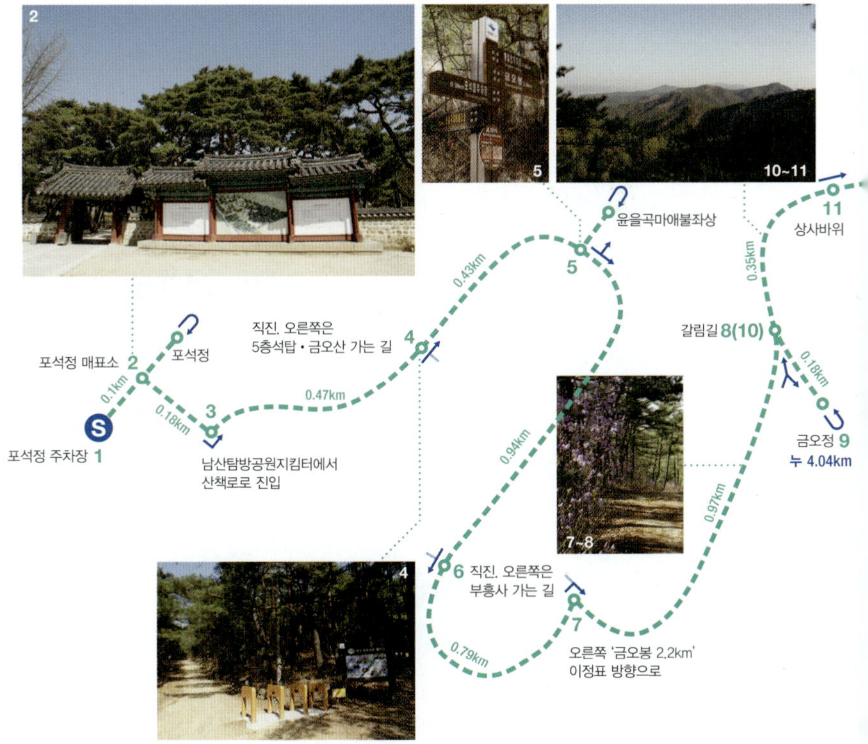

고도 단면도: 포석정 2(약 50m) → 윤을곡마애불좌상 5(약 100m) → 금오정 9(약 380m) → 금오산 14(약 470m) → 마애석가여래좌상 16(약 380m) → 선각육존불 18(약 250m) → 삼릉 19(약 100m) → 포석정 주차장 23(약 50m)

— 포석정 매표소 1 (S) → 0.1km → 포석정 2 → 0.18km → 3 남산탐방공원지킴터에서 산책로로 진입 → 0.47km → 4 직진, 오른쪽은 5층석탑·금오산 가는 길 → 0.43km → 5 윤을곡마애불좌상 → 0.94km → 6 직진, 오른쪽은 부흥사 가는 길 → 0.79km → 7 오른쪽 '금오봉 2.2km' 이정표 방향으로 → 0.97km → 갈림길 8(10) → 0.18km → 금오정 9 (누 4.04km) → 0.35km → 상사바위 11

가야산국립공원
백련암~해인사

가야산휴게실 ▶ 백련암 ▶ 해인사 ▶ 가야산휴게실

- 걷는거리: 5.6km
- 걷는시간: 2시간
- 출 발 점: 경남 합천군 가야면 치인리 가야산휴게실
- 종 착 점: 경남 합천군 가야면 치인리 가야산휴게실
- 난 이 도: 힘들어요

추천테마	아이들과	연인끼리	여럿이	숲	들	계곡	강	바다	문화유적	봄	여름	가을	겨울
	★★	★★	★★★	★		★			★★★	★★★	★	★★★	★

태안해안국립공원
꽃지해수욕장~안면도자연휴양림

꽃지해안공원 주차장 ▶안면도자연휴양림 ▶안면도수목원 ▶꽃지해수욕장

- **걷는거리:** 11.4㎞
- **걷는시간:** 3시간~3시간 30분
- **출 발 점:** 충남 태안군 안면읍 승언리 꽃지해안공원 주차장
- **종 착 점:** 충남 태안군 안면읍 승언리 꽃지해안공원 주차장
- **난 이 도:** 무난해요

추천 테마	아이들과	연인끼리	여럿이	숲	들	계곡	강	바다	문화유적	봄	여름	가을	겨울
	★★	★★★	★★	★★★				★★★		★★★	★	★★	★

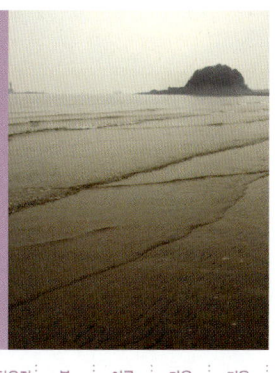

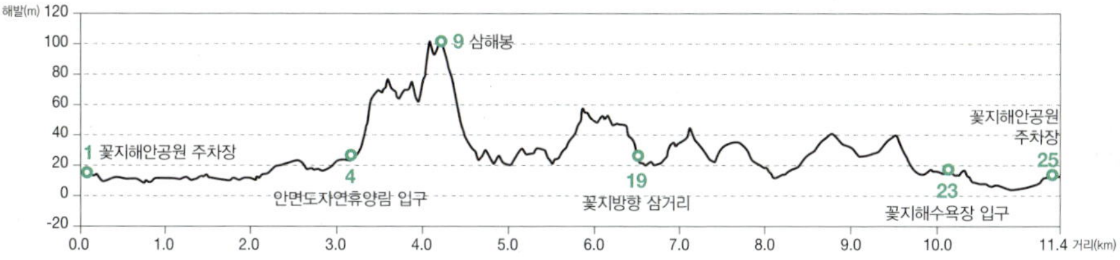

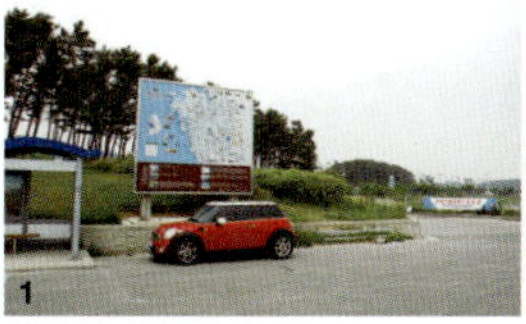

1

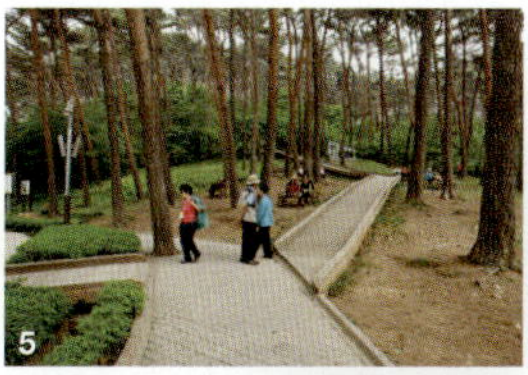

5

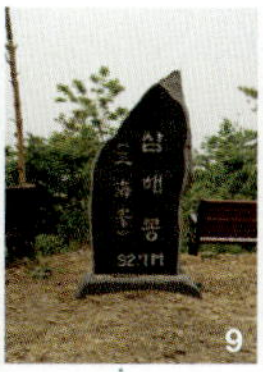

9

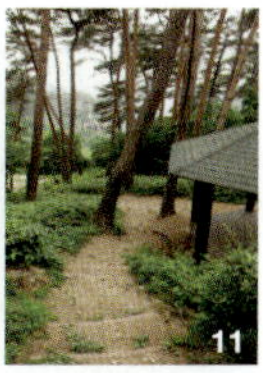

11

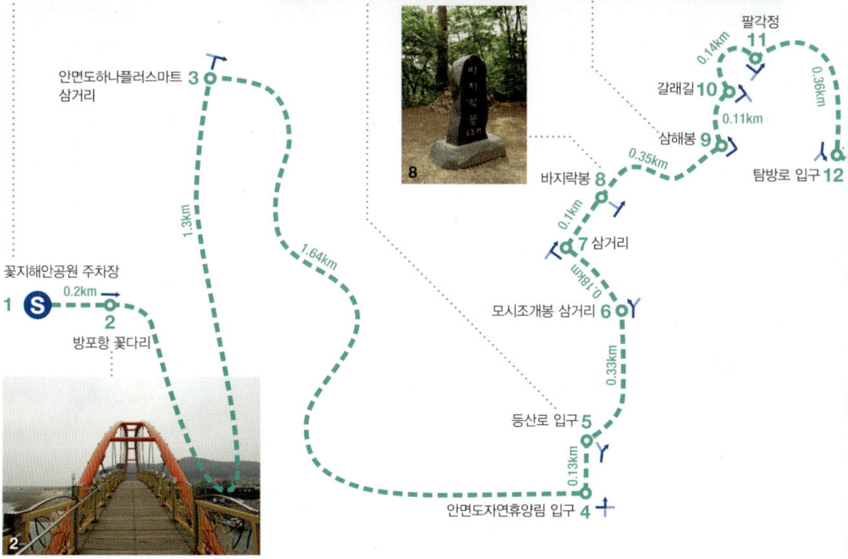

8

2

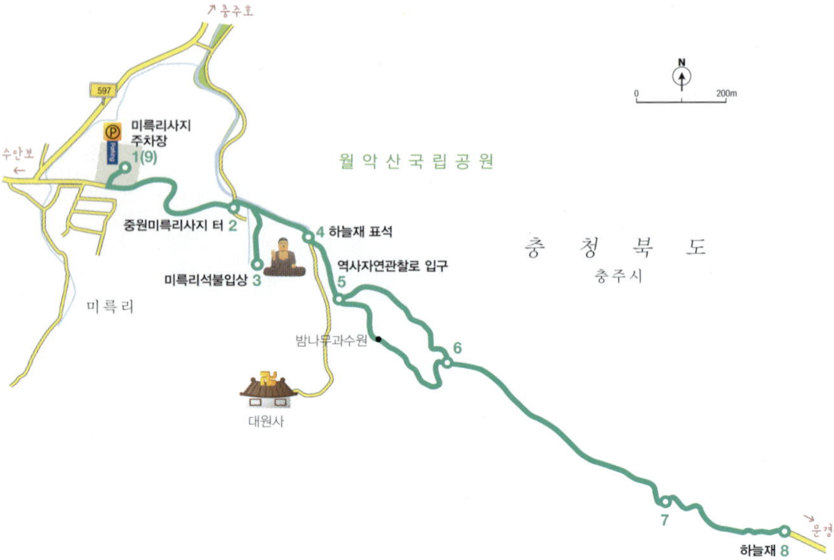
충주호
597
미륵리사지
주차장
1(9)
수안보
월악산국립공원
N
0
200m
중원미륵리사지 터 2
4 하늘재 표석
미륵리석불입상 3
역사자연관찰로 입구
5
충청북도
충주시
미륵리
밤나무과수원
6
대원사
7
하늘재 8
문경읍

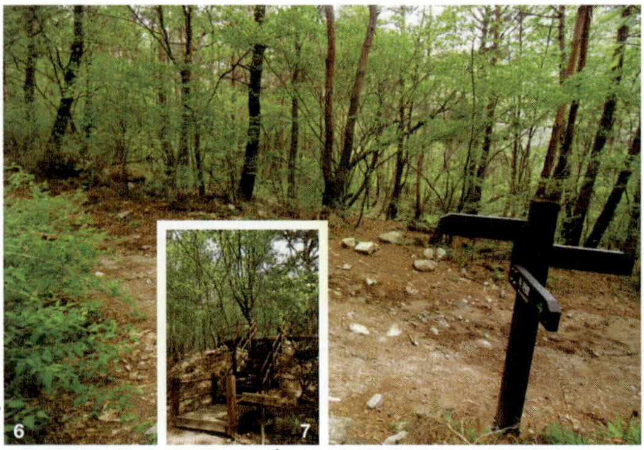

6

7

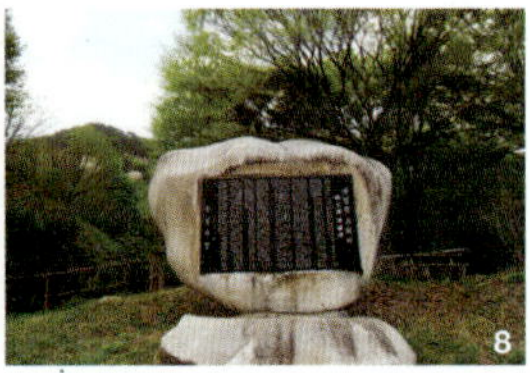

8

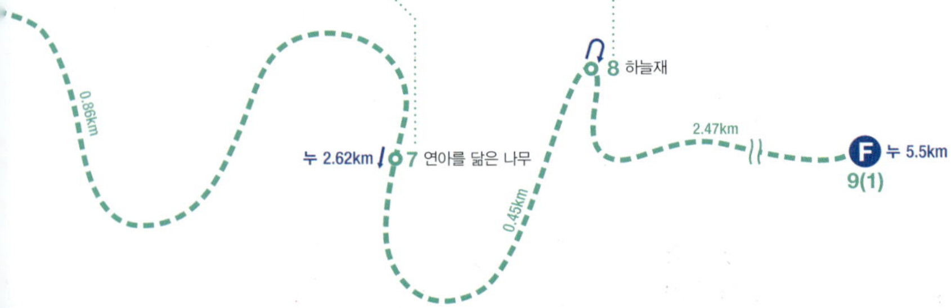
0.86km
누 2.62km
7 연아를 닮은 나무
0.45km
8 하늘재
2.47km
F
누 5.5km
9(1)

월악산국립공원

하늘재

미륵리사지 주차장 ▶미륵리사지 터 ▶하늘재 ▶미륵리사지 주차장

- **걷는거리:** 총 5.5㎞
- **걷는시간:** 1시간 30분~2시간
- **출 발 점:** 충북 충주시 수안보면 미륵리 미륵리사지 주차장
- **종 착 점:** 충북 충주시 수안보면 미륵리 미륵리사지 주차장
- **난 이 도:** 아주 쉬워요

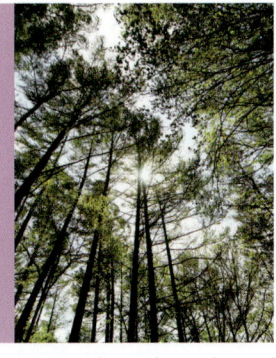

추천 테마	아이들과	연인끼리	여럿이	숲	들	계곡	강	바다	문화유적	봄	여름	가을	겨울
	★★	★★	★★	★★★		★			★★★	★★	★★	★★★	★★

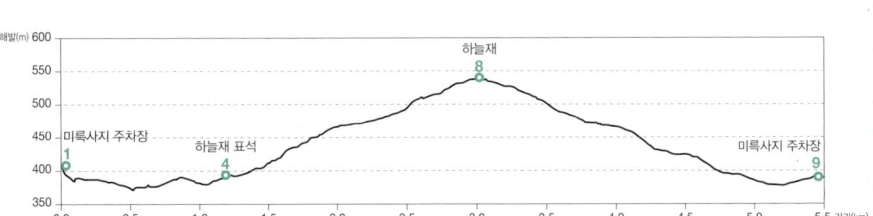

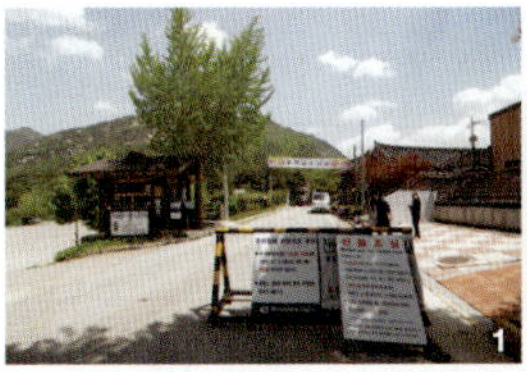

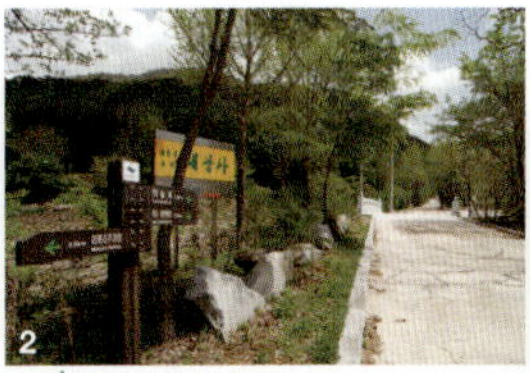

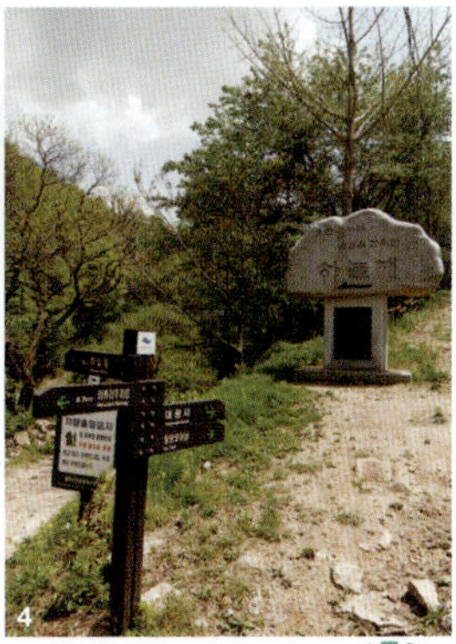

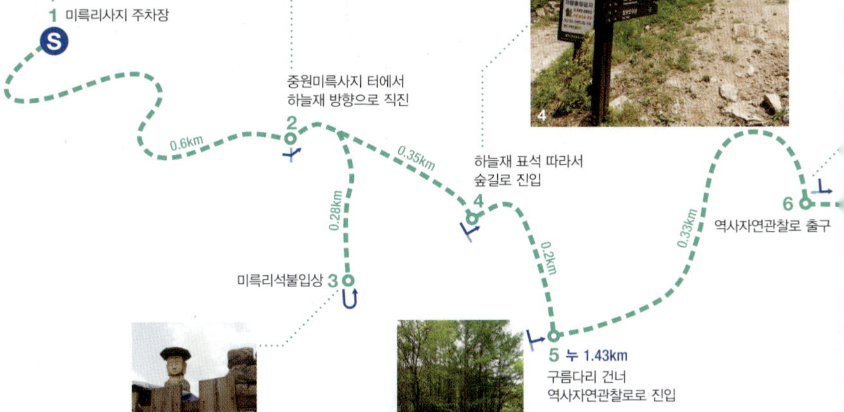

해발(m)
600
550
500
450
400
350
하늘재
8
미륵사지 주차장
1
하늘재 표석
4
미륵사지 주차장
9
0.0
0.5
1.0
1.5
2.0
2.5
3.0
3.5
4.0
4.5
5.0
5.5
거리(km)

1 미륵리사지 주차장
S
0.6km
2
중원미륵사지 터에서
하늘재 방향으로 직진
0.28km
미륵리석불입상 3
0.35km
4
하늘재 표석 따라서
숲길로 진입
0.2km
5 누 1.43km
구름다리 건너
역사자연관찰로로 진입
0.33km
6
역사자연관찰로 출구

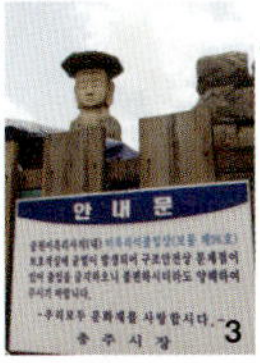

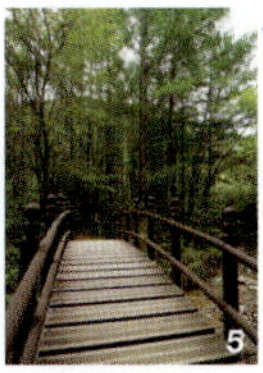

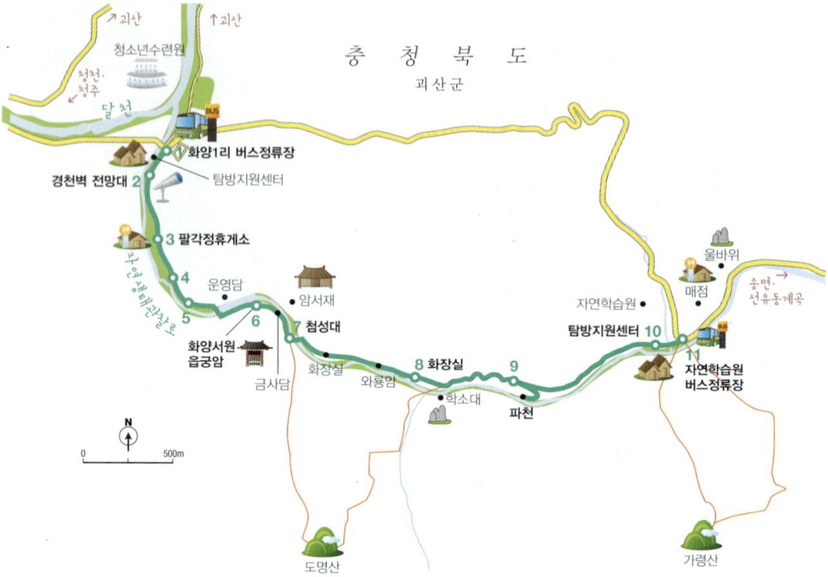

↗괴산
↑괴산
청소년수련원
충 청 북 도
괴산군
청천·청주
달천
BUS
1 화양1리 버스정류장
탐방지원센터
경천벽 전망대 2
3 팔각정휴게소
자연생태관찰로
4
운영담
5
암서재
6
7 첨성대
화양서원·읍궁암
금사담
화장실
와룡암
8 화장실
9
학소대
파천
울바위
매점
송면·선유동계곡→
자연학습원
탐방지원센터 10
11 자연학습원 버스정류장
N
0
500m
도명산
가령산

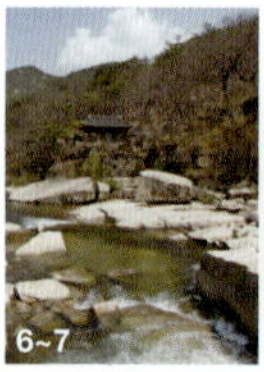
6~7

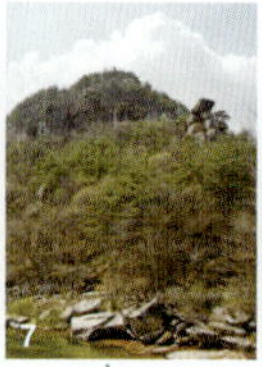
7

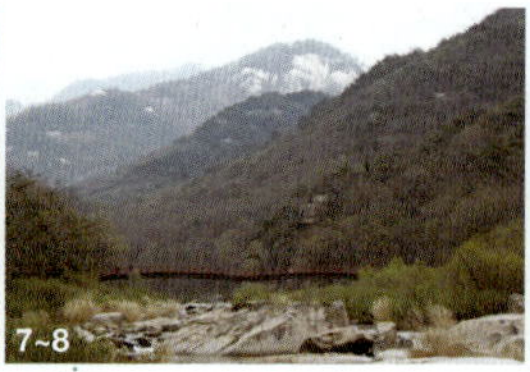
7~8

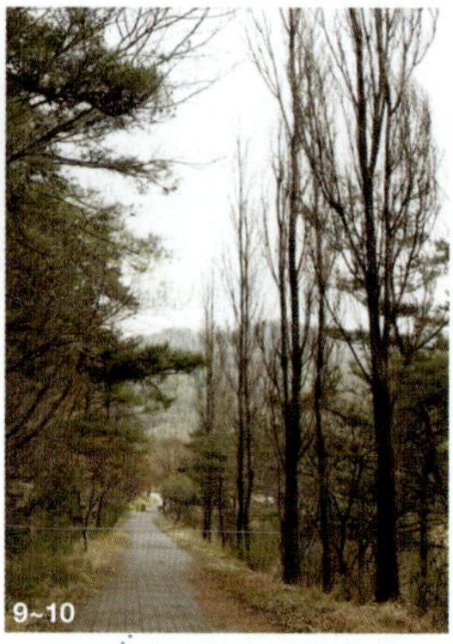
9~10

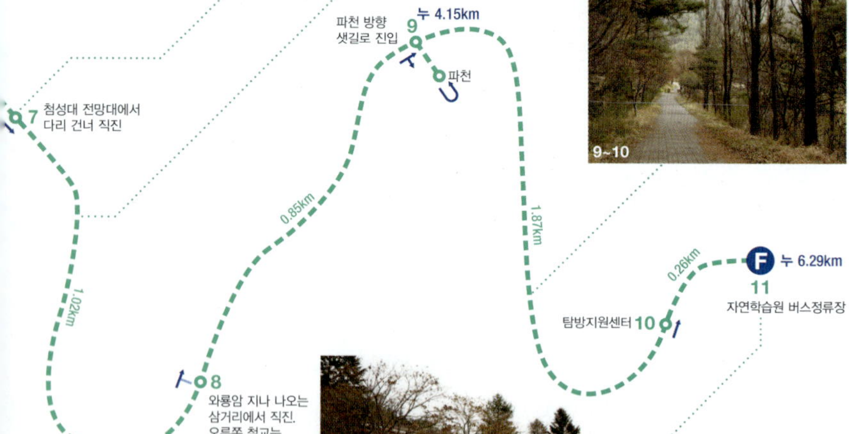

파천 방향 샛길로 진입
9 누 4.15km
파천
7 첨성대 전망대에서 다리 건너 직진
0.85km
1.87km
1.02km
0.26km
F 누 6.29km
11 자연학습원 버스정류장
탐방지원센터 10
8 와룡암 지나 나오는 삼거리에서 직진. 오른쪽 철교는 도명산 가는 길

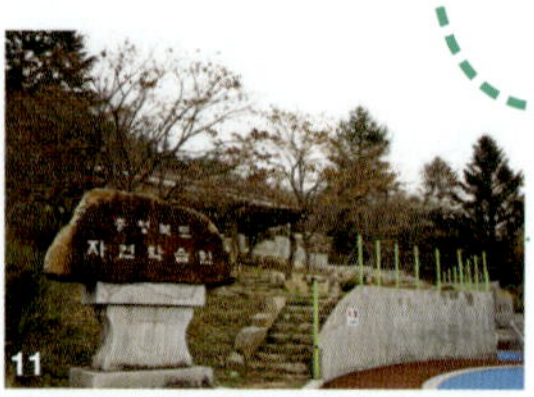
11

속리산국립공원
화양동계곡

화양동계곡 입구 ▶ 자연생태관찰로 ▶ 화양서원·읍궁암
▶ 학소대 ▶ 파천 ▶ 자연학습원 입구

- 걷는거리: 총 6.3km
- 걷는시간: 2시간
- 출 발 점: 충북 괴산군 청천면 화양리 화양동계곡 입구(청소년수련원)
- 종 착 점: 충북 괴산군 청천면 송면리 자연학습원 입구
- 난 이 도: 쉬워요

추천테마	아이들과	연인끼리	여럿이	숲	들	계곡	강	바다	문화유적	봄	여름	가을	겨울
	★★★	★★★	★★★	★★		★★★			★	★★★	★★★	★★★	★

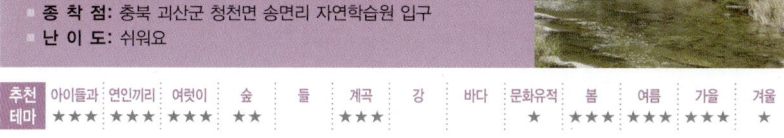

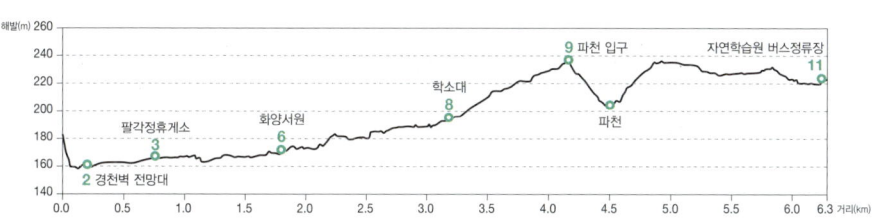

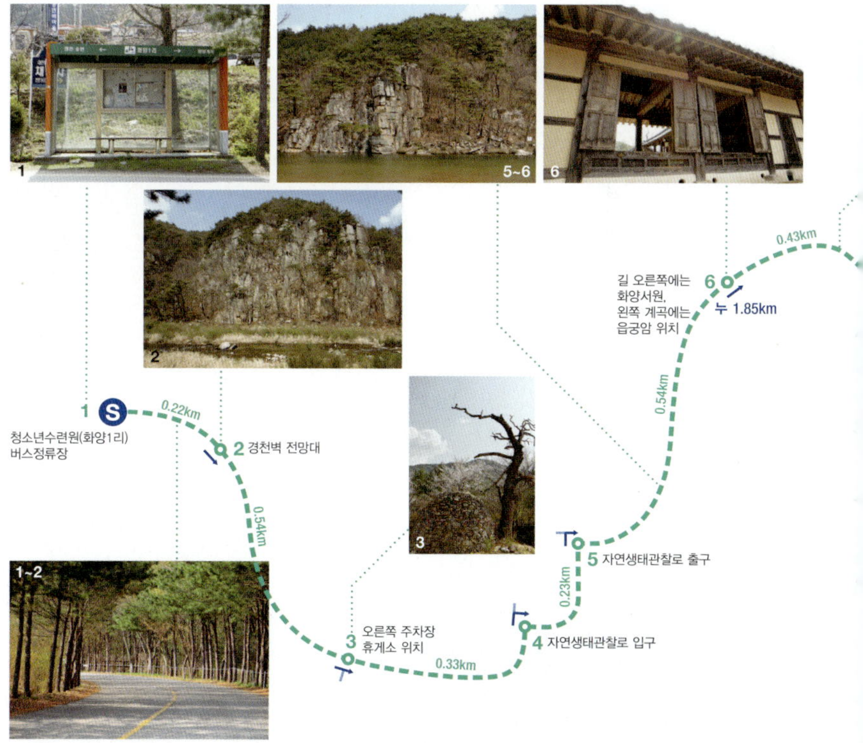

속리산국립공원

법주사~세심정

속리산시외버스터미널 ▶황톳길 ▶오리숲 ▶법주사 ▶세심정 ▶속리산시외버스터미널

- **걷는거리:** 총 9.6㎞
- **걷는시간:** 3시간
- **출 발 점:** 충북 보은군 속리산면 사내리 속리산시외버스터미널
- **종 착 점:** 충북 보은군 속리산면 사내리 속리산시외버스터미널
- **난 이 도:** 무난해요

추천 테마	아이들과	연인끼리	여럿이	숲	들	계곡	강	바다	문화유적	봄	여름	가을	겨울
	★★★	★★★	★★★	★★★		★★			★★★	★★★	★★★	★★★	★★

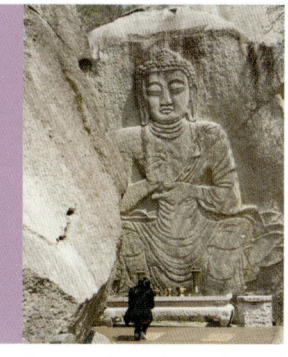

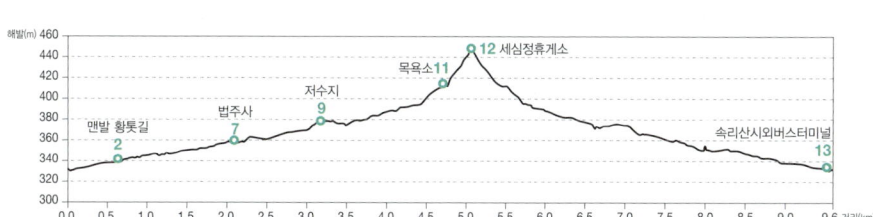

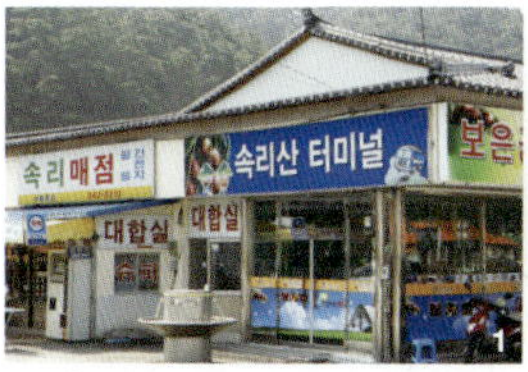

1

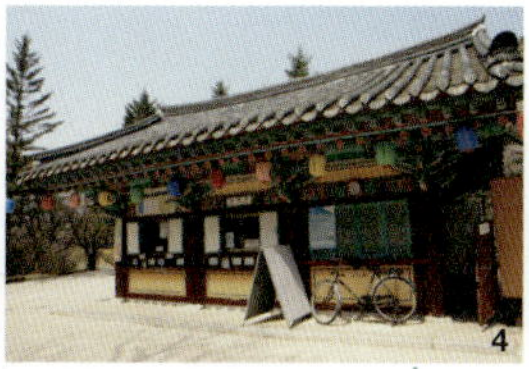
4

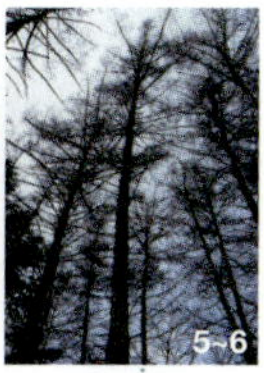
5~6

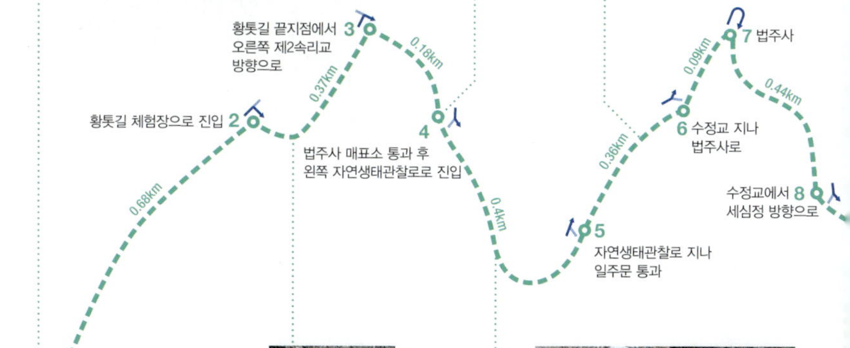

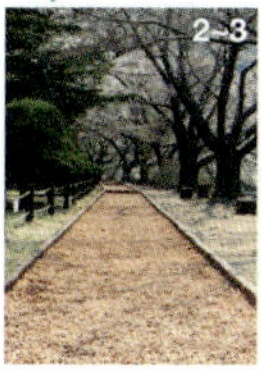
2~3

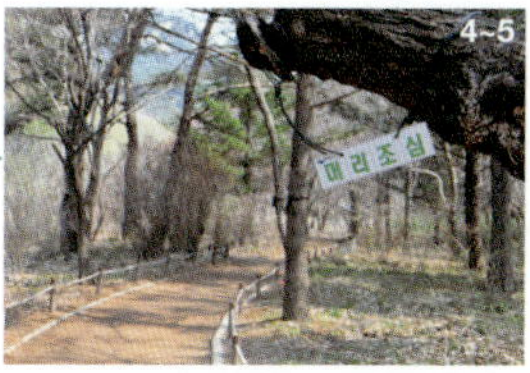
4~5

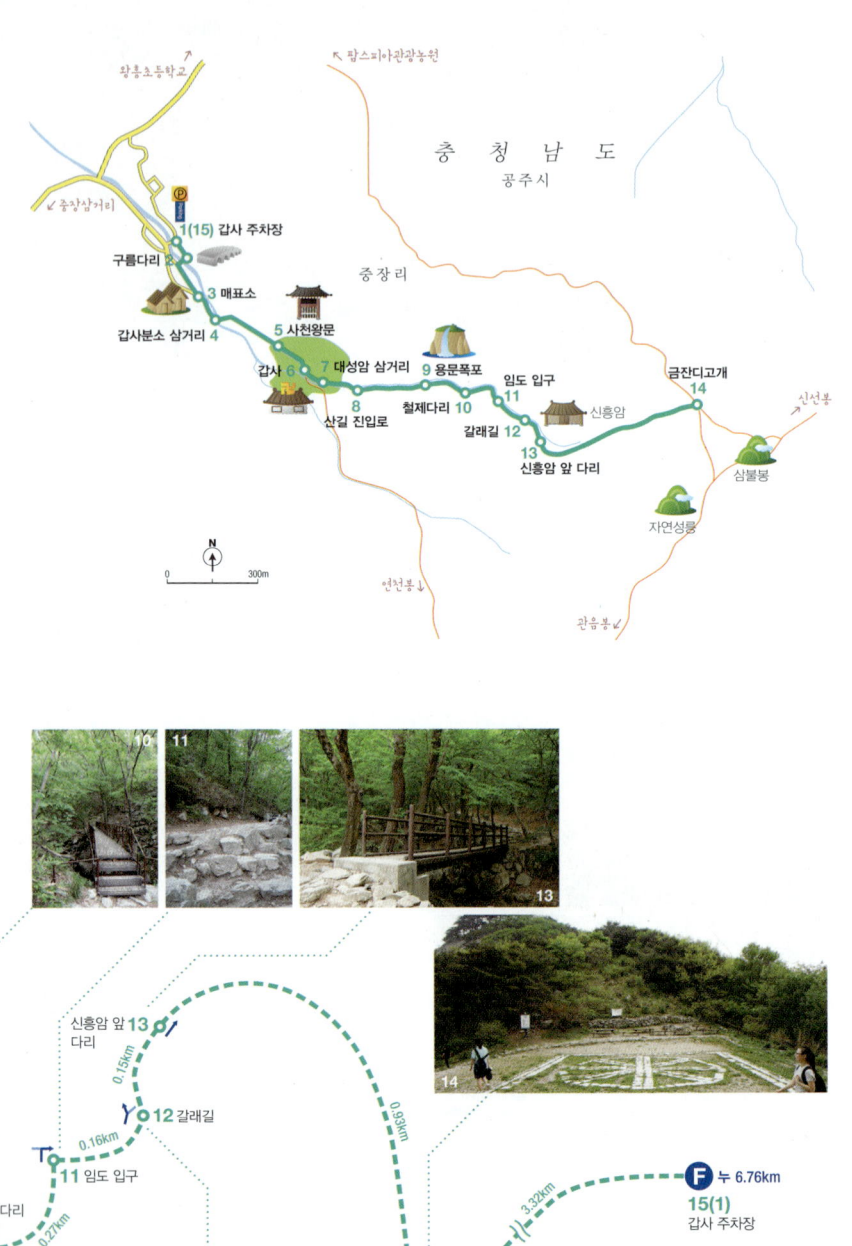

계룡산국립공원
갑사~금잔디고개

갑사 매표소 주차장 ▶용문폭포 ▶금잔디고개 ▶용문폭포
▶갑사 매표소 주차장

- 걷는거리 : 6.7km
- 걷는시간 : 2시간
- 출 발 점 : 충남 공주시 계룡면 중장리 갑사 매표소 주차장
- 종 착 점 : 충남 공주시 계룡면 중장리 갑사 매표소 주차장
- 난 이 도 : 조금 힘들어요

추천테마	아이들과	연인끼리	여럿이	숲	들	계곡	강	바다	문화유적	봄	여름	가을	겨울
	★	★★	★★	★★★		★★★			★★	★	★★	★★	★

치 악 산 국 립 공 원
구룡야영장
4
5
3
데크산책로
원통문 7
6
2
제2주차장
1(15)
구룡3교
새말IC
구룡소
11
9
8
10
구룡사
구룡계곡
12
13
구름다리
14 세렴폭포
강 원 도
원주시
0
300m

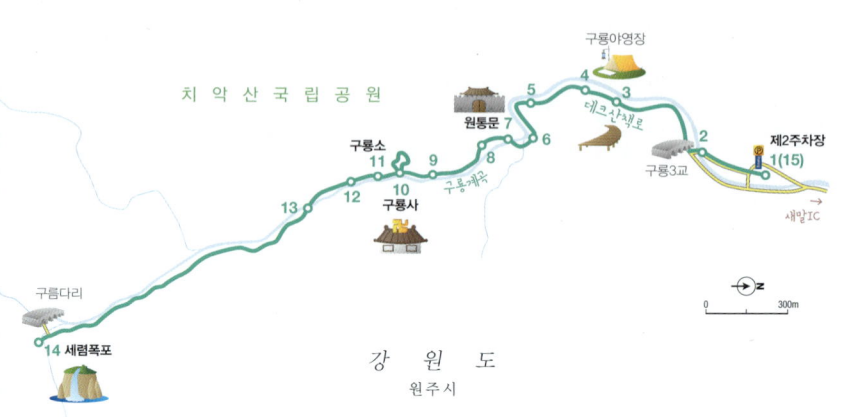

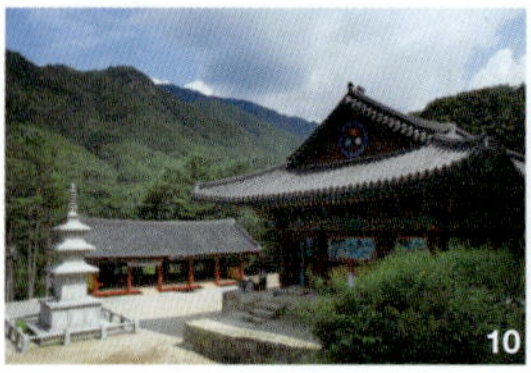
10

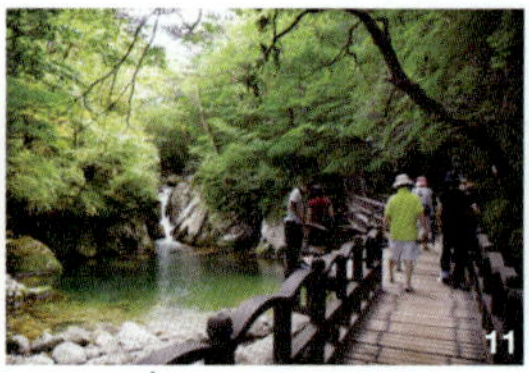
11

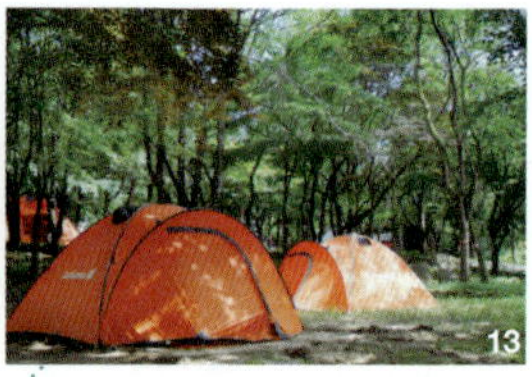
13

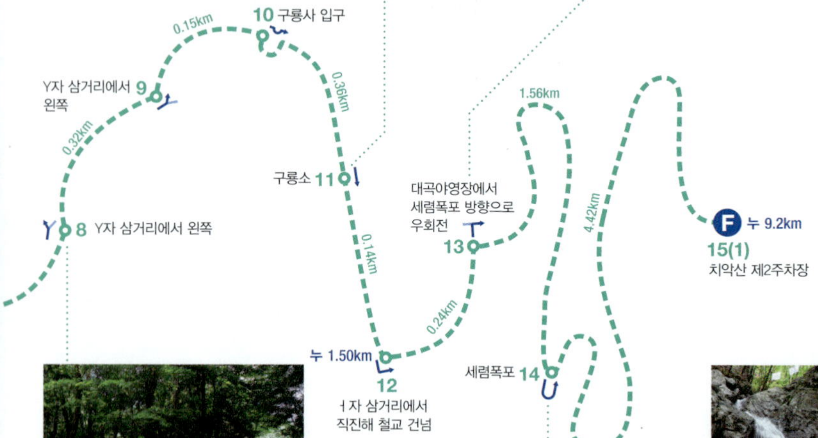

0.15km
10 구룡사 입구
Y자 삼거리에서 9
왼쪽
0.36km
0.32km
구룡소 11
8 Y자 삼거리에서 왼쪽
대곡야영장에서
세렴폭포 방향으로
우회전
13
1.56km
4.42km
누 9.2km
15(1)
치악산 제2주차장
0.14km
0.24km
누 1.50km
12
ㅓ자 삼거리에서
직진해 철교 건넘
세렴폭포 14

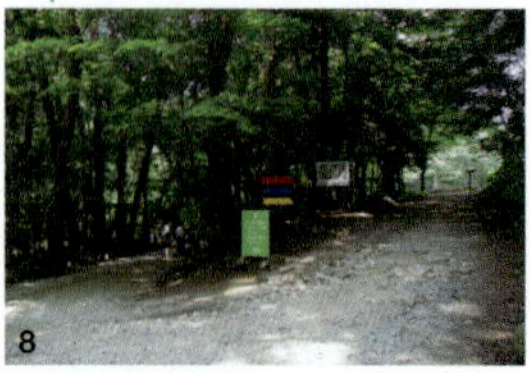
8

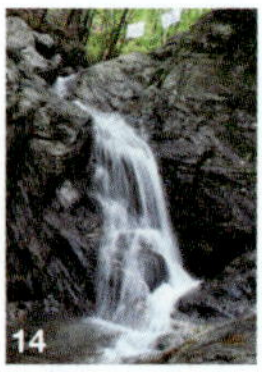
14

치악산국립공원

구룡사~세렴폭포

제2주차장 ▶구룡사 ▶야영장 ▶세렴폭포 ▶제2주차장

- **걷는거리:** 총 9.2㎞
- **걷는시간:** 3시간 30분
- **출 발 점:** 강원도 원주시 소초면 학곡리 치악산국립공원 제2주차장
- **종 착 점:** 강원도 원주시 소초면 학곡리 치악산국립공원 제2주차장
- **난 이 도:** 무난해요

추천 테마	아이들과	연인끼리	여럿이	숲	들	계곡	강	바다	문화유적	봄	여름	가을	겨울
	★★	★★	★★	★★★		★★★			★		★★★	★★★	★★

1

5

6

3

4~5

7

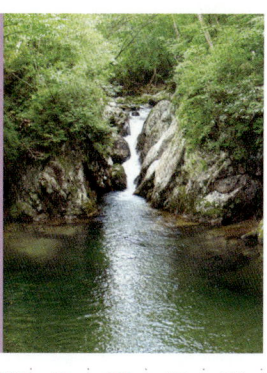

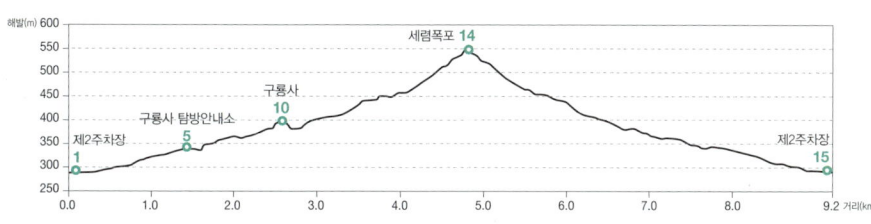

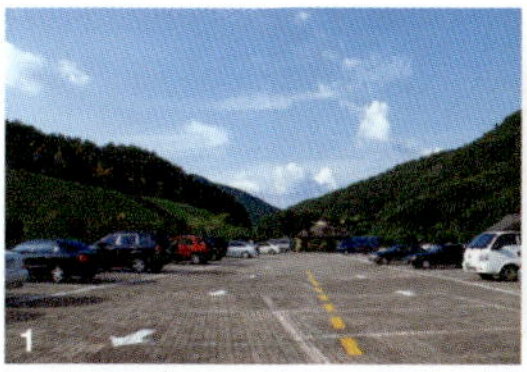

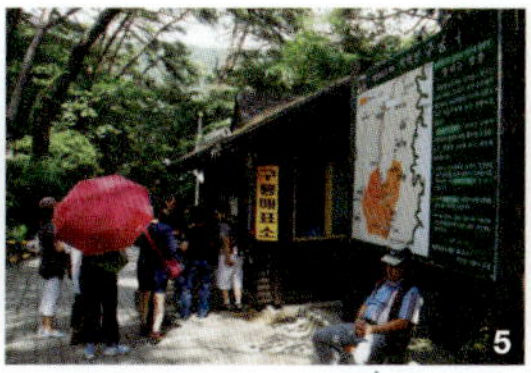

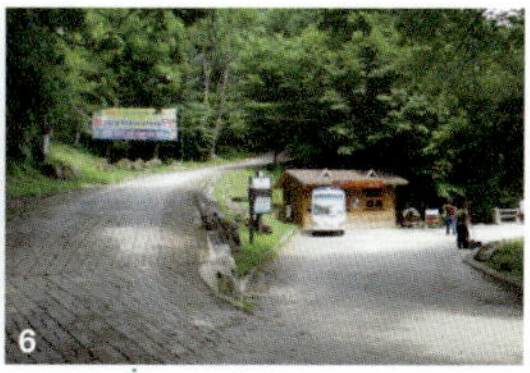

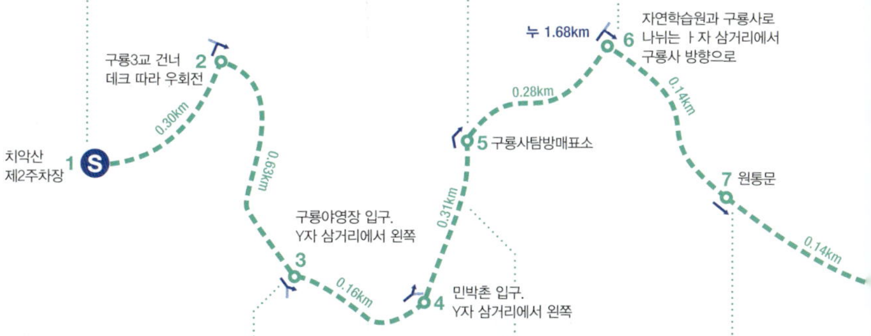

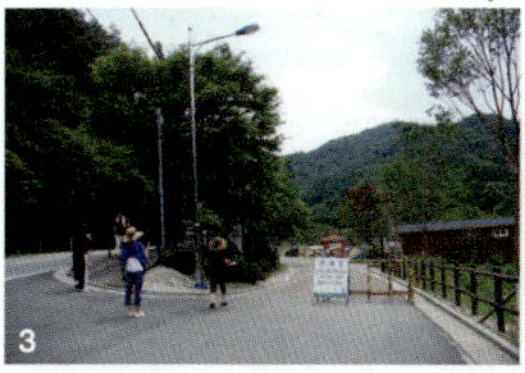

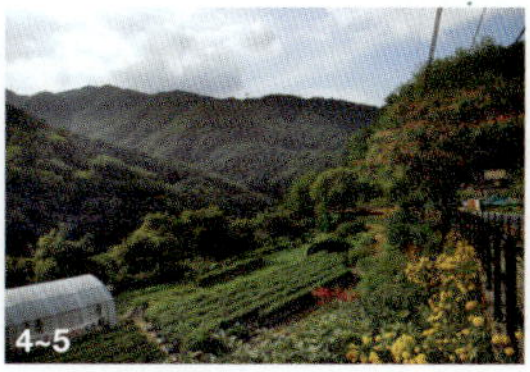

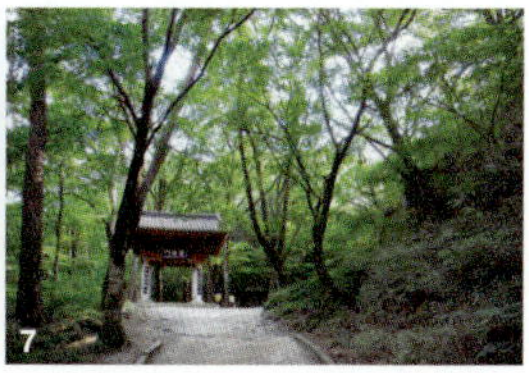

오대산국립공원
월정사~상원사

▶월정사 주차장 ▶전나무 숲길 ▶월정사 ▶446번 지방도
▶상원사 ▶상원사 주차장

- 걷는거리: 총 11.8km
- 걷는시간: 3시간
- 출 발 점: 강원도 평창군 진부면 동산리 월정사 주차장
- 종 착 점: 강원도 평창군 진부면 동산리 상원사 주차장
- 난 이 도: 쉬워요

추천테마	아이들과	연인끼리	여럿이	숲	들	계곡	강	바다	문화유적	봄	여름	가을	겨울
	★★	★★	★★	★★★		★★★			★★★	★	★★	★★★	★★★

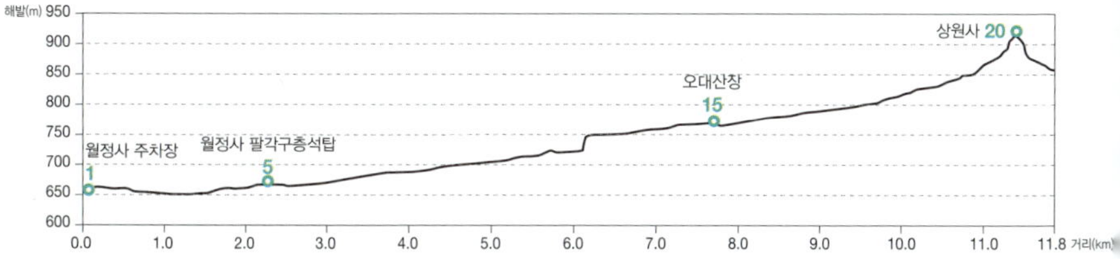

설악산국립공원
백담사~영시암

백담사 입구 ▶백담사 ▶자연관찰로 ▶수렴동계곡 ▶영시암 ▶백담사 입구

- **걷는거리:** 총 9.2㎞
- **걷는시간:** 3시간
- **출 발 점:** 강원도 인제군 북면 용대2리 백담사 입구
- **종 착 점:** 강원도 인제군 북면 용대2리 백담사 입구
- **난 이 도:** 쉬워요

추천 테마	아이들과	연인끼리	여럿이	숲	들	계곡	강	바다	문화유적	봄	여름	가을	겨울
	★★	★★	★★	★★★		★★★			★★	★★	★★	★★★	★★

1~2

4~5

8

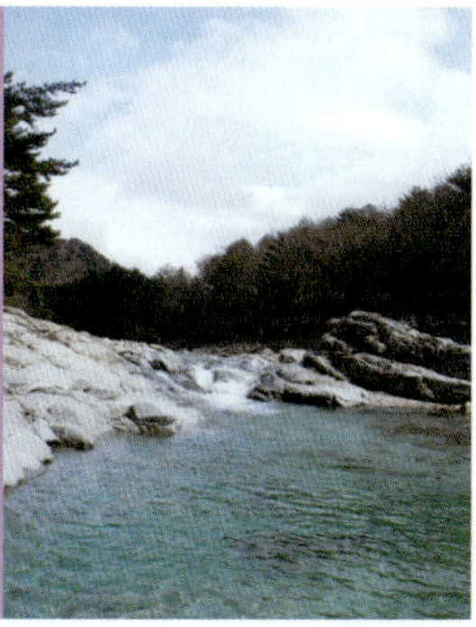

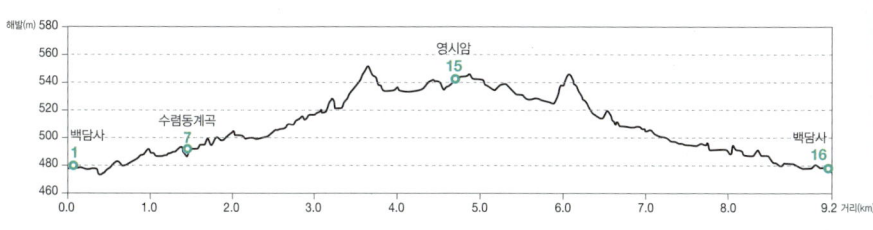

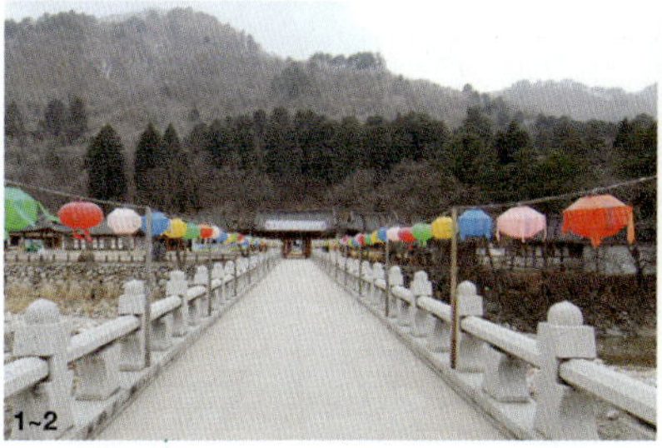

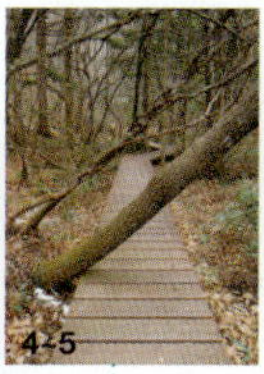

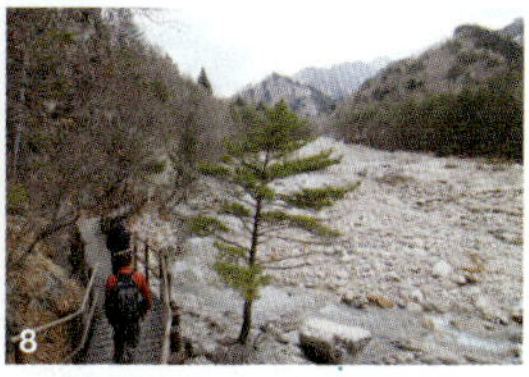

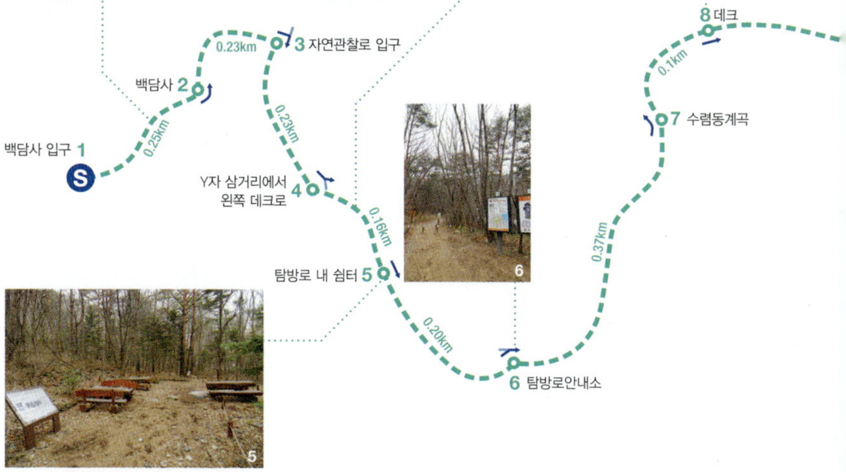

지리산 둘레길

북한산 둘레길

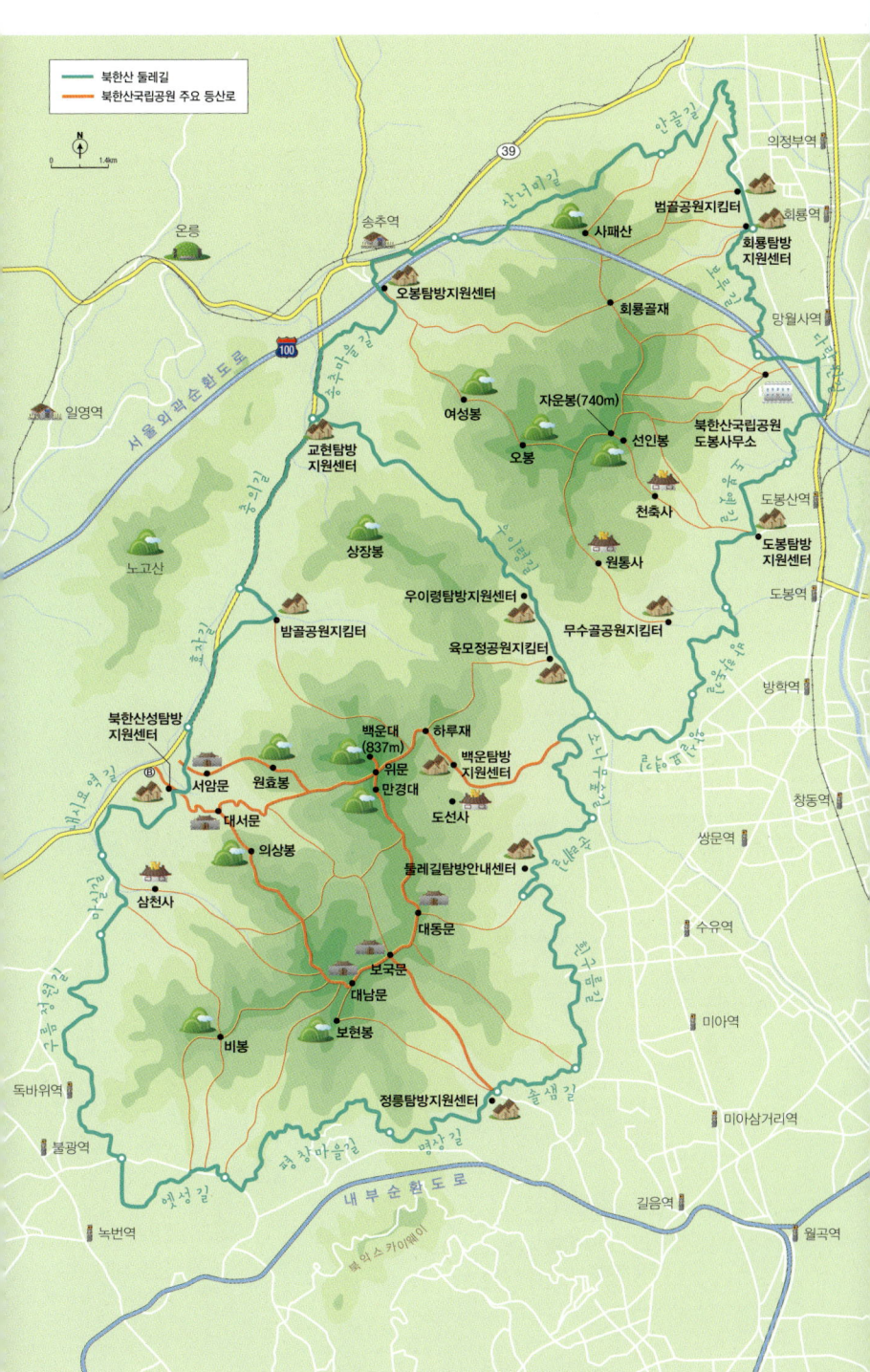

국립공원
걷기여행 코스 위치 일람

Section1 서울/경기도권

① 북한산국립공원 북한산 둘레길① 소나무숲길~흰구름길　6p
　북한산국립공원 북한산 둘레길② 솔샘길~평창마을길
　북한산국립공원 북한산 둘레길③ 옛성길~마실길
　북한산국립공원 북한산 둘레길④ 내시묘역길~우이령길
　북한산국립공원 북한산 둘레길⑤ 송추마을길~안골길
　북한산국립공원 북한산 둘레길⑥ 보루길~왕실묘역길

Section2 강원도권

② 설악산국립공원 백담사~영시암　8p
③ 오대산국립공원 월정사~상원사　10p
④ 치악산국립공원 구룡사~세렴폭포　12p

Section3 충청도권

⑤ 계룡산국립공원 갑사~금잔디고개　14p
⑥ 속리산국립공원 법주사~세심정　16p
　속리산국립공원 화양동계곡　18p
⑦ 월악산국립공원 하늘재　20p
⑧ 태안해안국립공원 꽃지해수욕장~안면도자연휴양림　22p

Section4 경상도권

⑨ 가야산국립공원 백련암~해인사　24p
⑩ 경주국립공원 남산 포석정~삼릉　26p
　경주국립공원 토함산 불국사~석굴암　28p
⑪ 소백산국립공원 죽령옛길　30p
⑫ 주왕산국립공원 주방계곡　32p
　주왕산국립공원 주산지　34p
⑬ 한려해상국립공원 소매물도　36p
　한려해상국립공원 한산도　38p

Section5 전라도/제주도권

⑭ 내장산국립공원 가인마을~백양사　40p
⑮ 다도해해상국립공원 보길도　42p
　다도해해상국립공원 청산도 슬로길　44p
⑯ 덕유산국립공원 구천동~백련사　46p
⑰ 변산반도국립공원 내변산~내소사　48p
　변산반도국립공원 변산 마실길 1~2구간　50p
⑱ 월출산국립공원 도갑사~미왕재　52p
⑲ 지리산국립공원 지리산 둘레길① 주천~운봉　7p
　지리산국립공원 지리산 둘레길② 운봉~인월
　지리산국립공원 지리산 둘레길③ 인월~금계
　지리산국립공원 지리산 둘레길④ 금계~동강
　지리산국립공원 지리산 둘레길⑤ 동강~수철
⑳ 한라산국립공원 영실~어리목　54p

경상도권

24 가야산국립공원 백련암~해인사

26 경주국립공원 남산 포석정~삼릉

28 경주국립공원 토함산 불국사~석굴암

30 소백산국립공원 죽령옛길

32 주왕산국립공원 주방계곡

34 주왕산국립공원 주산지

36 한려해상국립공원 소매물도

38 한려해상국립공원 한산도

전라도/제주도권

40 내장산국립공원 가인마을~백양사

42 다도해해상국립공원 보길도

44 다도해해상국립공원 청산도 슬로길

46 덕유산국립공원 구천동~백련사

48 변산반도국립공원 내변산~내소사

50 변산반도국립공원 변산 마실길 1~2구간

52 월출산국립공원 도갑사~미왕재

54 한라산국립공원 영실~어리목

목 차

6   북한산국립공원 북한산 둘레길 전체지도

7   지리산국립공원 지리산 둘레길 전체지도

8   설악산국립공원 백담사~영시암

10   오대산국립공원 월정사~상원사

12   치악산국립공원 구룡사~세렴폭포

14   계룡산국립공원 갑사~금잔디고개

16   속리산국립공원 법주사~세심정

18   속리산국립공원 화양동계곡

20   월악산국립공원 하늘재

22   태안해안국립공원 꽃지해수욕장~안면도자연휴양림

전국 20개 국립공원의 걷기 좋은 길 35코스

코스 가이드북

〈국립공원 걷기여행〉 별책부록/휴대용

노진수 외 지음

길따라 발길따라 8

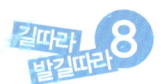

전국 20개 국립공원의 걷기 좋은 길 35코스

코스 가이드북

〈국립공원 걷기여행〉 **별책부록/휴대용**

노진수 외 지음

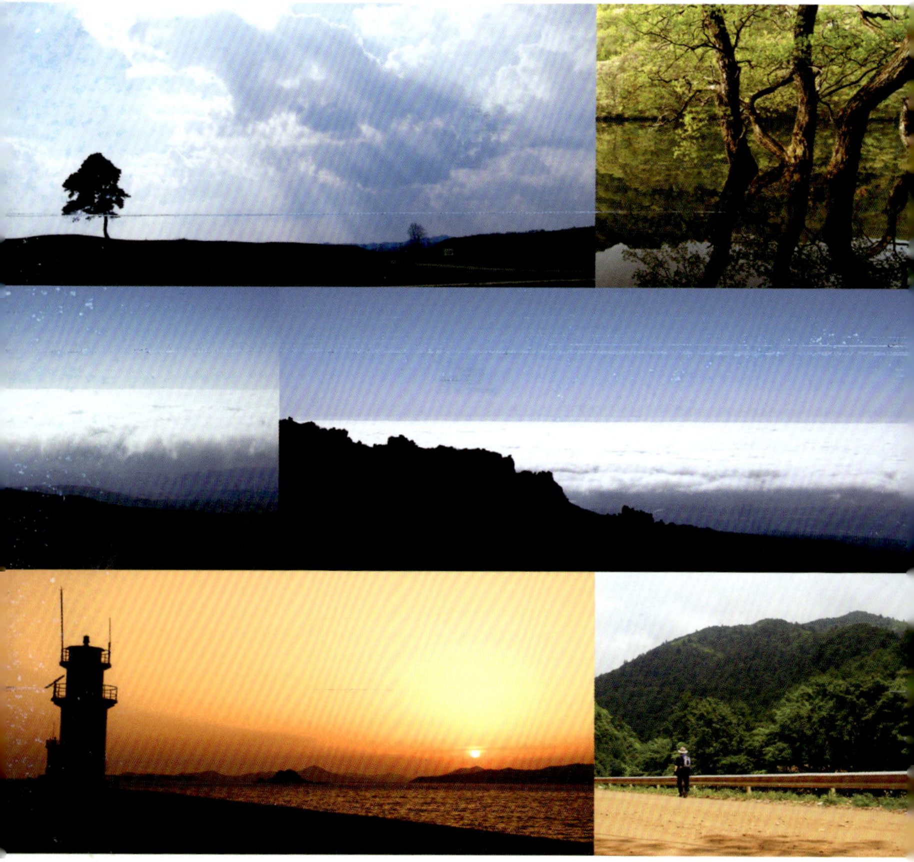

황금시간
Golden Time

교통편

≫ 찾아가기
제주시외버스터미널에서 1100도로 노선버스를 타고 영실 입구 버스정류장에서 내린다. 탐방로 시작점인 영실탐방안내소까지 걸어서 40분 정도 걸린다.
제주시외버스터미널→영실 입구: 1100도로 노선버스(06:30~16:00, 60분~90분 간격)
영실 입구→영실탐방안내소: 도보 40분
승용차: 영실탐방안내소 주차장 이용. 주차료는 소형차 기준 1일 1천800원

≫ 돌아오기
어리목탐방안내소에서 1100도로 방향으로 20분쯤 걸어가면 버스정류장이 있다. 어리목 입구 버스정류장에서 1100도로 노선버스가 제주시외버스터미널까지 간다.
어리목탐방안내소→어리목 입구: 도보 20분
어리목 입구→제주시외버스터미널: 1100도로 노선버스(08:25~17:55, 60분~90분 간격)

알아두기

숙박: 제주시외버스터미널이나 서귀포시외버스터미널 주변
식당: 영실휴게소(1지점), 어리목휴게소(8지점)
매점: 영실휴게소(1지점), 윗세오름통제소(5지점), 어리목휴게소(8지점)
식수: 영실휴게소(1지점), 노루샘(4지점, 갈수기에는 없음), 윗세오름통제소(5지점, 생수 판매), 어리목휴게소(8지점)
화장실: 영실휴게소(1지점), 윗세오름통제소(5지점), 어리목휴게소(8지점)
입장료: 없음
영실탐방안내소: 제주도 서귀포시 하원동 산1 / (064)747-9950 / www.hallasan.go.kr
어리목탐방안내소: 제주시 해안동 2070-61 / (064)713-9950~3

한라산 주변의 걷기 좋은 숲길

서귀포자연휴양림
원시림 같은 울창한 숲을 이룬 휴양림이다. 순환로를 따라 한 바퀴 둘러보는 데 1시간 30분쯤 걸린다. 피톤치드 가득한 편백 숲 동산, 나무데크 산책로, 맨발 지압로 등 다양한 테마 길을 걸을 수 있다.
위치: 제주도 서귀포시 대포동 산1-1 **전화:** (064)738-4544 **홈페이지:** huyang.seogwipo.go.kr
개장: 연중무휴 **입장료:** 성인 1천 원, 청소년 600원, 어린이 300원 **주차:** 가능, 소형차 기준 2천 원

한라수목원
다양한 수종을 관찰할 수 있는 수목원으로 2km가 넘는 산림욕장을 갖추고 있다. 수목원 광장에서 후문으로 이어지는 산책로는 울창한 소나무 숲과 걷기 좋은 흙길로 이루어져 있다. 산림욕장에서부터 이어 걸으면 좋다.
위치: 제주시 연동 1000 **전화:** (064)710-7575
홈페이지: sumokwon.jeju.go.kr
개장: 04:00~23:00 **입장료:** 없음 **주차:** 가능, 무료

한라생태숲
'작은 한라산'이라고도 불린다. 800여 종에 이르는 나무들이 테마별로 심어져 있다. 크게 한 바퀴 일주할 수 있는 순환로를 따라 숲 구석구석을 살펴볼 수 있다. 20명 이상 신청자에 한해 매일 오전 10시와

1 서귀포자연휴양림 **2** 절물자연휴양림 **3** 사려니 숲길 **4** 한라수목원

오후 2시에 자연해설 탐방프로그램을 진행한다.
위치: 제주시 용강동 산14-1   **전화:** (064)710-8688
홈페이지: hallaecoforest.jeju.go.kr
개장: 09:00~18:00(동절기 ~17:00)   **입장료:** 없음   **주차:** 가능, 무료

사려니 숲길

숲 정비가 잘 돼 있고 길이 완만해 가족나들이 장소로 어울린다. 2시간쯤 산책한다면 탐방안내소에서 물찾오름 입구까지 갔다가 되돌아오는 코스가 적당하다. 탐방안내소~월든~붉은오름자연휴양림 구간은 6시간 정도 걸리지만, 사려니 숲길의 매력을 충분히 만끽할 수 있는 코스다. 중간에 빼곡하게 자란 삼나무와 편백나무 숲이 4km나 이어진다.
위치: 제주시 조천읍 교래리   **입장료:** 없음   **주차:** 가능, 무료

절물자연휴양림

휴양림 내에 여러 갈래의 길이 나 있어 전체가 산림욕장 같다. 그중 8km에 이르는 '장생의 숲길'은 삼나무 숲과 폭신한 황톳길이 인상적이다. 전망 좋은 절물오름도 함께 둘러보면 좋다.
위치: 제주시 명림로 550   **전화:** (064) 721-7421   **홈페이지:** jeolmul.jejusi.go.kr   **개장:** 연중무휴
입장료: 성인 1천 원, 청소년 600원, 어린이 300원   **주차:** 가능, 소형차 기준 2천 원

▲ 한라산 주요 등산로

성판악·사라오름~백록담 코스

한라산(1950m)의 다른 탐방로에 비해 쉽게 백록담으로 오를 수 있는 길이다. 성판악휴게소에서 1시간 30분쯤 걸으면 사라오름 가는 길과 나뉘는 삼거리가 나온다. 여기서 왼쪽 탐방로를 따라 30분 오르면 40여 년 만에 개방된 사라오름으로 갈 수 있다. 갈림길에서 가파른 오르막길을 1시간 30분쯤 오르면 진달래대피소를 거쳐 백록담에 닿는다. 하산은 성판악휴게소로 되돌아가거나 관음사 코스로 내려간다.
거리(편도): 9.6km   **소요시간:** 4시간 30분

관음사~백록담 코스

성판악 코스에 비해 거리는 짧지만, 그만큼 가파르다. 관음사를 지나 탐라계곡으로 들어서면 한라산의 절경으로 꼽히는 왕관바위와 삼각봉이 시원하게 조망된다. 삼각봉대피소를 지나면 우리나라에서만 자라는 구상나무 군락지. 여기서 탐방로를 따라 30분쯤 오르면 백록담이다. 하산은 관음사로 되돌아가거나 성판악휴게소로 내려간다.

거리(편도): 8.7km **소요시간:** 5시간

돈내코~윗세오름통제소 코스

2009년 개방된 탐방로다. 초입을 지나 삼나무 군락지와 살채기도, 둔비바위를 차례로 거치면 이 길의 최고 절경인 남벽이 펼쳐진다. 방애오름 샘터에서 목을 축이고 부지런히 걸음을 옮기면 윗세오름통제소. 하산은 돈내코 입구로 되돌아가거나, 영실이나 어리목으로 내려간다.

거리(편도): 9.1km **소요시간:** 4시간 30분

한라산 출입 통제기간

구분	코스별	통제장소	동절기 (11~2월)	춘추절기 (3,4,9,10월)	하절기 (5~8월)
입산	성판악	진달래밭대피소	12:00	12:30	13:00
	사라오름	사라오름통제소	15:00	15:30	16:00
	어리목	탐방안내소	12:00	14:00	15:00
	영실	탐방안내소	12:00	14:00	15:00
	관음사	삼각봉대피소	12:00	12:30	13:00
	돈내코	탐방안내소	10:00	10:30	11:00
하산	윗세오름통제소		15:00	16:00	17:00
	남벽분기점통제소		14:00	14:30	15:00